初期新高ドイツ語
小辞典

工藤 康弘 著

東京 **大学書林** 発行

はじめに

　ドイツ語史の時代区分では 1350 年～ 1650 年のドイツ語を初期新高ドイツ語と呼んでいる．この時代のテキストを読もうとするとき，まずは A.Götze の Frühneuhochdeutsches Glossar と Ch.Baufeld の Kleines frühneuhochdeutsches Wörterbuch の小辞典を引きながら，さらに 2018 年現在まだ全巻そろっていない Frühneuhochdeutsches Wörterbuch（Walter de Gruyter），グリムのドイツ語辞典，レクサーの中高ドイツ語辞典と手を伸ばしていくことになろう．本書は Götze, Baufeld の小辞典と併用して利用する第三の小辞典と位置づけられる．ただし第三の Götze, Baufeld になろうという意図はなく，独自の方針で編集しているので, 先行する 2 つの辞典を補うものとして考えている．編集方針で述べるように，初期新高ドイツ語に存在し，かつ現代ドイツ語において古語，雅語，方言とされている語彙も採用しているので，18 世紀以降のテキストを読む際にも，いわば古語辞典として利用できよう．

　本書にはおよそ 6000 語ほどの語彙が収録されている．14 ～ 17 世紀の膨大なテキストに対応するには，あまりにも少ない語数ではある．しかし語彙を収集している過程で，3000 語を超えたあたりから，筆者自身が辞書として利用してみると，知りたいと思う語に出会う回数が増えていった．初期新高ドイツ語の語彙は決して気の遠くなるような浜の真砂ではないと意を強くした次第であ

る．初期新高ドイツ語という大海に漕ぎ出す小舟の航行を，本書が多少なりとも手助けできれば幸いである．

　　2018 年 2 月

工藤　康弘

編 集 方 針

- 資料としてはテキストの巻末にある語彙集を利用したり，実際に読みながら集めるなど，多方面から収集した．本書では資料一覧としては挙げない．
- 例文は載せない．
- 初期新高ドイツ語にも現代語にも存在する意味は必ずしも載せない．たとえば groß の場合「妊娠した」とだけ記述し，「大きな」は載せていない．「初期新高ドイツ語にはこれだけの意味・用法があります」と網羅的に記述することは本書にとって荷が重い．本書が目指しているのは「初期新高ドイツ語には現代語にはないこんな意味もあります」という情報を載せることである．
- 初期新高ドイツ語に存在し，現代語では古語，雅語，方言とされている意味はできるだけ載せる．当該の語が現代ドイツ語にあるかどうか，古語などの標識がついているかどうかは独和大辞典［コンパクト版］初版（小学館）に依拠した．
- 見出し語の表記は可能な限り現代語に近いものにする．これは Götze の小辞典とは対極にあり，Frühneuhochdeutsches Wörterbuch（Walter de Gruyter）に近いと言える．
- 書記法上の別形（異形）がある場合，見出し語の次にかっこ付きで示す．
- b と p，f と v は区別し，別々の箇所に配置する．

編集方針

- Ⅰ, Ⅱは主として品詞の違いを示す．ただし品詞が同じでも異なる語源に由来し，意味がまったく異なる場合はⅠ, Ⅱによって区別する（たとえば liegen）．
- 同じ名詞に2つの性がある場合，f./n. のように示す．
- 名詞の性がわからない場合は「名詞 (性不明)」とする．
- 類義語と反意語を【 】で示す．反意語は少なく，ほとんどが類義語である．類義語は初期新高ドイツ語から選んだもので，その多くは他の箇所に見出し語として記載されている．しかし，現代語にも存在する場合は見出し語として載せていない．たとえば bäurischheit の類義語として grobheit を挙げているが，これは現代語にもあるので見出し語としては載せていない．類義語はときに多くなりすぎ，網羅できない場合がある．たとえば「ののしる」や「反撃, 抵抗」を意味する語は非常に多く，類義語をすべて列挙することは断念した．
- 特になじみのない強変化動詞には中高ドイツ語にならい，見出し語の次に「第Ⅰ類動詞・reiten 型」のように，母音交替のタイプと代表的な動詞を挙げる．
- 語形の説明では「直説法1・3人称単数過去形」といった詳細な形で書くこともあれば，「…の過去形」のように簡単に示すこともある．
- 必要に応じて「完了の助動詞 sein」という情報を載せる（たとえば erliegen）．
- 本書では「vgl.…」「auch…」を用いる．日本語の「…参照」「…も」は後ろに置かれるため，多く列挙する

のに適さないからである．
- 対応する語形が現代語に存在する場合は「= nhd.…」の形で記す．まったく異なる語でも関連づけるとわかりやすい場合は「vgl. nhd.…」の形で記す．ただし「=」と「vgl.」の区別は必ずしも厳密ではない．
- 〈　〉は「またはそれを使う」「それと差し替えてもいい」という意味で用いる．たとえば「ひどい〈痛い〉目にあわせる」
- ［　］は「それがある場合とない場合がある」という意味で用いる．たとえば「通訳［者］」

凡　　例

m.	男性名詞	adv.	副詞
f.	女性名詞	vi.	自動詞
n.	中性名詞	vt.	他動詞
pron.	代名詞	refl.	再帰動詞
et.	物（3格または4格）	unp.	非人称動詞
et.²	物の2格	p.p.	過去分詞
et.³	物の3格	p.a.	分詞形容詞
et.⁴	物の4格	cj.	接続詞
jn.	人の4格	präp.	前置詞
jm.	人の3格	int.	間投詞
js.	人の2格	vgl.	参照
sich	4格の再帰代名詞	auch	…も
sich³	3格の再帰代名詞	etc.	等々
pl.	複数形	nhd.	新高ドイツ語
adj.	形容詞	mhd.	中高ドイツ語

→　　別の見出し語を見よ
<　　由来・もとの形を示す
人³物⁴　人の3格と物の4格をとる．
2支（3支/4支）　2格（3格/4格）支配．（支配という用語は前置詞だけでなく，動詞や形容詞にも適用する）
（比）　比喩的な意味，転義
（医）　医学用語
その他（植物）（鉱物）（魚）等，適宜用いる．

A

ab I. → aber. II. präp. (= nhd. von)…から下へ，…から離れて；(= nhd. über)…に関して.

abbitten vt./vi. ① (人⁴の) 釈放を求める. ② 懇願によって遠ざける，免れる. ③ 許しを請う.

abbrechen vt. (人³物⁴) 取り上げる，取り去る. vi. (物³) 欲求などを抑える.

abbruch m. ① (an et.) 節制，禁欲. ② 損なうこと，損害.

abdanken vi. (食事のあと) 謝辞を述べる.

abdrohen (別形 abtreuen) vt. (人³物⁴) 脅し取る.【類義語 abschrecken】

abendessen n. (宗教的に) 最後の晩餐.

abendregen m. 秋雨. vgl. morgenregen (春雨)

abenteuer f./n. 奇妙なこと，不思議なこと；奇行.

abenteuerlich adj. ① 賢い. ② 勇敢な，大胆な. ③ 奇妙な，風変わりな.

abenteurer m. ① 旅の職人，遍歴職人. ② いたずら者，いかさま師，山師.

aber (別形 ab) I. adv. ① 再び，もう一度. ② さらに，加えて. II. cj. しかし.

abermal I. adv. 再び，もう一度，さらに. II. n. 印，記号.【類義語 aberzeichen, aberziel】

abermann m. いつも反対する人.

aberwitz m./f. 狂気，頭がおかしいこと. in die aberwitz gehen 気が狂う. = nhd. Wahnwitz

aberwitzig adj. 気が狂った，頭がおかしくなった.【類義語 wahnwitzig】

aberzeichen n. 印;目標.【類義語 abermal, aberziel】
aberziel n. ① 標的. ② 節度, けじめ.【類義語 abermal, aberzeichen】
abessen vt. 食べ尽くす.
abfertigen vt.（人^{4}を）派遣する.【類義語 ausfertigen】
abgang m. ① 衰退, 衰微. ② 死. ③ 不足.
abgehen vi. ① 止む, 消える. ② 減びる.
abgescheidete f. 離縁された女性. vgl. scheiden
abgetun → abtun
abgünstig adj. ねたみ深い, 悪意のある.
abhalten refl. 自制する, おとなしくしている, 身を慎む.
abhändig adj.（machen や werden とともに用いられる）失われた, 奪われた, 滅んだ.
abhelfen vi.（人^3 物^2）手伝ってある人からある物を取り除く.
abhin adv. 下の方へ. = nhd. hinab
abjagen vt.（人^{3}物^4）奪う.
abkommen vi.（2支）免れる, …から離れる.
ablassbrief m. 免罪符.
ablassen vi. 弱まる, 衰える. vt. ① やめる. ②（宗教的に罪を）許す. vgl. nhd. Ablass
ablausung f. 免罪, 贖宥.【類義語 absolutz】vgl. nhd. Ablass
ablehren vt. 学び取る. = nhd. ablernen. vgl. lehren
ableiben I. vi. 死ぬ. = nhd. ableben. II. n. 死.
ablesen vt. 摘み取る.
ablieden vt. 切断する;（話を）やめる.
ablügen vt.（人^{3}物^4）だまし取る.
abmeien vt. 刈り取る. = nhd. abmähen
abnehmen vt. ① 屠殺する, 屠畜する. vgl. nhd. schlachten. ② 気づく, わかる.

abplündern vt. (人³物⁴)奪う，略奪する．

abreden vt. ① 取り決める．②(人⁴の)考えを否定する，思いとどまらせる．refl. 言い逃れる．

abrer n. 食べ残し．

abrichten vt. ①(動物を)訓練する，調教する．② 教えて…させる，仕向ける．③ 苦しめる，痛めつける．

abrichtung f. 指示．

absagen vi. (人³)絶交する，縁を切る；けんかを売る，宣戦布告する．

abschaben vi. 立ち去る，逃げる．

abschatzen vt. (人³物⁴)奪う．

abscheid m. ①(会う)約束．② 決議，決定．③ 別れ；出発；退去．④ 死．

abschlagen vt. 値引きする．

abschrecken vt. (人³物⁴)脅し取る．【類義語 abdrohen】

absein vi. (2支)…から別れる，離れる．

absetzen vt. ① 破壊する，だいなしにする．② 挙げる．

absolutz (別形 absolution) f. 免罪．【類義語 ablausung】vgl. nhd. Ablass

absolvieren (別形 atzolvieren) vt. ① 自由にする，解放する．② 罪を赦す．

abspinnen vi. 立ち去る，外出する．

absprechen vt. (人³物⁴)説得して放棄させる，思いとどまらせる．= nhd. ausreden

abstehen vi. (3支/2支/von et.)…から離れる，…にそむく；やめる，放棄する．

abstreichen vt. (人³物⁴)取り去る．refl. 離れる，去る．

abstricken vt. 遮断する，閉ざす．

abstümmeln (別形 abstümmen) vt. 切断する．= nhd. verstümmeln

abteidingen (別形 abtädigen) vt. ① なだめる，やんわりと拒否する．②(交渉によって)手に入れる．

abtgrund （t は意味なくついたもの）m. 深淵, 奈落. = nhd. Abgrund

abtilgen vt. ① 消す, なくす, 根絶やしにする. ② 否定する.

abtun （別形 abgetun）vt. ① 廃する, やめる. ② 殺す, 滅ぼす；屠殺する. refl. ① 服を脱ぐ. ②（2支）…をやめる.

abweg Ⅰ. adv. ついでに言うと. Ⅱ. adj. 去って.

abwesen n. 不在. = nhd. Abwesenheit

abwünschen vt. 消したい〈減らしたい〉と思う. = nhd. wegwünschen

abziehen refl. 服を脱ぐ. = nhd. ausziehen

abzucken vt. 取り去る.

abzug m. ① 立ち去ること, 離脱. ② 損失, 損害.

ach n. 苦しみ, 痛み；嘆き.

acht f. ① 注意, 顧慮.「注意する, 顧慮する；気づく」を意味する表現として acht haben/geben/nehmen があり, et.^{2} または auf et.^{4} をとる. 分離動詞とも考えられるが, たとえば gute acht haben のように形容詞を伴うことがある. さらに同じ意味で et. in acht nehmen, sich in acht nehmen という表現もある. vgl. achthaben, achtnehmen. ② 身分；価値. ③ 迫害；追放, 法的保護の剥奪. ④ 土地, 畑地. ⑤（農民の）賦役.

achtbären vt. …の名を高める, たたえる.

achten vt.（dass…）…と思う. vi.（2支）① 尊重する, 重んじる. ② 注意を払う, 顧慮する.

achtet （序数）8番目の. = nhd. acht

achthaben vi.（2支/auf…）顧みる, 注意を払う, 気を配る, …のことを考える. = nhd. achtgeben. vgl. acht ①

achtnehmen vi./vt.（2支/4支）…を考慮する, …に注意を払う, 注意する.

ackerlänge f. 長さ〈距離〉の単位.
adamas （別形 adamat, adamant）m. ダイヤモンド.
ade int. さようなら.【類義語 alde】
adel m. 完璧, 極み.
adelheid f. 女性の放浪歌手・がみがみ言う女性・軽薄な女性・娼婦の象徴.
ader = nhd. oder
äderlein （別形 ederlein）n. 血管. < Ader
adhortieren vt. 励まして…させる, あおる, たきつける.
adulieren vi. お世辞を言う, こびへつらう.
affe m. 猿（阿呆の象徴で pfaffe との対でよく用いられる）.
äffen I. vt. からかう, ばかにする. II. n. 愚行. vgl. narrenspiel
affenspiel n. ① からかい. ② ばかげたこと, 悪ふざけ. ③ いんちき, ペテン.【類義語 tand, gaukel】
affenziel n. 詐欺, ごまかし.【類義語 beschiss】
afterkoser m. 誹謗者, 中傷者.
aftermontag m. 火曜日.
afterrede f. 誹謗, 中傷.【類義語 afterspiel】
afterreue f. 後悔, 苦しみ, 悲しみ.
afterspiel n. 誹謗, 中傷.【類義語 afterrede】
ahnden vt. ① …をとがめる, …に報復する. ②（人^{4}を）苦しめる. ③ …を不愉快に思う. unp. 不愉快に思う；苦しい.
ahnen （別形 anden）vt. 予感する. unp.（人^4 または人^3）mich <mir> ahnt 私は予感する.
ahnherr （別形 anherr）祖父. vgl. anher
ahnmächtig → ohnmächtig
ähren → eren
aintweder → eintweder
alb f. アルバ（僧が着る祭服）.

albe f. 高山；高原の牧草地.
alber adj. 素朴な，単純な.
alchamei f. 錬金術.
alchameier m. 錬金術師. = nhd. Alchemist
alda adv. (da の強め)そこに，ここに.
alde int. さようなら.【類義語 ade】
algemach adv. ① 次第に，ゆっくりと. ② まもなく.
all Ⅰ. adv. 強調に用いられる．たとえば all gar は ganz und gar の意味. Ⅱ. adj. ① 副詞と同じく強調に用いられる．たとえば in allem ganzen land. ② über alles das それどころか.
allefanz (別形 alefanz, alenfanz) m. ① いたずら，詐欺，ペテン，策略. ②(不当な)利益. ③ 賄賂.
allein cj. 従属接続詞として前文に対して制限を加えたり，対立的な内容を表わす．現代語の es sei denn, dass… や obwohl などに相当．doch を伴うことがある．「ただし…ではあるが」「もっとも…だが」さらには認容的に「…ではあるが」といった意味になる.
allerdinge (別形 allerding, allerdings, allerdingen) adv. ① まったく，すべて. ② あらゆる点で. ③ しかし；他方.
allerferrest adv. 非常によく.
allerhab adv. 至る所で. = nhd. allenthalben
allermänniglich pron. (形容詞的変化をする場合としない場合がある)誰もが，どの人も.
alles adv. いつも，常に.
allesament (別形 allesant, allensant, allesammen, alsamen) adv. みんな，すべて，みんないっしょに. = nhd. allesamt, alle zusammen
alleweil (別形 allweil) Ⅰ. adv. いつも，ずっと. Ⅱ. cj. ① …している限り．vgl. nhd. solange. ② …している間．vgl. nhd. während. ③(理由)…なので.【類義語 weil】

allhie adv.（hie の強め）ここで．

allwegen （別形 alweg）いつも．vgl. 英語 always

allzeit （別形 allezeit）adv. ① いつも．② 何度も，そのつど．

almosener （別形 almusner）① 施物配分係．② 慈善家．

alraun （別形 alrun）f./m. ①（植物）マンドラゴラ．② 魔法や予言の能力を持つ女神の名．

als Ⅰ. cj. …のように．= nhd. wie. als wohl…als… …と同じくらい…．Ⅱ.（別形 also）adv. すなわち．Ⅲ. pron. = alles

alsbald cj. …するやいなや．= nhd. sobald.【類義語 bald】

also adv. そのように．= nhd. so

alten vi. 年を取る；成長する．

alterseine Ⅰ. adj. まったくひとりの，単独の．Ⅱ. adv. …だけ，もっぱら．

altvater （別形 altvatter）m. 教父，聖人，老隠者；長老，院長；年老いた父．

amie （別形 amei）f. ① 愛する人（女性）．② 愛人，妾．

ammeister （別形 amtmeister, amtsmeister）m. ① 市長．② 職人組合の代表，組合長．

amt n. 仕事．

an präp. ①（時間または状態）…まで．② → ohne

anbeginn m. 初め，最初．von anbeginn 最初から．

anbeten vt.（人^{4}に）懇願する．

anbitten vt.（人^4/物^4）① 懇願する．② 崇拝する．③ 祈る．

anbrlngen vt. 提案する．

anden → ahnen

anderseit adv.（einseit と対）他方では．= nhd. andererseits

anderweiden vt. 繰り返す．

anderweit(別形 anderweide) adv. 再度, 再び.

andingen vt. (人³ 物⁴)(仕事, 義務を)課す, 負わせる, 指示する.

anentzünden vt. 火をつける, 燃え上がらせる;(比) あおる.

anfechten vt. 襲う, 攻撃する;争う, 戦争をする.

anfechtung f. ① 誘惑. ② 告発;異議. ③ 敵対, 攻撃. ④ 悩み, 苦しみ.

angänge n. 最初.

ange adv. ① 苦痛を感じながら. ange tun 苦しめる. ② 激しく.

angeben vt. 密告する.

angehaben p.p. → anheben

angehen vi. 始まる. vt. ①(ある人に)関わる. ②(ある人の)関心を引く.

angenommenlich(別形 angenomlich) adj. 見せかけの, 偽善的な.

angeratung f. 攻撃, しつこく迫ること.

angeschläufe n. 衣服, 服装, 身なり.

angesicht(別形 angesichte) n. 顔.

angewinnen vt. (jm. et.) 得る;奪う. nichts/keine schlacht angewinnen 戦いに勝てない.

anglaffen vt. (ある人を)じっと見つめる.

angreifen vt. ① 始める. ② つかむ, さわる【類義語 antasten】;捕らえる. ③(災害, 病気が)襲う.

ängsten refl. ① 心配する, 不安になる. ② 苦労する, 骨を折る. = nhd. ängstigen

ängstlich adj. 恐ろしい, 危険な.

anhalten vt. (dass 文／zu 不定詞)…してくれるように頼む;促す, 勧める.

anhang m. 同伴[者], 伴侶.

anhängelkeit f. 従属, 服属;心服. = nhd. Anhänglichkeit

anhängen vt.（jm. et.）(害などを)与える.

anheben (過去分詞として angehaben もある) vt. 始める. refl. 始まる. vi. 始まる.

anheim (別形 anheims) adv. ① 家で，家へ. ② 故郷へ.

anheimisch Ⅰ. adv. 家で；家へ. Ⅱ. adj. なじみの.

anher adv. こちらへ. bis anher 今日まで.

anherr → ahnherr

anhin adv. ① 進んでいくさまを表わす. nhd. hin, entlang などに相当. ② さらに，続けて.

anich (複数形 anichen で) ① 祖先. ② 祖父母.

ankapfen (別形 ankaffen) vt. じっと見つめる.

anke Ⅰ.(別形 anken) m. バター. Ⅱ. f./m. うなじ，首筋.

ankommen vt. ① 襲う，襲撃する. ② jn. schwer ankommen ある人にとって難しく思われる.

ankuchen vt.（人^{4}に）息を吹きかける. vgl. nhd. anhauchen

ankünten vt. 火をつける，燃やす.

anlangen vt. ①(法廷に)訴える. ②(jn. um et.)請う，願う.

anlegen vt. ①(努力，奉仕，金，権力等を)使う，投入する，役立てる. ②(et. mit jm.)申し合わせる. ③(服，鎧などを)身につける，着る.

anlich adj. 似た，同じような. = nhd. ähnlich. 【類義語 gleichförmig】

anliegen Ⅰ.(第Ⅴ類動詞・bitten 型) vi. ①(人^{3}に)執拗にせがむ. ②(物^3 を)熱心に追い求める. Ⅱ.(別形 anlugen)(第Ⅱ類動詞・liegen 型) vt.（でたらめを言って)中傷する.

anlügen → anliegen

anmuten vt. ①(人^3 物^4/人^4 物^4/人^4 物^2)願う，期待する，(不当なことを)要求する. vgl. nhd. zumuten.

② 勧める，提案する，提供する．

anmütig （別形 anmutig）①（人¹が人³にとって）好感が持てる，感じのよい．【反意語 zuwider】 ② 好ましい，好都合な．

annehmen I. refl. ①（2支）気にかける，心配する．②（zu 不定詞と）あえて…する，あつかましくも…する．vgl. nhd. sich anmaßen. ③ …のふりをする．II. vt.（sich³ et.）関わりあう．

anrennen vt. 襲う，攻撃する．

anrichten vt. ①（宴会を）催す．②（暴動，争いを）引き起こす．③（dass 文を伴って）…するようにやってみる．④ 教える．⑤ するように仕向ける，そそのかす．

anrufen vt. ①（人⁴に）頼む，懇願する．頼む内容が dass 文で表わされることもある．② 大声で呼びかける．

anrühren vt. ① 触れる；（金に）手をつける（＝使う）．② …に関わる．

anschicken vi. auf et. anschicken …の準備をする，…にとりかかる．

anschlag m. ① 計画，意図．②（船の）座礁．

anschlagen vt. 見積もる．

anschmecken vt.（[jm.] et.）（[…の匂いで]…を）嗅ぎつける，気づく．

anschnauen vt.（人⁴を）どなりつける．vgl. nhd. anschnauzen.【類義語 anschnurren, schnurren】

anschneiden vt.（材料を）切る，裁断する．

anschnurren vt.（人⁴を）どなりつける．【類義語 anschnauen, schnurren】

ansehen I. vt. ① 顧慮する，注意を払う．②（人⁴にとって）…のように思われる．II. n. 姿，形，外観．

ansichtig adj. ① 名望のある．vgl. nhd. ansehnlich. ② 姿が見える．③ et.² ansichtig werden …が見える，

…に気づく．

ansiegen vi.（3支）…に打ち勝つ．

ansprechen vt. ①（人⁴に）親しく呼びかける．②（jn. um et.）請う，求める．③（物⁴を自分のものだと／正当なものとして）要求する．④（人⁴を）告訴する．

ansser → aser

anstehen vi. ①（人³に）ふさわしい；（衣服などが人³にとって）…の状態である，合う．②（現在分詞 anstehend の形で）目前に迫った，きたるべき．

anstellen vt. 催す，開催する；する，行なう．

anstoßen vt. ①…に火をつける，燃やす．②（指輪などを）はめる，付ける．

anstreifen vt.（人³物⁴）（服などを）着せる．

antichrist （別形 endchrist）m. 反キリスト；悪魔；（ルター派から見た）教皇．= nhd. Antichrist

antlit （別形 antlitz, antlüz）n. 顔．

antoniusfeuer （別形 sant antoniusfeuer）n. 麦角(ばっかく)中毒．

antragen vt. 運んでくる．

antreffen vt. …に関わる，あてはまる，該当する．was…antrifft …に関して．vgl. nhd. betreffen

antrompeten （別形 antrumeten）vi. ラッパを吹いて知らせる，触れ回る．vgl. nhd. austrompeten

antun vt. ①（衣服を）着る，身につける．②（jm. et./ jn.）ある人に服を着せる．③（危害などを）加える，与える．

antworten vi.（物³に）相応〈対応，一致〉する．vt. 引き渡す，ゆだねる．

anwalt m. ① 介護士．【類義語 prokurator, rcdncr, vorsprach】 ② 全権代表．der bösen anwalt で「悪魔」の意味．

anweien vt.（風が人⁴に）吹きつける．= nhd. anwehen

anwenden vt. 攻撃する；侮辱する.
anwuchzen vt. 呼びかける.
anzahnen （別形 anzannen）vi. 歯を見せる，にやりと笑う，歯を見せて挑発する.
anzapfen vt.（人⁴を）(問い詰めて)侮辱する，怒らせる.
anzemen vi.（第Ⅳ類動詞・nehmen 型）(3支)…にふさわしい. vgl. nhd. ziemen
anzug m. 侵攻，進撃.
apostelpferd n. 足.
ar m. ワシ.
arbais （別形 arbeis, arweiß etc.）f. エンドウマメ. = nhd. Erbse
arbeit f. ① 苦労.【類義語 mühsam, übelzeit】② 仕事.
arbeitsam adj. 勤勉な，よく働く.
arbeitselig adj. 苦しみの多い，悩みの多い，みじめな. nhd. mühselig と異なり，人間に用いられることが多い.
arg Ⅰ. adj. 悪意のある，悪い. zum ärgsten = zum Schaden. Ⅱ. n. 悪，悪意.
ärgerlich adj.（人¹が人³にとって）不愉快な，いまいましい.
ärgern vt.（宗教的に）つまずかせる，堕落させる. refl. つまずく；(sich über jm./et.³) 怒る，不愉快に思う. vgl. ärgernis
ärgernis f./n.（宗教的な）つまずき，堕落. vgl. ärgern
argwonen vt.（4格 + zu 不定詞）…が…であると疑う〈思う〉.
argwönig adj. 疑わしい.
arm m. 腕. einander unter den armen führen 互いに手を取って助け合う.
ärmiglich adj. 落ちぶれた；みすぼらしい.
armut f./m./n. 貧しい人々，下層階級.

arrestieren　vt. 逮捕〈拘留〉する；差し押さえる.
art　f. 体質, 性質.
arten　vi./refl. (nach…)…に似ている, …と同じ性格を持つ.
ärtig　(別形 ertig) adj. 適した；性格のよい.
artikel　m. (ある宗派の考え方を示したもの)信仰個条, 信条.
artlich　adj. (人にも物にも用いられる)こぎれいな, すてきな(= nhd. artig)；すぐれた, みごとな.
as　(別形 os) n./m. 食べ物, えさ. vgl. nhd. Aas
asche　f. ① 灰. 石鹸の材料になる. ② ungebrannte asche で「棒」「若枝」の意味.
aschengrüdel　(別形 eschengrüdel) n. 灰かぶり女, 汚れ仕事をする下女. = nhd. Aschenbrödel
aser　(別形 ansser) m. 袋, 頭陀袋.
aspe　f. ヤマナラシ(ポプラの一種). = nhd. Espe
ässig　→ essig
atzel　f. (鳥)カササギ. vgl. nhd. Elster
atzelheit　f. 軽率, 軽薄.
atzeln　vi. ① おしゃべりをする. ② 軽率な振る舞いをする.
atzolvieren　→ absolvieren
audiens　f. 謁見. audiens geben 謁見を許す, 会う. = nhd. Audienz
auest　→ august
auf　präp. ① auf das… の形で目的文を導く「…をするために」. ② …から. nhd. ab, von に相当.
aufbauen　vt. (人⁴)教育する, 支える, 援助する.
aufblasen　vi./vt. 進撃ラッパを吹く；(jn.)進撃の合図を送る, 進撃させる, あおる.
aufbrechen　vi. ① 現れる；(星などが)輝き始める. ② 侵入する. ③ 思い上がる, いばる.
aufbringen　vt. ① 高める, 広める, 促進する. ② 育

てる.

aufbüren vt. 上げる，高める．refl. 上がる．

aufenthalt m. ① 避難所．② 支え，援助．③ 生計，生活費．vgl. nhd. Unterhalt.【類義語 aufenthaltung】

aufenthalten vt. ① …に住むところを与える；泊める．② …に食べ物を与える．refl. 滞在する，住みつく．

aufenthaltung f. 生計，生活費．vgl. nhd. Unterhalt.【類義語 aufenthalt】

auferstand （別形 auferstende）f./m.（宗教上の）復活．= nhd. Auferstehung.【類義語 auferständnis】

auferständnis f.（宗教上の）復活．= nhd. Auferstehung.【類義語 auferstand】

auferziehen vt. 育てる，育て上げる．

auffahren vi. 上昇する，舞い上がる；上がる．

auffangen （別形 auffachen）vt. 理解する，解する，受け取る．et. in arge gegen jn. auffangen ある人のある事を悪くとる．

aufführen vt. ①（建物を）建てる，築く．②（人を）移送する．

aufgang m. 東（Aufgang der Sonne に由来）．vgl. niedergang, mittag, mitternacht

aufgehaben aufheben の過去分詞．vgl. heben

aufgehen vi. 生じる，起こる；増大する．

aufgienen vi. 大口を開ける．【類義語 gienen】

aufhalten vt. とっておく，残しておく．

aufheben vt.（規則変化と不規則変化がある．vgl. heben）① 持ち上げる；拾い上げる．②（言葉を）発する，挙げる．③（人[3]の物[4]を）非難する；仰々しく言い立てる．【類義語 verweisen】

aufhin adv. ① 上へ．vgl. nhd. hinauf. ② 前進して．

aufklemmen vt. 無理に開く，こじ開ける．

auflag m. 暴動，反乱．【類義語 auflauf】

auflauf m. 暴動, 反乱. = nhd. Aufruhr, Aufstand.【類義語 auflag】

aufleinen refl. (gegen/wider jn.) 逆らう. = nhd. auflehnen

auflenzen vi. ためらう, 躊躇する, ぐずぐずする.

auflupfen vt. 持ち上げる. refl. 立ち上がる, 腰を浮かせる.【類義語 lupfen, erlüpfen】

aufmachen refl. ① 起き上がる；起きる. ② 出発する.

aufmerkung f. 注意, 監視. aufmerkung haben 見守る, 監視する.

aufmutzen refl.（自分を）飾り立てる, 磨き上げる. vt. ① 飾り立てる. ② 大げさに言う, 誇張する. ③ 磨く, 手入れをする.【類義語 mutzen, ausputzen】

aufnehmen vt. 理解する.

aufreiben vt. ① 破壊する, 滅ぼす, 殺す. ② 浪費する, 平らげる. ③（女と）寝る.

aufrichten vt. ①（人⁴を）ある職〈身分〉に就ける. ② 遂行する, 執行する；開催する.

aufriffeln vt. すきぐしで十分にすく.

aufrücken vt. ① 高く持ち上げる. ② 昇進〈出世〉させる. ③ 非難する. ④ 設置する. ⑤（名詞的に）ohne aufrücken ためらわず, ただちに.

aufruhr f./m. ① 争い, 殴り合い. ② 暴動.

aufrührig （別形 aufrührisch）adj. 反乱を起こした, 不穏な, 扇動的な. = nhd. aufrührerisch

aufrupfen vt.（jm. et.）非難する.

aufrüstung f.（出発の）準備, 旅支度.【類義語 rüstung】

aufsässigkeit f. 意地悪, 陰険.

aufsatz m. ① 規定, 規則. ② 意図. vgl. nhd. Vorsatz

aufsätzig → aufsetzig

aufschießen vi. ① 成長する, 上に伸びる. ② 生じる,

aufschlagen 16

姿を現わす．vgl. nhd. hervorschießen

aufschlagen vi. 音を出す，奏でる．vt. 延期する．

aufsehen n. 注意，顧慮．auf et. <jn.> ein aufsehen haben …に注意を払う，目を向ける．

aufseilen vt.（jm. et.）割り当てる，重荷などを負わせる．

aufsetzen vt. 命ずる，（義務などを）課す．

aufsetzig（別形 aufsätzig, aufsetzlich）① 陰険な，腹黒い．② 反抗的な，敵意のある．vgl. aufsässigkeit, nhd. aufsässig

aufsinnen（他動詞・自動詞の別は不明）熟慮する，熟考する．

aufstechen vi.（太陽が）昇る．【類義語 aufgehen】

auftragen vt. 頭にかぶる．

aufwallen vi. わき出る，あふれ出る．

aufwerfen vt.（旗を）まっすぐに立てる，掲げる．

aufwert adv. 上方へ．= nhd. aufwärts

aufwimmeln vi. 急に上に伸びる，跳ね上がる．

aufwischen（別形 aufwüschen）vi. 突然現れる；飛び起きる，（鳥が）飛び立つ．

aufzeichen vt. 書き留める，記録する．= nhd. aufzeichnen

aufziehen vt. 育てる．

aufzieren vt.（人を）飾り立てる，着飾る；（物を）きれいにする，新しくする．

aufzipfen vt. 解消する，なくす．

aufzucken（別形 aufzücken）vt.（上へ）さらう，取り上げる．

aufzug m. 延期，猶予．

aufzügig adj. 発疹〈吹き出物〉でいっぱいの．

aufzünden vt.（…に）火をつける，点灯する．= nhd. anzünden

augbrage（別形 augbraue, augbrane）f. 眉毛．= nhd.

Augenbraue
auge n. jm. et. unter augen schlagen 言う, 耳に入れる.
augen （別形 eugen, ougen） vt. 示す, 見せる. refl. 現れる.
augenspiegel m. めがね.
augstmonat （別形 augstmanat, ougstmanat 他多数） m. 8月. = nhd. August
august （別形 auest） m. ① 収穫 [の時期]. ② 8月.
aus präp.（原因・理由を示して）…によって. = nhd. durch, von
ausatzeln vt. あざける, ばかにする.
ausbaden vi. 最後まで風呂に入る, 入り終える；たっぷり水に浸る〈水浴びをする〉.
ausbieten vt.（人³＋zu 不定詞）挑発して…させる, 挑む.
ausbräuen vt. いじめる.
ausbrechen vt. zahn ausbrechen 歯を抜く.
ausbringen vt. ① 養う. ② 手に入れる；やり遂げる.
ausbrühen vt.（卵・ひなを）かえす. = nhd. ausbrüten
ausbund m. すぐれたもの, 最高のもの.
ausdreschen （第Ⅲ類動詞・helfen 型）vt. 脱穀する. vi. ①（人が主語）財産を使い果たす. ②（物が主語）消える.
auserscheidenlich adv. はっきりと.
auserwählen vt. 選ぶ, 選び出す.
ausfallen vi. 出撃する.
ausfertigen vt.（人⁴を）派遣する.【類義語 abfertigen】
ausgeben vt. 表現する, 表わす；称する, 呼ぶ；言う, 話す.
ausgehen vi. ① 歩き回る. ②（本が）世に出る, 出版される. ③ 修道院を出る（宗教改革的な意味で旧来の

ausgejesen

禁欲的な修道院生活をやめる). vt. ①(最後まで)やり通す. ②…を探し回る. ③ののしる, 侮辱する.

ausgejesen p.a. 追放された, 排斥された.

ausgesondert (別形 ausgesundert) p.a. 選り抜きの.

ausgeten vt. (草を)取る. = nhd. ausjäten

ausher adv. 中から外へ. vgl. nhd. heraus

aushersagen vi. 遠慮なく〈はっきり〉言う.

aushetzen vt. 追い立てる, 駆り立てる.

aushin adv. 外へ. = nhd. hinaus

aushingehen vi. ① 終わる, 最後まで行き着く. ②(本が)出版される. ③ 外へ出ている.

aushippen vt. ののしる, しかる；あざける.

aushupfen vi. 芽を出す.【類義語 ausknopfen, auswachsen, prossen, knopfen, schossen】

ausknopfen vi. 芽を出す；成長する.【類義語 aushupfen, auswachsen, prossen, knopfen, schossen】

auskommen vi. 終わる.

ausläppen (別形 auslappen) vt. 飲み干す, (グラスを)あける.

auslegen vt. 選ぶ, 選び出す.

ausmachen vt. 完成させる, 仕上げる.

ausmessen vt. 遂行する, 仕上げる, 完成する.

ausputzen vt. 飾り立てる.【類義語 aufmutzen, mutzen】

ausrauschen vt. あざける, 嘲笑する.

ausrechen vt. 計算してはじき出す, 算出する. = nhd. ausrechnen

ausreden vt. 発音する.【類義語 aussprechen】

ausreuten (別形 ausrüten) vt. 引き抜く, 根こそぎにする. = nhd. ausroden

ausrichten vt. ①(懺悔を聞いて)…の罪を許す. ②けなす, 中傷する. ③終える, 済ます, 遂行する.

ausrichtig (別形 ausrichtlich, ausrichtsam) adj. 器

用な，敏捷な．

ausrichtung f. もてなし，饗応．

ausriefen → ausrufen

ausrufen (別形 ausriefen) vt. ① 大声で叫ぶ．② jm. den wein ausrufen ほめる，（皮肉で）中傷する．

ausrüten → ausreuten

ausschenken vt. （飲み物を）飲ませる，売る；全部飲ませる．

ausschieben vt. 選ぶ，（人⁴を）選んであるポストにつける．【類義語 erwählen】

ausschießen vi. （芽が）出る．aushupfen 等を参照．

ausschlagen vt. ① …をはたいてきれいにする．② 追い出す，追い払う．

ausschlitzen vi. （人³にとって）…の結果になる．

ausschwenken vt. （服を）脱ぐ，脱ぎ捨てる．

ausschwimmen vi. 窮地を脱する，脱出する．

außen I. adv. für <vor> außen ぼんやり前を見ている様子．= nhd. vor sich hin．II. → äußern

außer adj. 外的な，外側の．= nhd. äußer

außerhalb (別形 außerthalb) präp. ① …の外で．② …を除いて．

äußern (別形 außen) vt. （人⁴から物²を）奪う；（人⁴を）追い出す．refl. （物²/von 物³）…を断念する，…から遠ざかる．【類義語 berauben, enteignen, enterben】

ausspreiten vt. 広める，広げる；（水や種を）まく．【類義語 spreiten】

ausspruch m. 裁定，判決．【類義語 erkenntnis】

aussprung m. とび出すこと．

aussteuern vt. （jn.）持参金をつけて嫁に出す，嫁入り支度を整えてやる．

ausstreichen vt. （jn.）…に化粧をする，着飾らせる．

austrag m. 決着，解決．et.³ einen austrag geben

…に決着をつける，…を解決する．

austun vt. ①(jm. et.) 貸し出す，賃貸しする．②(靴などを)脱ぐ．refl. ①(für…)…と称する．②(2支)放棄する，手放す．③(2支)思い切って行なう〈使う〉．

auswachsen vi. 芽を出す．【類義語 aushupfen, ausknopfen, prossen, knopfen, schossen】

auswägen vt. ① …の重さを量る．② …を考量する，…について判断する．

auswallen vi. わき起こる；わき出る．vgl. nhd. aufwallen

auswarten vt./vi. (人^4/人^2/人^{3}の)世話をする．

auswaschen vt. 洗い落とす；(比)財産をなくす．

ausweben vi. 織り上げる，織って完成させる．

auswerfen refl. (sich gegen jn.)…に立ち向かう，…と対決する．

auswurf m. 衰弱；死．

auswürfling m. 役に立たないとして除外されたもの，役立たず，のけ者．

auswurzeln vt. 根絶する，根絶やしにする．vgl. nhd. entwurzeln

ausziehen vt. ①(子を)産む，(鳥が雛を)かえす．②(jn.) 略奪する．【類義語 plündern, berauben】

auszotteln vi. 垂れ下がる．

auszücken vt. 引き抜く．vgl. nhd. zücken

awe int. ああ，おお．vgl. nhd. O weh/auweh

B

baccularius (別形 baccalarius, baccalaurius, bacclarie, baccalarie, bacculuarer, baculierer) m. バカロレア（聖職者の称号または学術的な称号でもっとも低いもの）.

bachant m. 旅の学生，放浪学生，放浪者，浮浪者. vgl. nhd. Vagant, Vagabund

bachen (別形 backen) vt. (3 基本形は bachen, buch, gebachen <bachen>) ① 焼く. bachen schnitten 焼いたパン. ② gebachen sein 固まった，かさぶたになった. vi. (人³)のことを気遣う，心配する.

backen → bachen

backenstreich m. 横っつらを打つこと，平手打ち.

bad (比)地獄；つらいこと. jm. ein bad zurichten/jm. das bad gesegnen ひどい〈痛い〉目に遭わせる. das kind mit dem bad ausschütten 湯水といっしょに子供を流してしまう (= 良いものも悪いものもいっしょくたにする).

badbütte f. ① 大きなおけ，洗濯おけ. vgl. nhd. Bütte. ② 洗礼盤.

bader m. ①（風呂屋で働く）理髪師兼外科医. 身分が低い者の象徴として bischof と対で現れることがある. たとえば bischof oder bader 司教であれ理髪師兼外科医であれ. ②（比）悪魔；神.

baderhut m. 入浴帽，頭巾.

baderknecht (別形 badknecht) m.（風呂屋の）三助（卑しい職業とされた）. vgl. badermagd

badermagd (別形 badermeid, badmeid) f.（風呂屋

の) 湯女 (⁽ゆ⁾ₙₐ). vgl. baderknecht

badknecht → baderknecht

badstube f. 公衆浴場, 風呂屋. vgl. nhd. Badehaus

bahn f. (まれに m.) et. auf die bahn bringen ① 口に出す, 話す, 話題にする. ② 実現させる.

balbierer m. 床屋.

bald I. adj. ① 勇敢な. ② 早い. 【類義語 rösch】 ③ nicht bald または bald nicht で「まったく…ない」の意味. II. cj. …するやいなや. = nhd. sobald. 【類義語 alsbald】

bäldlich adv. 勇敢に, 大胆に.

baldrian m. カノコソウ(薬草)(ネコがこの香りを好む).

balg (別形 balk, palk) m. ① 皮膚；体, 肉体. ② ふしだらな女；取り持ち女.

balgen vi. (mit jm.) けんかをする；ののしる.

balger m. けんか好きな人, 乱暴者.

balieren (別形 ballieren) vt. 磨く. = nhd. polieren. 【類義語 feinen】

balk → balg

balke (別形 palk) m. (弱変化) 角材. = nhd. Balken

ball bellen の過去形. bellen は第Ⅲ類動詞・helfen 型.

balle m. (弱変化) ボール, 球.

ballen vi. ボールで遊ぶ.

band n. かせ, 束縛.

bändig adj. しつけられた, おとなしい.

banier (別形 baner) n./f. 旗, 軍旗. vgl. nhd. Banner, Panier

banierfeld n. 旗の紋章の区画. vgl. nhd. Wappenfeld

bank f./m. ベンチ, いす.

bankhart (別形 bankart) m. 私生児. 【類義語 bankriese】

bankriese (別形 bankresse, bankrese) m. 私生児.

【類義語 bankhart】

bannen vt. 法廷に呼び出す，訴える.

banwart （別形 bannwart, banwarter）m. 番人，見張り，管理人.【類義語 hüter】

bap （別形 bappen）m./f./n. 粥.

bapeier n. 紙. = nhd. Papier

bar adj. ① 明らかな. ② et.^{2} bar sein …を欠いている，…がない.

barchent （別形 barchen, barchant）m. フスティアン織. 競走の賞品として使われたことから um den barchent laufen という慣用句もある.

bärde （別形 berd）f. 振る舞い，行動，作法. = nhd. Gebärde, Gebaren

bäre （別形 bere）f. 担架. = nhd. Bahre

bärenhaut f. クマの皮. die bärenhaut verkaufen 日本語の「捕らぬタヌキの皮算用」と同じ諺的表現.

baretlisleute （別形 baretlinsleute）pl. 学者，博識な人（< Barett/Barettlein をかぶった人）.

bark m. 納屋.

barmlich adj. 慈悲深い，情け深い. vgl. nhd. barmherzig

barmung f. 慈悲. vgl. nhd. Barmherzigkeit, Erbarmen, Erbarmung

bart m. jm. durch den bart laufen/jm. in den bart greifen 痛い目に遭わせる，非難する；あざける；ずけずけ異議を唱える.

bärting （別形 bärtling はときに軽蔑的意味）m. 平修士.

bartman m. ひげ親父. ひげをたくわえた姿で描かれる聖ヒエロニムスを ein heiliger bartman（聖ひげ親父）と呼ぶことがある.

baß adv. (nhd. besser の副詞的用法に相当) ① より良く，より多く. ②（比較級の意味なしに）しっかり，

良く.

bast I. m./n. um ein bast 全然…ない, まったく…ない. II. = nhd. best. zu dem basten/am basten 最も［良く］.

batten vt. (人⁴の)役に立つ, 助けになる.

bau m. 建物. einen bau führen 建物を造る.

bauch (別形 buch) m. et. durch den bauch stechen ある事を断念する, 中途で終える. seinen bauch zerlachen 腹の皮がよじれるほど笑う.

bauen vt./vi. (過去分詞として gebauen という形もある) Wer am wege baut, der hat viele meister 公に仕事をする人は批判も多く受ける. vgl. meister

bauernmetze f. 農家の娘, 田舎娘. vgl. metze

bauernviegel m. 糞(ナイトハルトとスミレの話にちなむ).

baum m. 棺おけ, ひつぎ.【類義語 totenbaum, totenlade】

bäuricht (別形 bürecht) adj. 田舎くさい, 野暮な. = nhd. bäurisch

bäurischheit f. 粗野, 無骨, 野暮.【類義語 grobheit】

bebstlich adj. ローマ教皇の. = nhd. päpstlich

bech (別形 pech) bach の複数形. = nhd. Bäche

beck I. f. (別形 pecke) 娼婦. II. m. (弱変化) パン屋. = nhd. Bäcker

becke (別形 becken, böcken) n. シンバル.

beckin I. n. たらい, 水鉢. II. f. 女性のパン屋；パン屋の妻.

bedächtig adj. bedächtig sein, dass… …と考える, 推測する.

bedank m. 考えること. sich³ einen bedank nehmen 考える.

bedauern (別形 beduren) vt. 大事にする, 惜しむ(語源的に teuer と関連している).

bede = nhd. beide

bederben vt. 使う，利用する．

bedeuten vt.（わかりやすく）説明する，解釈する．

bedeutlich adj. はっきりした，明白な．【類義語 ausdrücklich】

bedichten vt.（本やテキストを）書く．

bedienen refl.（2支）用いる，使う，利用する．

bedingung f. 話し合い，交渉，取り決め．

bedonen vi. 生活する；滞在する．

bedrawen = nhd. bedrohen

bedürfen vi./vt. ①（2格, 4格, dass 文, 不定詞を伴って）必要とする．②（不定詞を伴って）あえて…する．【類義語 dürfen】

befahren （規則動詞）refl./vi./vt.（副文, 2格, 4格を伴って）恐れる．

befalh befehlen（= nhd. befehlen）の直説法1・3人称単数過去形． = nhd. befahl

befehlen （別形 befelhen）vt.（jm. et.）① ゆだねる，託す．vgl. nhd. übergeben, anvertrauen.【類義語 empfehlen, verlassen】② 命じる．

befelch （別形 befelh）m. 命令． = nhd. Befehl

befelhen → befehlen

befesten vt 固める，強化する；はっきりさせる．vgl. nhd. befestigen

befestnen vt.（手紙などに）封をする．

befeuchtigen vt. 湿らす，水分を与える． = nhd. befeuchten

beffen vi. 吠える．vgl. nhd. bellen

befilhe befelhen（= nhd. befehlen）の命令形． = nhd. befiehl

befinden vt. 感じる，気づく，見出す．

befleißen refl.（2支）…にいそしむ，熱心に行なう．

befolhen befelhen（= nhd. befehlen）の過去分詞．

befreien vt. (人⁴ 物²)…から解放する.

befrieden I. vt. ① 柵で囲む. ② 安全にする, 安心させる. ③ …の怒りを静める, 仲直りさせる. II. refl. (mit jm.) 和睦する, 和平を結ぶ.

befzin f. スズメバチ.

begaben vt. (jn. mit et.) …に…を与える.

begarbe adv. まったく；もっぱら.

begatten vt. (jn. mit jm.) 結婚させる.

begeben vt. 放棄する. refl. ①(出来事が)起こる. ②(2支/種々の前置詞と)取りかかる, 従事する, 励む.

begegnen (別形 begeinen) vi. (完了の助動詞として haben も用いられる)(人³に)出会う,(人³の)身に起こる.

begehen vt. ① 埋葬する, 弔う. ②(宗教的に)祝う；(儀式を)挙行する. ③(湿気, 蒸気などが人に)触れる, あたる；(出来事が人を)捉える, 襲う. refl. (2支または mit/von et.) …で暮らしを立てる；…で間に合わせる.

begehr f./n. 欲求. vgl. nhd. Begehren, Begierde

begehren vi. (2支) 欲する, 求める.【類義語 muten】

begeinen → begegnen

begieren vt. 要求する, 望む.【類義語 begehren】

begierlich adj. ① 求める価値のある, 望ましい. = nhd. begehrenswert. ② 熱望している；貪欲な. = nhd. begierig

begin (別形 begein) f. ① ベギン会修道女(ときにふしだらなイメージを持つ). ② 助修女, 平修道女(誓約なしに修道女と同じ生活をしている女性). ③ 信心ぶっているふしだらな女.

begraben vt. ①(町や城塞を堀で囲って)守る. ② 埋葬する；埋める.

begräbnis f./n. 埋葬, 葬式.【類義語 lüpfel】

begreifen vt. ① 触れる；つかむ，手にする．② 捕まえる．③ 書く．

begund beginnen(弱変化)の過去形．

behadern vt. けんかをふっかける，かみつく．【類義語 kriegen, zanken】

behaimisch → behemisch

behalten vt. ① 秘密にしておく，隠す．② 保管する．③ 主張する，弁護する．④ (宗教的に)救う．⑤ 受け取る，手に入れる．refl. 自分の居場所がある．

behältnis n. 隠れ場所．

behaltung f. 中身，内容．

behangen vi. そこから離れない，くっついたままである．

behauren (別形 behauern) vt. ① 捕らえる，拘束する．② 打ち負かす；傷つける．③ 監視する，(城を包囲して)見張る．

behausen vt. 泊める，住まわせる．

behausung f. 家，住居．

beheben vt. 保っている，ずっと持っている．

behelfen refl. ① (et.²/mit et.) …で間に合わせる，がまんする，満足する．② 身を守る；抵抗する．

behemisch (別形 behaimisch) I. adj. ボヘミアの．II. m. ベーメン貨幣，グロッシャン．

behende (別形 behend) adj. ① 急いだ，迅速な；敏捷な．【類義語 leichtlich】② 賢い；器用な．③ 悪賢い．

behendigkeit f. ① 技巧，手管；策略；ごまかし．② 敏捷，機敏．

beheren vt. (人⁴に)恩寵を与える．vgl. nhd. bcgnaden

beherren vt. 支配する；押さえつけておく，おとなしくさせておく．

beherzend adj. 勇気のある，勇敢な．

beherzigen vt. 勇気づける.
behilf m. 助け；対処法；利点；快適さ.
beholfen p.a. 役に立つ；助ける用意がある.
behören vt. 吟味する，調べる.
behulden < bei hulden. 恵み〈恩寵〉を受けて. = nhd. bei Gnaden
behüllen vt. ① 包む，覆う. ② 守る.
behüten vt. 覆う，覆い隠す. refl. 用心する.
behutsam adj. 控えめな，慎重な. des mundes behutsam sein 口が堅い，秘密を守る.
bei I. präp.（3支／4支）4格をとった場合，方向をも表わす（…へ）. II. adv. およそ.
beichter m. 聴罪司祭. = nhd. Beichtvater.【類義語 beichtherr】
beichtheller m. 聴罪〈懺悔聴聞〉の手数料.
beichtherr m. 聴罪司祭. = nhd. Beichtvater.【類義語 beichter】
beichtsohn m.（男性の）告解者. vgl. nhd. Beichtkind, Beichtling
beichtsucht f. 告解病（過度な告解を病気にたとえたもの）.
beide beide A und B で「A も B も」. vgl. 英語 both
beiderfalt adv. 2 つの形で，二様に，二重に.
beidesam （別形 beidsam, beidsamen）adv. 二人で，いっしょに.
beihel n. 斧. = nhd. Beil
beilager （別形 beileger）n. 結婚式.
beischlafweib n. 側室.
beischlag m. ① 愛人. ② 偽の貨幣. ③ 私生児.
beispiel （別形 beispel）n. 比喩，たとえ話，寓話，諺.
beiße f. なめし皮用の浸出液，なめし液. = nhd. Beize
beißen unp.（es beißt mich／mich beißt）かゆい. kratzen, wo mich nicht beißt かゆくもない個所をか

きむしる(困惑した様子).
beißig adj. かみつく[ような]. = nhd. bissig, beißend
beiständig adj. jm. beiständig sein 役に立つ，味方する.
beiteln vt. (粉を)ふるう. = nhd. beuteln
beiten vi. ① ぐずぐずする，ためらう；(2支)待つ. ②(支払いを)延期する.
beitun vt. ① 遠ざける. ② 片付ける, (争いを)調停する.
beiweilen (別形 beiwylen) adv. ときどき，往々にして.
beiwesen n. 居合わせること，存在. in seinem beiwesen 彼がいる前で. in beiwesen + 人² …のいる前で.
beiwohner m. 隣人；同居人.
beiwohnung f. 付き合い，関わり.
beizen (別形 beissen) vi. 猟〈狩〉をする.
bejag m. 獲得物.
bekanntlich (別形 bekenntlich) adj. 周知の, 知られた；見分けがつく, はっきりとした.
bekennen vt. ① わかる, 知る, 認識する；知っている.【類義語 erkennen】②(事実を)認める；知らせる.
beklagen refl. (物²)訴える, 苦情を言う.
bekleiben (第Ⅰ類動詞・reiten 型) vi. 留まる, 離れない, 根を下ろす.
beknudeln refl. 巻き込まれる, ひっかかる.
bekommen vi. ① やってくる. ② 生じる, 成長する. ③(人³に)出会う.
bekoren vt. ① 気に入る. ②(ある人を)試す.【類義語 verführen】
bekreisen vt. …の周りをまわる, 取り囲む.
bekümmern vt. 逮捕する；押収する, 差し押さえる. vgl. kummer. refl. (mit…) …を気にする, …にかま

う.

belangen I. vt. ① (ある人に)要求する. ② …に関わる. II. n. 要求；欲求.

belassen vt. (人⁴に)与える, 付与する, 供与する.

belästen vt. 苦しめる, 傷つける. vgl. nhd. belasten, belästigen

belegern vt. 包囲する. = nhd. belagern

beleiden (別形 beleidigen) vt. 苦しめる, 悲しませる；侮辱する.

beleiten vt. ① ついて行く, 同行する. ② 導く.

belieben bleiben の過去分詞. = nhd. geblieben

beliegen vt. 包囲する, 侵入する, 占領する.

belzin → pelzen

bemeldet (別形 bemelt) p.a. 先に挙げた, 前述の.

benachten vt. 宿泊させる. vi./vt. 泊まる, 夜を過ごす. ich benachte または ich bin benachtet で「私は泊まる」.

benedeien vt. 祝福する.

benedicite (別形 benedicte, benedizite) n. ① 司祭がミサを終えるときに述べる祝福. ② 食事の前の祈り. ein benedicite sprechen 食事前の祈りを唱える. ③ jm./et.³ ein benedicite machen …を終わりにする, はねつける；説教〈訓戒〉をする.

bengel m. 棒, 棍棒.

bengelkraut n. 殴打.

benucken vt. 押さえつける, 意気消沈させる.

benücken vt. だます, 欺く.【類義語 betrügen】

benügen (別形 beniegen, begnügen, genügen) I. vi. 満足している. unp. (人⁴/人³) 満足する. vt. 満足させる. refl. 満足する. sich benügen lassen 満足する. 他動詞を除き, 満足の対象は et.²/an et.³/mit et. で表わされる. II. n. 満足.

beraffeln vt. (人⁴を)しかる, 小言を言う；(物⁴を)

批判する.

beratschlagen refl.(mit jm.)相談する.

berauben vt.[jm.]et./jn. et.²/jn. an et. 奪う.【類義語 äußen, äußern, enteignen, enterben】

bere ① → bäre. ②(別形 ber, berren) m. 魚を捕る網, 漁網. → fischen(慣用句)

bereden vt. 説き伏せる. lass dich nicht bereden だまされるな. refl.(副文を伴って)…と思い込む, 信じ込む；思い込んだことを述べる. vgl. vermeinen.【類義語 überreden, einbilden】

bereit adj.(人³に)奉仕する用意がある. vgl. nhd. dienstbereit, dienstfertig

bereiten vt.(ウマに)乗る. refl. 準備する.

bereitschaft f. ① 準備. ② 備えてあるもの, 装備品, 家財道具.

bereitung f. 準備. = nhd. Vorbereitung

beren vt. ① たたく. ②(材料を)こねる.

berennen vt.(軍事的に)攻撃する.

berg m. in den berg gehen うまくいかない, 失敗する. durch einen stählenberg 鋼の山をも貫いて, 障害をものともせず. 単に文意を強めるはたらきもある.

berichten vt. ①(jn. et.²)教える, 情報を与える. berichtet sein 知識がある. ②(臨終の際に)終油を与える. refl. わかる.

beriefen → berufen

bermente → perminte

berre m. 魚を捕る網. vor dem berren fischen → fischen

bcrückcn vt. ① 捕える. ② だます.

berufen (別形 berüfen, beriefen こちらは弱変化. berufen も弱変化することがある) vt. ① 宣言する, 布告する. ② 招集する, 呼び寄せる, 呼び出す. ③(食事などに)招く.

berühmen (別形 beriemen) refl. (2支)…を自慢する.
berühren vt. ① 中傷する. ② 苦しめる, 悩ます；(病気が人を)襲う. ③ 言及する. vgl. jetztberührt
berupfen vt. ①(…の毛や羽を)むしりとる. vgl. nhd. ausrupfen. ②(人4から)奪う. vgl. nhd. berauben
besachen vt. ① 世話をする, 養う. ② 生み出す, 作り出す. ③ …に付ける, 装備する. ④ 調達する；盗む. refl. 気をつける, 注意する.
besagen vt. 訴える.
besammeln vt. 集める, 招集する. = nhd. versammeln
beschaben Ⅰ.(第Ⅵ類動詞・graben 型) vt. すり切れさせる, 損なう, 傷つける. Ⅱ. p.a. すり切れた；傷ついた.
beschaffen vt. ① 創造する. ②(運命的にあらかじめ)定める, 与える.
beschämen (別形 beschamen) refl. (2支)…を恥じる, 恥をかく.【類義語 schämen】
bescharren vt. 埋葬する. vgl. nhd. verscharren.【類義語 bescherren】
beschatzen (別形 beschätzen) vt. ①(人4に)税を課す〈納めさせる〉. ②(人4物2)奪う.
beschehen vi. (人3の身に)起こる, 与えられる；行なわれる. = nhd. geschehen
bescheid Ⅰ. adj. 賢い. = nhd. gescheit. Ⅱ. m. 情報, 知識.
bescheiden Ⅰ. adj. ① はっきりした. ② 分別のある, 理性的な. Ⅱ. vt. (第Ⅶ類動詞・heißen 型) ①(人4物2/人3物4)伝える, 知らせる, 説明する. ②(auf et.)…のために選ぶ, 任命する, 雇う. ③ 呼び出す, 来させる.
bescheidenheit f. 理性, 分別. vgl. bescheid(adj.)
bescheinen (弱変化) vt. (jm. et.)示す, 知らしめる.

refl. わかる，明らかになる．

bescheißen （別形 beschissen）（第Ⅰ類動詞・reiten 型）vt. ① よごす． ② だます． refl. 大小便をもらす．

bescheißer m. 詐欺師，ペテン師．【類義語 betrüger】

bescherren （第Ⅲ類動詞・helfen 型）vt. 埋葬する． vgl. nhd. verscharren.【類義語 bescharren】

beschicken vt. 呼びにやる，呼び寄せる．

beschirmen vt. 守る，庇護する，かばう，弁護する．【類義語 versprechen, entschuldigen】

beschiss m. 詐欺，ごまかし．【類義語 affenziel, trug】

beschlagen vt. ① 捕まえる；押収する． ②（…に金属，蹄鉄などを）付ける． ③（策を）練る，（計略を）めぐらす．

beschleust beschließen の直説法 2 人称単数現在形． = nhd. beschließt

beschließen vt.（直説法 2・3 人称単数現在形として beschlüßt, beschleust もある） ① 取り囲む． ② 閉じ込める，囲いの中へ入れる． = nhd. einschließen. ③ 鍵をかけて閉める；（目を）閉じる． refl. ① 閉じこもる． ②（穴が）ふさがる．

beschließlich adv. 最後に，ついに，結局．

beschloss m. ① 閉鎖，保管［場所］；囚われ． ② 終わり．

beschmerzen vt.（人⁴を）悲しませる．

beschönen vt. 良く見せる，言い繕う． refl. 言い訳をする，言い繕う．

beschreiben vt. 文書で召集する；募る．

beschreien vt.（強変化と弱変化がある，vgl. schreien）vt.（人⁴のことを）悪人だと言いたてる，訴える．

beschremen vt.（言葉で）表現する．

beschulden vt. 罪を犯して…という事態を招く，引き起こす． vgl. nhd. verschulden

beschuren vt. 守る．

beschweren = nhd. beschwören

beschwernis f./n. 心の重荷，心配；苦労．【類義語 kummer】

beseits adv. ① わきへ；離れて．= nhd. beiseite. ② 単独で．

besem (別形 besen) m. 箒(ほう)；(しつけのための)鞭． unter js. besem sein ある人の支配下〈後見〉のもとにある．

besenden vt. 来させる，(法廷に)呼び出す．

besingen vt. ①(ある場所を)歌で満たす．eine kapelle besingen 礼拝堂でミサをあげる．【類義語 singen, lesen】jm.(女性) eine kapelle besingen (比)女性と寝る．② jn. besingen [lassen] ある人の葬儀を執り行なう．

besinnen vt. 認識する；わかる，理解する．

besinnt p.a. (弱変化の過去分詞に由来) 思慮深い，落ち着いた．vgl. nhd. besonnen

besippe I. adj. 親族である．II. f. 親族．vgl. nhd. Sippe, Sippschaft

besitzen vt. ① 手に入れる．②(病気が人を)襲う，支配する，(悪魔が)とりつく．

besorgen vt./vi.(2支)/refl.(2支または vor et.) 恐れる，…ではないかと心配する，…しないように気をつける．

besprachen vt. (人⁴に)尋ねる，尋問する．

besprechen vt. 罪を着せる，訴える．

besprengen vt. ①(…に水などを)ふりかける．②(宗教的)(異教徒を)キリスト教化する，(…の罪を)浄化する．

besprenzen vt. …に水をかける〈まく〉．= nhd. besprengen

bespunnen p.a. (2支) …が備わっている．

bessern vt. 補償のために与える；(…を)償う．

bestallung f. 取り決め，申し合わせ，約束.

bestand m. 存続. bestand nehmen 存続する.

bestanden p.a. (mit…に)満足している.

beständig adj. 信頼できる. 【類義語 ratlich】

bestäten vt. ① 裏付ける，証明する. = nhd. bestätigen. ② → bestätigen

bestätigen (別形 bestäten) vt. 埋葬する. = nhd. bestatten

bestehen vt. ① 攻撃する；(寒さ・恐れなどが)襲う. ②(部屋などを)賃借りする，手に入れる. ③(あえて)する，行なう. vi. (言っていることが)正しい，信頼できる.

bestoßen vt. (人^{4}を)なじる，ののしる.

bestraufen vt. 引き抜く.

bestreiten vt. …に戦いを挑む，…と戦う.

bet (別形 bete) n./f. ① 祈り. ② 願い. vgl. nhd. Gebet, Bitte

betagen (別形 betayn) vi. 現れる；明らかになる. vt. ①(人^{3}物^4/人^{4}物^2) 明らかにする，公にする；伝える. ② 出頭を命ずる，呼び出す. betagt p.a. 年をとった，高齢の.

betauben vt. 滅ぼす，打ち負かす. vi. 打ち負かされる.

beteilen vt. (人^{4}に)分け与える；(物^{4}を)分け与える.

betören vt. だます，欺く；惑わす.

betrachten vt./refl.(2支)/vi.(2支) ① 考える，考慮する，目を向ける. ② 考え出す.

betrachtet p.a. 思慮深い.

beträchtig adj. (物^{4}または物^2) beträchtig sein ある事を考えている，念頭に置いている.

betragen refl. (et.^{2}/mit et.) ① …で生計を立てる，生活する. ② …で間に合わせる，…を利用する.

beträufen (別形 betraufen, betreifen) vt. (et. mit et.)したたらせる，たれをかける，バターなどを塗る.

betriegen vt. だます, 欺く. = nhd. betrügen. vgl. triegen

betrosseln (別形 betrusseln) vt. 汚す；辱める.

bettdrücker m. 怠け者.

betteln vt. 要求する.

betteltanz m. 争い, けんか.

bettlade f. ベッドの枠〈台, フレーム〉. = nhd. Bettgestell

bettrise I.(別形 bettris, bettrisig) adj. 病床にある. = nhd. bettlägerig. II.(別形 bettris) m. 病床にある人, 患者.

beule f. ペスト腺腫. vgl. bül. gotz beule! ののしり言葉. vgl. got

beuten vt. ① 略奪する. ② 交換する.

bevielen unp. (人^{4}物^2 bevielt) ある人にとってある物が多すぎる, うんざりする. vi. (物主語) 多すぎる, うんざりする.

bewahren vt. 見張る, 番をする；守る.【類義語 hüten】

bewähren vt. ① 試す, 吟味する. ② 証明する.

bewäten vt. …に衣類を着せる.

bewegen vt. ① 引き起こす, 呼び起こす. ② ぐらつかせる. refl. ぐらつく, 動揺する.

bewegung f. 欲求, 衝動.

bewehren vt. ① 擁護する, 主張する. ② 武装させる.

beweisen vt. (人^{3}物^{4}と並んで人^{4}物^{4}の場合もある) ① 示す, 伝える.【類義語 bezeigen】②(感謝の念, 慈悲, 賞賛などを) 示す, 与える. ③(苦しみ, 恥辱などを) 与える. refl. (様態を表わす語とともに) …という態度をとる.

bewellen (第Ⅲ類動詞・helfen 型, bewellen - bewall - bewollen) vt. ① 汚す；(病気が人を) 襲う, 犯す. ② 包む. vgl. p.a. bewollen

bewerben vt. 募る,募集する. = nhd. anwerben
bewiegen vt.(…のことを)よく考える.
bewinden vt. 包む;覆い隠す.
bewollen I. p.p. → bewellen. II. p.a. ① 汚れた. ② 隠れた.
bezahlen vt.(人⁴に)支払う.
bezaubern (別形 bezeubern) vt.(人心を)迷わす.
bezedeln vt. 究める,わかる.
bezeigen vt.(人³物⁴)示す.【類義語 beweisen】
bezetteln vt.(et. mit et.)…に…をふりかける.
bezeugen refl.(dass…を)証明する,証言する.
bezücken vt. ① 襲う. ② だまして利益を得る.
bezwingen vt. ① 圧迫する,悩ます,苦しめる. ② 強制する,無理強いする. = nhd. zwingen
bickel m. つるはし. = nhd. Pickel
bidemen vi. 震える.
biedermann m. 誠実な人,りっぱな人.
biegen refl.(vor jm./gegen jn.)…に頭を下げる,あがめる.
bienlein (別形 binlin) n. ミツバチ.【類義語 imme】
biere (別形 bier, bir)(複数形 bieren) f. 梨. = nhd. Birne
bießen → büßen
bilbis (別形 bilbitz, bilwiß) f. 魔物,魔女,コーボルト. 【類義語 zauber[in]】
bild n. 想像,観念;思いつき,アイデア. ein bild schlagen 計画を立てる.
bildstock m.(道端などにある)キリスト像,聖者像.
bildung f. 絵,像,姿,模写.
bilger m. 巡礼者. = nhd. Pilger
biller (別形 bilder) m.(多くは無語尾型または -n 型の複数形で用いられる)歯茎.
billicheit (別形 billichkeit, billigkeit) f. 正当さ,適切

billig 38

さ；正義，公正．= nhd. Billigkeit

billig （別形 billich）adv. 正当に，当然のことながら，…して当然だ．

binz m./f. イグサ．= nhd. Binse

bir → biere

birett （別形 biret）n. ビレッタ（聖職者の帽子）．= nhd. Barett

birsen vi. (イヌを使って)狩をする．= nhd. birschen

bis I.(別形 biß) sein 動詞の命令形．II. cj. …まで．bis dass の形で用いられることがある．

bisem m. 麝香(じゃこう)．vgl. nhd. Bisam

bishero adv. これまで．= nhd. bisher

biss I. m. かむ〈かみつく〉こと．im biss 厳しく，辛らつに．II. n. くつわ．【類義語 gebiss】

biß → bis

bisse （別形 bissen［強変化］）m.（弱変化）否定詞とともに用いられ，否定を強める．= nhd. Bissen

bitte （別形 bitt, bit）f. 祈り；願い．

bittel m. 頼む人，求婚者．an jn. ein bittel sein ある人にお願いする．

bitten vi. 祈る．= nhd. beten. vt.（人^4 物^2/物^4 von 人^3）(ある人にある事を)頼む．

bitzel m. 一片，かけら．【類義語 schnitzel, fragment】

blaphart m. 小額貨幣の名．3 クロイツァーまたは 6 ペニヒに相当すると言われる．

blas m. 息吹．vgl. nhd. blasen

blast （別形 blost）m. ① 息．② 風，嵐．③ おなら．④ 怒り．

blatt n. ① 葉；一枚の紙；ページ．② 的．das blatt umkehren 事の裏側をよく見る；逆にする，立場を入れ替える．blätter kehren ページをめくる，文書を丹念に見る．Das blatt kehrt sich [um]/Das blatt wendet sich 事態が一変する．

blatte f.（弱変化）① よろいの〈甲冑〉の板. ② 聖職者の剃髪した頭. = nhd. Tonsur

blatter f. ① 膀胱. ②（複数形で）梅毒［による皮膚のむくみ］.

blätterspiel （別形 blotterspiel）n. 性交, セックス.

blau adj. blaue enten → ente

blaug （別形 blug）adj. 内気な, 優柔不断な.

blaukeit （別形 blukeit）f. 内気, 優柔不断.

blech n. 金属板.

blecken vi. 現れる, 見える. vt. 示す, 見せる. zähne blecken 歯をむき出す.

bleiben （第Ⅰ類動詞・reiten 型）vi. ① 残る, 留まる. darab bleiben → darab. ② 死ぬ.

bleide f.（弱変化）投石機.【類義語 schleuder】

bleien （別形 bleigen, blien）adj. 鉛の. = nhd. bleiern

blerren （別形 blörren）vt./vi. 叫ぶ；（動物が）鳴く. = nhd. plärren. vgl. auch nhd. brüllen

bletz m. ① 一片［の布］, 継ぎ布,（修理用の）当て皮. ②（食用の）内臓, 臓物.

bletzen vt. 繕う.

blick （別形 blix）m. 稲妻. = nhd. Blitz

bliegen → blügen

blind adj. ① 曇った, 濁った. ② 不正の, ごまかしの.

blinzlingen （別形 blinzling, blinzlich）adv. 目を閉じて, 盲目的に；軽率に.

blitzen vi. あちこち走り〈とび〉回る, とぶ.【類義語 gumpen, springen】

blitzgen unp. 稲妻が光る, 稲光がする. = nhd. blitzen

blix → blick

bloch n./m. 木のかたまり, 角材, 丸太. vgl. nhd. Block

blöde （別形 blöd）I. adj. 弱い；臆病な, 気の弱い.

Ⅱ. f. 弱さ，臆病；愚かさ．

blossbalg　m. ふいご．= nhd. Blasebalg

blost → blast

blotterspiel → blätterspiel

blotzbruder　m. 助修士，平修士．vgl. nhd. Laienbruder

blügen　（別形 bliegen, blüjen, blüwen, blühen）vi.（木が）花を咲かせる．= nhd. blühen

blume　f./m.（弱変化）処女，操．

blümen　（別形 blumen, bliemen）vt. ① ほめたたえる．②（文章を）飾る；美化する，粉飾する．

blust　m./f. 花盛り．vgl. nhd. Blüte

blut　Ⅰ. n. ① 親族．② 人間．blütlein 若者．f. 花盛り．= nhd. Blüte．Ⅱ. adj. 裸の，毛のない．eine blute maus ネズミの子．

blutgang　m. ① 出血．② 月経．

blutrisig　（別形 blutreisig, blutrusig, blutris）adj. 血を出した，傷ついた．【類義語 blutrünstig】

blutrünstig　（別形 blutrüstig）adj. 血が出ている，血まみれの．【類義語 blutrisig】

blutübel　adj. 非常に悪い．

blutzapfe　m. 吸血動物；血を好む人間，暴君．

boben　（別形 bobin, bowin）Ⅰ. adv. 上に．Ⅱ. präp.（3支）…の上に〈で〉．

bochen　vt. 虐待する，痛めつける；力ずくで迫る；あざける．

bockshorn　n. jn. in ein bockshorn treiben <zwingen, jagen, stoßen> 不安にする，脅す．

boden　m. et.³ ist der boden aus …は終わりだ，極まる，…の限度を超える．grund und boden すっかり，まったく．

boge　m.（鳥や獣を捕まえる）わな．

bohne　（別形 bone）f. nicht eine bone/um eine bone

などの形で否定を強める.

bohnen (別形 bönen) vt. 磨く. vgl. nhd. bohnern

boldern vt. (人⁴を)ののしる. = nhd. poltern.【類義語 schelten】

bolz m. (石弓の)矢. = nhd. Bolzen

borg m. (飲食代などの)つけ. auf borg つけで. auf borgen という形もあり, こちらは動詞の名詞化と考えられる.

borgen vi. (人³物²)/vt. (人³物⁴) ある人のある事を免除する.

böse f. 悪, 悪意. = nhd. Bosheit

bösern vt. 悪くする. refl. 悪くなる.

böslistig (別形 böslistiglich) adj. 陰険な, 邪悪な, 悪意のある.

böslistigkeit f. 陰険, 邪悪, 悪意.

bot n. 戒律, 掟.【類義語 gebot】

botwaren vt. ののしる, 侮辱する.

botz int. gottes に由来する婉曲語法と言われ, 種々の語とともに驚きや怒りなどを表わす. たとえば botz kramet!/botz leichnam まああきれた, なんてこった. vgl. gott

bradem (別形 broden) m. もや. vgl. nhd. Brodem

brame (別形 breme) f. いばらの茂み.

bran brinnen の過去単数形.

brand m. ① 燃えさし. ② たいまつ.

brasteln vi. (火などが)ぱちぱち音をたてる. = nhd. prasseln.【類義語 bratzeln】

brates n. 焼肉.

bratzcln vi. (火などが)ぱちぱち音をたてる. = nhd. prasseln.【類義語 brasteln】

brauch m. 使用. = nhd. Gebrauch

brauchen (別形 bruchen) vt. ① 使う, 用いる. ② 必要とする. vi. (2支) 使う, 用いる. = nhd.

gebrauchen. refl. 努力する，従事する；練習する.

bräuchig （別形 breuchig）adj. 世間一般に行なわれている. = nhd. gebräuchlich.【類義語 landläufig, läufig】

braue （別形 bra, bro）f. まつげ. = nhd. Wimper

brauten （別形 briuten, bruten）vi. 結婚する. gebrautet 既婚の. vt. 強姦する.

brautlauf （別形 brautlauft）m./f. 結婚式.

brechen （直説法1人称単数現在形は brich）vi. ① 入り込む. ② 口にする，話す. ③ → brehen. vt. 壊す. et. vom zaun brechen → zaun

breckin （別形 brecken）f.（軽蔑的に女性を指して）雌イヌ. vgl. nhd. Bracke（猟犬）

brehen （別形 brechen）vi. 輝く，光る.

brei m. um den brei herumgehen 遠くから触る，本題に入らない.

breisen （第Ⅰ類動詞・reiten 型）vt. 締める，縛る. eng gebriesen sein（比）生真面目すぎる.【類義語 spannen】

breme （別形 brem）f. ① アブ. = nhd. Bremse. ② → brame

brengen = nhd. bringen

brennen （過去分詞として gebrennt, brennt もある）vi. 燃える.【類義語 brinnen】vt. 燃やす，焼く.

brennt brennen の変化形. ① 直説法3人称単数現在形. ② 直説法1・3人称単数過去形. ③ 過去分詞.

brest m. 欠点，欠陥；不足. = nhd. Gebrechen.【類義語 gebresten, gebreche, mangel】

bresten vi./unp.（直説法3人称単数現在形は brist）(jm. an…）欠けている，不足している. vgl. nhd. fehlen, mangeln, gebrechen

bresthaftig （別形 bresthaft）adj. 欠陥のある；病弱な.

brett n. an das brett kommen 高い地位や栄誉を手

brief m. ① 財産権利書. ② 証書, 証文. ③［公］文書. ④ 誹謗文書, アジビラ. ⑤ 破門状. ⑥（絵や字が書かれた）紙, 札.

briege → brüge

bringen vt. [es] jm. bringen/ein jm. bringen …のために乾杯する.

brinnen (第Ⅲ類動詞・binden 型, 過去単数 bran, 過去複数 brunnen) vi. 燃える；輝く.

brisiligen n. ブラジルスオウ（木材の一種）. vgl. nhd. Brasilholz

brist bresten の直説法3人称単数現在形.

britsche f. jm. die britsche schlagen ある人を打ちべらで打つ, さんざん殴る. = nhd. Pritsche

brockt f. パン入りスープ. vgl. nhd. einbrocken

brögen vt. 驚かす.

brotbeck m. パン屋. = nhd. Brotbäcker

bruch m. ① 欠陥；損害. ② 沼［地］. f. 下帯, パンツ.

brüchich n. 沼地, 沼沢地. vgl. nhd. Bruch

brüchig adj. (et.²/an et.³) ① …に背いた. ② …に欠陥がある, …が欠落している.

brüge （別形 briege）f. 肉汁, ブイヨン. = nhd. Brühe

brunieren vt. 磨く, 輝かせる.

brunnen Ⅰ.（別形 brunn）m. ① 泉；井戸. ② 尿. Ⅱ. p.a. 火がともった. Ⅲ. brinnen の過去複数形. 過去分詞の場合もある.

brunst f./m. 灼熱；情熱.

brunzeln （別形 brünneln）vi. 小便をする, 放尿する.【類義語 brunzcn】

brunzen vi. 小便をする, 放尿する. in die schuhe brunzen いたずらをする；姦通をする.【類義語 brunzeln】

brunzer （別形 hochbrunzer）m.（ののしり言葉）寝小

便たれ.

brust f.（単数2・3格は brüste）胸.

bube m. 悪党, ならず者. huren und buben 下品な人たち. bube und lecker 悪党ども.【類義語 lecker】

bubelieren vi. 色恋沙汰に走る, ふしだらなことをする.

bubensack m. 娼婦;（軽蔑的に）あま.

bubentrum n. 破廉恥な行為, 悪行.【類義語 bubenstück】

bubin f. 姦通者（女）; 娼婦.

bübisch adj. 粗野な, 無作法な, 破廉恥な.【類義語 büblich】

büblich adj. 卑劣な, 破廉恥な, あつかましい.【類義語 bübisch】

buch I. m. 腹. = nhd. Bauch. II. bachen（焼く）の過去形.

buchen vt. 灰汁（あく）に浸して洗う.

buchführer m. 本屋, 書籍行商人.

büchse f. ① 小銃. ② 薬の缶.

büchslein n. in das büchslein blasen（おしろいで）化粧する. jm. das büchslein rühren 動揺させる, 苦しめる.

bucke f. 盾.

bücken（別形 bucken）vt. ① 曲げる. ② 抑えつける; いじめる. ③ 性交する. refl. 曲がる, 頭を下げる; 屈服する. vi. 性交する.

büffen vt. ①（髪を）縮らす, 巻き毛にしてふくらます. ② 殴る. ③（飲み物を）混ぜる, 味をつける.

bühel（別形 büchel）m. 丘.

bühelin n. 小さな丘; 小丘状のもの（腫れもの）.

buhlbrief（別形 buhlenbrief）m. 恋文, ラブレター.

buhle m./f. ① 愛人, 恋人（文法的性が男性で女性の恋人を表わすこともある）. ②（呼びかけで）友よ.

buhlen vi. ①（mit jm.）恋愛関係を持つ; 浮気する. ②

bussen

(um jn.) 求婚する． vt. 恋愛関係を持つ．

buhler m. ① 愛人，恋人． ② 遊び人，売春婦のひも；浮気者．

buhlerin f. 娼婦．

buhlschaft f. ① 恋愛関係，色事；浮気． ② 恋人．

bühne f. ① 屋根裏；上の階；床． ② 法廷の高いところ，演壇．

bül f. こぶ；でこぼこ，へこみ． vgl. beule. = nhd. Beule

bulge f. ① 波． ② 袋，革袋，頭陀袋．

bundriemen m. es geht an die bundriemen 重大な局面になる，正念場だ．

bundschuh m. 農民靴（農民一揆の旗印ともなった）． bundschuh schmieren <wecken> 暴動を起こす，反乱をあおる．

bunge f. 太鼓．

buppaper m. 行商人．

bürde (別形 burde) f. ① 重荷． ② 胎児．

bursche (別形 burse, burs) f. ①（学生・職人・兵士などの）集まり，一団，集団． ②（学生・職人・兵士などの）宿泊所，寮．

burse → bursche

bürtig adj.（場所を表わす語とともに）…で生まれた．

burzeln (別形 bürzeln) vi. 倒れる，（真っ逆様に）落ちる，ひっくり返る．

bus m. キス． vgl. bussen

busam m. 胸． = nhd. Busen

buß (別形 buße, biuß, busch) m. 打撃，殴打．

buße f./m. ① 援助，改善，（弊害の）除去；治癒． jm. et.^{2} wird buße ある物がなくなる． jm. et.^{2} buße tun ある人からある物を取り除く． ② 償い，罰． ③ 悔い改め，贖罪．

bussen vt.（人^{4}に）キスをする． vgl. bus

büßen (別形 bießen) vt. ①(人⁴に)(罰金)刑を科す. ②(病気などを)追い払う. ③(欲求を)満たす,満足させる.

büt I. = nhd. bietet < bieten. II. = nhd. Beute

büte bieten の直説法1人称単数現在形. = nhd. biete

butwaren → botwaren

butze (別形 butz) m. 仮面;(脅すための)お化け, かかし. vgl. nhd. Butzemann

C

chrisam m. 聖香油. chrisam und taufe ist verloren 努力や費用がむだになった.

christen m. (1, 2, 3, 4 格とも christen) キリスト教徒.

christenheit f. ① キリスト教徒. ② キリスト教会.

convent m. ① 修道士の集まり〈集団〉. ② 修道院.

D

da I. cj. (過去のある時点を示して)…したとき. = nhd. als. II. 関係副詞. = nhd. wo. III. 関係代名詞のあとに現れる不変化詞. 機能としては関係文であることを示す程度で, 特に訳す必要はない.

dafürhalten vt. 思う, 考える.

daheimen (別形 daheiman) adv. 家で. = nhd. daheim

dahinscheiden vi. 死ぬ.【類義語 dahingehen】

dalest (別形 dalast) adv. (多く nun dalest の形で)

[今]ようやく，ついに．

daling adv.（< mhd. tagelanc）今や；一日中；今日．vgl. dalme

dalme（別形 dalame, dalome, dolme）adv. 今や，もう．< daling + mehr. vgl. daling

damasermönch m. トマス修道院の僧．

damasken adj. ① ダマスク織の．= nhd. damasten. ② 華やかな，生き生きとした．

danke（別形 dank）m. 考え，意志．= nhd. Gedanke. ohne/wider/über seinen danke 彼の意志に反して．

danken vi.（人³物²）…に…の礼を言う．

dann（別形 dan）I. cj. ①（比較・除外の対象を表わす）…よりも，…以外の．【類義語 denn, wann, wenn】②（理由を表わす）というのも．= nhd. denn. II. 疑問を強める不変化詞．いったい．= nhd. denn. III. adv. それから．

dannen → dennen

dannoch（別形 dannocht）adv. ① それにもかかわらず．= nhd. dennoch. ② 当時まだ．= nhd. dann noch

dar I. adv. そこへ．= nhd. dorthin, dahin. II.（別形 tar）→ turren

darab adv. さまざまな動詞と結びつき，nhd. darüber, daran, davon 等に相当する機能を果たす．darab bleiben「そこから離れたままでいる」すなわち「それを控える」「それをしない」．

darreichen vt. 差し出す，手渡す．

darschlagen vt.（手打ちをして）…を取り決める，…で手を打つ．

darstellen vt.（jm. ct.）見せる，示す．= nhd. zeigen

dartragen vt. 持ってくる，運んでくる．

darüber darüber fahren 違反する，反する行動をとる．

darum I. adv. darum dass… なぜならば…（nhd. weil 文に相当．darum weil の形をとることもある）．

II. 関係詞として前文の語句または内容を受ける（= nhd. worum）．「それがために」「それゆえに」という意味で前文を受け，副文形式になることもある．

das 不定関係代名詞（nhd. was に相当）…ところのもの．

daselbst （別形 daselbs, daselbsten）adv. その地で，そこで．

dass cj. ①（目的）…するために．【類義語 auf dass】 ② …なのに，…にもかかわらず．③ …するとは，…するなんて．④（理由）…なので．⑤（条件）もし…ならば．

dauchte dünken の直説法 1・3 人称単数過去形．

dauen （別形 deuen, döuen）vt./vi. 消化する．= nhd. verdauen

dauern （別形 dauren, duren, turen）vi. 留まる，動かない．vt. 悲しませる，惜しませる．vgl. nhd. bedauern

däumeln （別形 deumlen, dömeln）vt.（親指を締めあげて人[4]を）拷問にかける．

dauß （別形 daußen, duß）adv. 外で．= nhd. draußen

davon davon nicht! 止まれ．davon fahren 死ぬ．

dazumal adv. 当時．

dechant m. 首席司祭．

demmen （別形 dämmen）vt. 抑えつける，圧迫する，おとなしくさせる．【類義語 zähmen】

demütigkeit f. 謙虚．vgl. nhd. Demut

denken vi.（2支）…のことを思う．unp.（人[3] 物[2]/人[3] + dass）思い出される，思い浮かぶ．

denn （別形 den）I. cj.（比較の対象を表わす）…よりも．【類義語 dann, wann, wenn】 II. adv. それから，そのとき．= nhd. dann. als denn = nhd. alsdann

dennacht （別形 dennocht）adv. それにもかかわらず．= nhd. dennoch

dennen （別形 dannen）adv. 去って．vgl. nhd. von

dannen
denwicht → niwicht
der ① = wenn einer. ② = dass er. ③ 先行詞を併せ持った関係代名詞. …する人は. = derjenige, der または wer. vgl. die
deren 指示代名詞の女性単数3格. = nhd. der
dergleich I. pron. 同じこと, そのようなこと. = nhd. dergleichen. II. adv. 同じように. = nhd. desgleichen
dergleichen I. 関係代名詞（無変化）…のような. II. 指示代名詞（無変化）（付加語的に）そのような.
derhalben （別形 derhalb）adv. それゆえ, 従って. = nhd. deshalb
dermaleins adv. ①（未来に関して）いつか. ②（過去に関して）かつて.
dermaßen adv.（dass のような相関語句を伴わず, 単独で用いられる）そのように, そんな風に.
derowegen adv. それゆえ. = nhd. deswegen
derren （別形 dörren, dorren, durren）vt. 乾燥させる, 干からびさせる；飢えさせる. vgl. nhd. dörren
des adv. それゆえ；そのことで.
dest （別形 deste, dester）= nhd. desto
deuen → dauen
deutsch adj. zu deutschem ドイツ語で
deutschen vt. ドイツ語に翻訳する. = nhd. verdeutschen. refl. ドイツ語で…と呼ばれる.
deuung （別形 deuwung, dauung）f. 消化. = nhd. Verdauung
dicht n. ① 創作. = nhd. Dichtung. ② 詩. = nhd. Gedicht
dichten vt. ①（文書を）作成する,（詩などを）書く. ② 考え出す, 作り出す.
dick （別形 dicke）I. adj. 確かな, しっかりした. II. adv. しばしば. 形容詞的に zum dicker[n] mal「しば

しば」.

die 先行詞を併せ持った関係代名詞. …する人は. = diejenigen, die. vgl. der

diebhenker (別形 diebshenker) m. 刑吏, 死刑執行人.

diebio 泥棒を捕まえようとするときの叫び声.「泥棒！」

dieblich adj. 泥棒のような；ひそかな. = nhd. diebisch

diebstahl m./f./n. ① 盗み. ② 盗まれたもの.

dieg (別形 tüg, tüge, tügi) tun の1・3人称単数接続法1式.

dienen vi. (zu/für…) 役に立つ；ふさわしい, 似合う.

dienstlich adj. 役に立つ. = nhd. dienlich

diern → dirne

dießen (第Ⅱ類動詞・ziehen 型) vi. さらさら〈ざわざわ, ごうごう〉と音をたてる.

dieweil (別形 alldieweil) I. cj. ①(理由) …であるゆえに. ②(時間) …している間, …である限り. Ⅱ. adv. その間, そうこうしているうちに.

dille f. 床(ゆか). = nhd. Diele

dimpfen vi. 湯気を出す, 煙を出す. = nhd. dampfen

din (別形 dinnen) adv. 中で, その中で. = nhd. drin, drinnen

ding n. mit keinen dingen まったく…ない. in den dingen (または sachen) 韻文では押韻のために用いられることがあり, その場合はあえて訳す必要はない. zu den dingen <sachen> も同様であるが,「そのために」「それに関して」といった意味を持つこともある.

dingen vt. ① 雇う. ②(上級の裁判所へ) 訴える. vi. 雇われる, 奉公する.

dinnen → din

dinster adj. 薄暗い, 陰鬱な. = nhd. düster, finster

dippel m. 愚か, 阿呆.

dirne （別形 diern）f. ① 少女. ② 下女，女中. ③ 娼婦；妾.

dirrsucht → dürrsucht

discipel m. 生徒，弟子. < discipulus（ラテン語）

distellieren vt. 蒸留する. = nhd. destillieren

disziplin f. 懲らしめ，懲罰，折檻.

divorzium n. 離婚. vgl. 英語 divorce

do I. adv. そこで；そのとき. = nhd. da. II. 関係副詞. = nhd. wo

doben = nhd. da oben

doch cj./ 不変化詞 ① 文頭にも文中にも現れ，前文を理由づける.「(だって)…なんだから」. ② doch dass … …という条件で. ③ so…doch/dieweil…doch のような形で認容文を作る. vgl. so

dolme → dalme

dolmetsch m. 通訳［者］. = nhd. Dolmescher

dolmetschen vt. 翻訳する.

doln vt. 耐える；甘んじる；(被害を)被る.

dölpisch adj. 不器用な，へたな. vgl. nhd. Tölpel, tölpelhaft

domine m. ① 神，聖職者などへの呼びかけ.「主よ, 司祭様」. ② 本来呼格だが, der domine/dem domine のように, 他の格としても用いられる.

donner-, donder- → dunner-, dunder-

doppel （別形 duppel）adj. 二重の，二倍の. = nhd. doppelt

doppeln （別形 topeln）refl. (in et.) 入り込む.

doppelnarr m. 大ばか者. = nhd. Erznarr

dorf n. et. hinter dem dorf abkaufen 盗む.

dorfer m. 村の住民，村民.

dornen （別形 dörnen）adj. とげのある，いばらでできた.

dornstag （別形 durnstag, durstag etc.）m. 木曜日.

= nhd. Donnerstag

dorren → derren

dörren → derren

doß m. 音, 響き.

dotte (別形 dote) m. 代父, 名親. vgl. nhd. Pate

döuen → dauen

drache m. (比)悪人；怒りっぽい悪妻.

drähen vi. 香りがする.

dram m. 苦境, 災い.【類義語 Mühsal】

drang adj. ① 狭い, きつい. ② 強い調子の, 強引な.

dräng n. 押し込めること, 押し寄せること, 圧迫；雑踏. vgl. nhd. Drang, Gedränge

drat (別形 drate, drot, drotte) adv. すぐに, 早く.

dreck m. kot mit dreck abwaschen 事態をさらに悪化させる. et. mit einem dreck versiegeln …について無責任な約束をする.

drecksack m. (汚物の入れ物という意味から) 人間の身体, 人間.

dregt drehen の直説法3人称単数現在形. = nhd. dreht

drehen refl. (ときに aus [= nhd. hinaus] を伴って) 立ち去る, 出立する, 旅立つ.

dreier m. ろくろ細工師, ろくろ職人. = nhd. Drechsler, Dreher

dreifalten vt. 3倍〈3重〉にする. = nhd. verdreifachen；(比)ためる, 蓄積する.

dreilich adj. 3倍の, 3重の. vgl. nhd. dreifach

drein adv. (jn.) drein schlagen (人⁴を)襲う.

dreispitz m. 鉄菱. den dreispitz in sack stossen 不可能なことを無理にしようとする, 横車を押す.

dreißigst m. (der dreißigste の形で) 埋葬から30日目. この日に最後のミサがあげられる. vgl. siebent

dreuen (別形 dröuwen) vi. 脅す. = nhd. drohen

driakel (別形 driaker 等多数) m. テリアク(解毒剤). = nhd. Theriak. vgl. triackersmann

dringen vt. (jn. zu et.) 追い立てる, 強制する. vgl. nhd. drängen, zwingen, nötigen

drisnet (別形 drisanet) n. 砂糖菓子.

dritthalb 2と2分の1. = nhd. zweieinhalb

droße f./m. のど.

drot → drat

dru f. ①(手足を縛る)鎖, かせ. ②(比)苦境, 困窮.

drü = nhd. drei

drufen → träufen

druffel → träubel

drummeln vi. ① よろめく. ② 夢を見る.

drüse (別形 trüß) f. できもの, こぶ.

drüssel m. ① のど. ② 口.【類義語 maul, mund】

dubhus n. 鳩舎, ハト小屋. = nhd. Taubenhaus

duchte dünken の過去形.

dück (別形 tücke, tuck[男性名詞]) f. 悪；悪意；策略. vgl. nhd. Tücke

dulden vt. (苦痛などを)受ける, 被る.

duldig (別形 dultig) adj. 辛抱強い. = nhd. geduldig

duldigkeit f. 辛抱, 忍耐. = nhd. Geduld

dumm (別形 thum) adj. (味, 塩気が)薄い.

dunden adv. 下で. = nhd. drunten, dort unten

dunder (別形 donder) m. 雷. = nhd. Donner

dunk m. 考え.【類義語 dünken】

dünkel I. m. スペルトコムギ. = nhd. Dinkel. II. (別形 dünkle) f. 暗闇. = nhd. Dunkelheit

dunkelvar adj. 暗い色の, 黒っぽい. = nhd. dunkelfarbig

dünken (別形 dunken) n. 考え, 判断.【類義語 dunk】= nhd. Gutdünken

dunnerklapf (別形 donnerklapf, donderklapf) m. 雷,

落雷. vgl. nhd. Donnerschlag

dunren （別形 donren）unp. 雷が鳴る.

durchächten vt. ① 追跡する，迫害する，苦しめる. ② 滅ぼす.

durchächtigung f. 苦しめること，迫害.

durchängstigen vt. 不安にさせる，悲しませる. refl. 不安になる.

durchdämmern vt.（光などが）貫く，差し込む，しみ込む，包む.

durchfeinen vt. 美しく装う，美しく形作る.

durchfirnen vt. 成熟させる，熟成させる. vgl. nhd. firnen

durchfreuen vt. 喜びを与える.

durchgeilen vt. 喜びで満たす.

durchglänzen vi. 明るく輝く. vt. ① 照らす. ② 明らかにする.

durchgraben vt. ① 織り込む，彫り込む. ②（深く）掘る.

durchgreifen vt.（greifen の強め）徹底してつかまえる，がっしりつかむ.【類義語 erfripfen】

durchgründen vt. 徹底的に究明する. vgl. nhd. ergründen

durchhöhlen vt.（…に）穴をあける.【類義語 durchhöhlern】

durchhöhlern vt.（…に）穴をあける.【類義語 durchhöhlen】

durchkernen （別形 durchkirnen）vt. じっくり考える，考え尽くす.

durchkommen vt. 貫く，満たす.

durchkrispen vt.（髪を）縮らす.【類義語 durchkrüllen】

durchkrüllen vt.（髪を）縮らす.【類義語 durchkrispen】

durchleuchten （別形 durchluchten, durchleuchtieren[vt.]）vi. 遠くまで輝く．vt. くまなく照らす．

durchleuchtieren → durchleuchten（vt.）

durchliden vt.（et. mit et.）ちりばめる，混入させる．

durchmeistern vt.（et. mit et.）織り込む．

durchmeistert p.a. 完全な．

durchmusieren vt. 徹底してモザイク状に飾る．

durchschleifen vt. つるつるに〈ぴかぴかに〉磨く，研ぐ．

durchstüpfen vt. 突き破る，刺し貫く．

durchvisieren vt. 十分検査する．

durchwelken vt. 完全にしおれさせる．

durchwirden vt. 大いにほめたたえる，大いに賞賛する．durchwirdet（p.p.）輝かしい，誉れある．vgl. nhd. Würde

durchwirken vt. 飾る，装飾を施す．

duren → dauern

dürfen Ⅰ. 助動詞 ① あえて〈あつかましくも，思い切って〉…する．② …する必要がある（zu 不定詞を伴うこともある）．Ⅱ. vi.（2支）必要とする．【類義語 bedürfen】

durft f. ① 欲求；必要性．② 不足，窮乏．vgl. nhd. Bedürfnis

dürmel m. めまい．

durnstag （別形 durstag）→ dornstag

durren → derren

dürrsucht （別形 dirrsucht）f. ① 干ばつ，日照り．= nhd. Dürre. ② 消耗性疾患．

duß → dauß

dußen vi. まどろむ，眠り込む；じっとする．vgl. nhd. duseln

dutzet n. ダース．= nhd. Dutzend

E

eben adj. ふさわしい, 適切な, 好都合な. adv. 適切に, 正確に.

ebenbild n. 手本, 見本.

ebenhöhe f. (城壁と同じ高さに組み立てられた)城攻めのためのやぐら.

ebichhalb adv. 逆に, あべこべに (ebich は形容詞「逆の」).

echt (別形 et, ot) adv. 文意を強める. vgl. nhd. doch, eben etc.

edelgestein n. 宝石. = nhd. Edelstein.【類義語 kleinet】

ederlein → äderlein

efern vt. 繰り返す.

egde f. (農具の)まぐわ. vgl. nhd. Egge

ehe I. (別形 eh, e) adv. より早く;むしろ. vgl. nhd. eher, vielmehr, lieber;その前に, 事前に. II. cj. (ehe als/ehe dass/ehe wann/ehe denn/ehe dann の形で)…する前に. III. (別形 e, ee) f. alte und neue ehe で「旧新約聖書」または「古い時代と新しい時代」.

ehelichen vt. (人^{4}と)結婚する.

ehesteuer f. 結婚祝い;嫁入り道具, 持参金. vgl. nhd. Mitgift

ehewirt (別形 eewirt) m. 夫. = nhd. Ehemann

ehezeit adv. 早めに, 早々と.

ehne (別形 ehni) m. 祖父;曾祖父.

ehrbar (別形 erber) adj. ① 高貴な, 気高い;名誉ある, 尊敬すべき. ② 実直な, 正直な, まじめな.

ehrbärlich (別形 erberlich) adj. 名誉になる，名誉な（こと）．

ehre f. ① 名誉，名声．② 女性が頭にかぶるベール，スカーフ．③ 結婚．

ehrenhold (別形 ernhold) m. 伝令官，軍使；(芝居の)口上役．= nhd. Herold

ehrenkeusch adj. 貞淑な．

ehrenleute pl. 偉い人たち；(皮肉で)ごりっぱな方々，おえらがた．

ehrenstäte adj. (女性が) 貞淑な．【類義語 stet】

ehrentreich adj. 栄光に満ちた，輝かしい．= nhd. ehrenreich. 語中の t はわたり音として入ったもので，意味はない．

ehrenwort (別形 erewort, wort der ehren) n. お世辞，外交辞令．

ehrhaft adj. 名誉ある，りっぱな，すばらしい．= nhd. ehrenhaft.【類義語 ehrlich, ehrsam】

ehrhart m. 紳士．

ehrlich adj. 名誉ある，名望のある，尊敬された，りっぱな．【類義語 ehrhaft, ehrsam】

ehrsam adj. ① 誠実な．② 名誉ある．【類義語 ehrhaft, ehrlich】

ehrsamkeit f. ① 名望．② 誠実．

ei n. eier wannen 無意味な〈むだな〉ことをする．nicht ein ei で否定を強める．「少しも，全然」の意味．

eides f. トカゲ．= nhd. Eidechse

eierklar n. 卵白．

eierplatz m. 卵菓子．

eiferer (別形 eifrer) m. ① 嫉妬深い人，やきもち焼き．= nhd. Eifersüchtiger；嫉妬心．② 熱狂者，狂信的な人．

eigen I. adj. (人², 人³に) 所属した；隷属した，奴隷の．II. vt. 示す．【類義語 zeigen】 refl. 姿を現わす，現れ

る．vgl. mhd. ougen, öugen

eigenheit f. 性格, 特徴. vgl. nhd. Eigenschaft

eigenknecht m. 奴隷, 農奴. = nhd. Leibeigener.【類義語 eigenlelute】

eigenleute pl. 奴隷.【類義語 eigenknecht】

eigenrichtig adj. わがままな, 強情な, 頑固な.

eigenschaft f. 奴隷の身分. = nhd. Leibeigenschaft

eigentlich （別形 eigenlich）I. adj. 奴隷の身分である. II. adv. 正確に, はっきりと.

eiger = nhd. Eier（卵）

eilend p.a. 速い.

eilens adv. 急いで. = nhd. eilends

eimisch eimischer bier = Einbecker Bier. Einbeck はビールで有名な町.

einbilden vt.（jm. et.）思い込ませる. refl.（sich³ et.）思い浮かべる（必ずしも「錯覚する」というマイナスの意味とは限らない）. vgl. bereden, überreden.【類義語 vermeinen】

einbischeln （別形 inbischeln）vt.（赤ん坊に）おむつをあてる, おむつにくるむ.

einbreisen vt. ひもで結ぶ, 締める.

einbruch m. 侵入, 侵略.

einbrünstig adj. 熱心な, 熱烈な, 情熱的な. = nhd. inbrünstig

eincherlei pron. 何らかの.

eindenken vt. 思い出す.

eindingen vi./vt. 取り決める, 合意する.

eine adj. 一人の, 孤独な.

eines I. adv.（別形 einest, einst）いつか, かつて. = nhd. einst. noch eines もう一度. = nhd. noch einmal. II. eines noch keines で「ばかげたこと」.

einfalt I. f. ① 素朴；簡素, 質素. ② 悪意のないこと, 無邪気. II. → einfältig

einfältig (別形 einfaltig, einfalt) adj. ① 純真な. ② お人よしの，能無しの.

einfließen (別形 einfleußen) vt. 流し込む，注入する. vgl. nhd. einfließen (vi.)

einforieren (別形 einfurieren) vi. 泊まる，宿をとる.

eingebäu n. 内装.

eingeben vt. (jm. et.)教える，伝える，吹き込む，示唆する.

einhalten vt. 外に出さない，渡す〈知らせる〉ことを差し控える. = nhd. vorenthalten.【類義語 verhalten】

einher adv. こちらへ；(こちらの)中へ. einher gehen 悠然と歩き回る.

einhin adv. あちらへ；(あちらの)中へ.

einig adj. ① 唯一の. = nhd. einzig. ② 何らかの，誰か. = nhd. irgendein. ③ 孤独な，ひとりぼっちの.

einigkeit (別形 einikeit) f. 一人でいること，孤独.

einleft 序数 (別形 eindleft) 11番目の. = nhd. elft

einreden (別形 inreden) vi. (jm.) 口をさしはさむ，文句を言う，非難する.

eins ① → eines. ② mit jm. eins werden 意見が一致する，交渉が成立する.

einschmieden vt. 縛りつける.

einscit adv. (anderscit と対) 一方では. – nhd. einer seits

einsmals adv. かつて，あるとき；いつか.

einst → eines

eintreiben vt. (人⁴を)…せざるを得ないように追い込む，仕向ける.

eintun vt. ① (人³物¹を)預ける，貸す. ② (人⁴を)閉じ込める.

eintweder (別形 aintweder[s]) = nhd. entweder

einwalzen vi. 転がり落ちる，転落する.

einwicht → niwicht

einziehen vt. den bogen einziehen 弓を引き絞る.
eischen vt. 要求する. = nhd. heischen
eisen （別形 ysin, yssin）I. n. 蹄鉄. jm. auf die eisen sehen <lugen> 監視する，様子をうかがう（蹄鉄によってできた足跡に由来する慣用句）. II. adj. 鉄の. = nhd. eisern
eisenbeißer m. ほら吹き，自慢屋.【類義語 marterhans, mauerbrecher】= nhd. Eisenfresser
eisschmarren （別形 eisschmarre, isschmarren, ysschmarren）m. つらら；氷塊.
eitel 不変化詞 …だけ. vgl. nhd. lauter
eitellich adj. うぬぼれた. vgl. nhd. eitel
eitelung f. うぬぼれ.【類義語 eitelkeit】
element n. 文を強調する言葉あるいはののしり言葉として用いられる. vier element!/beim element! etc.
elend I. n. ① 異郷の地. das elend bauen 異郷で暮らす. ② 追放. ③ 悲惨，不幸.【類義語 jammer】II. adj. ① 異郷の，外国の. ② みじめな，みすぼらしい. ③ 卑劣な.
elne f. エレ（長さの単位）. = nhd. Elle
elter pl. 祖先. = nhd. ältere
eltes m. ケナガイタチ. = nhd. Iltis
emberen （別形 emperen）vt. …なしで済ます. = nhd. entbehren
emd （別形 empt）n. 二番刈りの干し草. = nhd. Grummet
empfahen → empfangen
empfangen （別形 empfahen）vt. ①（物を）受け取る，（人を）受け入れる，迎え入れる；（子を）身ごもる. ② 始める.
empfehlen （別形 empfelhen）vt.（人^{3}に物^{4}を）ゆだねる.【類義語 befehlen, verlassen】
empfinden （別形 emtpfinden）vt. ① 感じる. ② 気

づく，わかる．

empfindlichkeit （別形 empfindlicheit）f. 感情．【反意語 Vernunft】

empfliegen vi. 飛び去る． = nhd. entfliegen

empfliehen vi.（人³から）逃れる． = nhd. entfliehen

empfor empfahren の過去形． → entfahren

enbern → entbehren

endchrist → antichrist

endchristlich （別形 endchristisch）adj. 反キリスト教の，罰当たりな．

ende （別形 end）n. ① 場所，地域．【類義語 ort】 ② 目標，目的，意図．

endlich adj. ① 急いだ． ② 最終的な．

eng adj. 心の狭い，生真面目な． eng gebriesen sein または es eng spannen といった形で「生真面目に考える」「生真面目すぎる」の意味（mhd. brîsen は「締める，結ぶ」）．

engelfar adj. 天使のような［姿の］．

englisch （別形 engelisch, engelsch）adj. 天使の［ような］． vgl. nhd. engelhaft

enhalb präp.（2支）…の向こうで〈に〉． vgl. nhd. jenseits

entbar （別形 entbor）adv. 上へ． = nhd. empor

entbehren （別形 enbern）（第Ⅳ類動詞・nehmen 型）vi.（物²が）欠けている．【類義語 entraten, entschlagen, erraten】

entbeißen vi./vt. 食べる．

entbieten （別形 embieten, enbieten）vt. ①（挨拶などを）述べる；（直接または人をやって）伝える． ② 頼む．

entblanden （別形 enblanden）（第Ⅶ類動詞・halten型）p.a. jm. et. entblanden sein ある人に対してある事の義務がある．

entblößen vt. ① あらわにする．【類義語 entblotzen, entdecken】 ② 示す，明らかにする．

entblotzen vt. むき出しにする，あらわにする．【類義語 entblößen, entdecken】

entbor → entbar

entbrennen （別形 enbrennen）vt. 燃え上がらせる．vi. 燃え上がる．【類義語 entbrinnen】

entbrinnen （第Ⅲ類動詞・binden 型）vi. 燃える，燃え上がる．【類義語 entbrennen】

entdecken vt. …の覆いを取る．【類義語 entblößen, entblotzen】

ente f. blaue enten うそ，根拠のない話；くだらぬこと，ばかばかしいこと．vgl. nhd. blauer Dunst

enteignen vt. （人^{4}から物^{2}を）奪う．【類義語 äußern, berauben, enterben】

enterben vt. （人^{4}から物^{2}を）奪う．【類義語 äußern, berauben, enteignen】

entfahren （別形 empfahren）vi. （人^{3}から声，おならなどが）漏れる．

entgänzen vt. ばらばらにする，壊す，損なう．【反意語 nhd. ergänzen】

entgehen vi. （人^{3}から）逃げる，失せる．

entgelten vi. （2支）…の償いをする，…のゆえに罰を受ける，…によって害〈不利益〉を被る．

entgeltnis f. 賠償，代償，身代金．

enthalten refl. ① とどまる，滞在する；持ちこたえる，存続する． ② 栄養を取る． ③ 自制する，がまんする． ④ 遠ざける，やめる（対象は2格，副文，von などで表わされる）．

enthaupten （別形 enthäupten）vt. （人^{4}の）首をはねる．

entledigen vt. 解放する．refl. 解放される．

entlehnen （別形 entlehenen）vt. （金を）借りる．

entnüchtern refl. 朝食をとる.
entpfahen （別形 entpfangen）= nhd. empfangen
entpfelhen （別形 empfelhen）= nhd. empfehlen
entraten vi. (2支)…を欠いている, …なしで済ます, …を断念する.【類義語 entbehren, entschlagen, erraten】
entreiten vi. (馬で)逃げる, 立ち去る.
entrennen vi. (人³から走って)逃れる.
entrichten vt. ① …の具合を悪くする, 台無しにする. ② 怒らせる.【類義語 erzürnen】③ ([人³]物⁴)(…の争いなどを)治める. ④ 償う, 弁償する. ⑤ (人⁴に物²を)教える.
entrinnen （第Ⅲ類動詞・binden 型）vi. (物³を)免れる, (物³から)逃れる.
entrisch adj. 不気味な, 薄気味悪い, 恐ろしい.
entruwen adv./int. まことに, 確かに. = mhd. in triuwen. vgl. trauen, nhd. traun (古語)
entscheiden vt. ①(裁判で争う人々を)裁く, 裁定する, 調停する. ② 分ける, 区分する.
entschlafen vi. (完了の助動詞 sein)眠り込む.【反意語 entwachen】
entschlagen refl. (2支)なしで済ます, 断念する, やめる, 避ける.【類義語 entbehren, entraten, erraten】
entschuldigen refl. (2支)…の謝罪をする.【類義語 beschirmen, versprechen】
entseben （第Ⅵ類動詞, 過去形 entsub, 過去分詞 entsaben）vt./vi. (2支)気づく, わかる.
entsetzen （別形 untsetzen）vt. 遠ざける, 退かせる；(人⁴物²)職などを解く. refl. (2支/über)驚く；恐れる.
entsetzung （別形 entsatzung）f. 驚き；恐れ. = nhd. Entsetzen

entsitzen vt. …を恐れる．refl. 恐れる．vi. (3支)…に抵抗する；…から距離を置く，…から逃れる．

entsprießen vi. 芽生える，成長する．vt. 成長させる．

entstehen vi. 復活する．= nhd. auferstehen

enttragen vt. (人³ 物⁴) 持ち去る，盗む．

entvor adv. 事前に，前もって．

entvorgeben vt. (jm. et.) (ある人の長所などを) 認める．

entwachen vi. 目をさます．【反意語 entschlafen】

entweders pron./ 不変化詞 ①(2つのうちの)どちらか．②(2つのうちの)どちらも…ない (= nhd. nichts von beiden)．③ = nhd. weder (…noch)

entwehren vt. ① 無力にする，使えなくする．②(人³ 物⁴/人⁴ 物²) 奪う．

entweichen vi. (von…から) 去る，逃れる．

entwellen vi. (mhd. twellen がもとになっている) 滞在する，とどまる；ぐずぐずする．

entwenen vt. (2支/von et.)…を…から引き離す，やめさせる．= nhd. entwöhnen

entwerden (第Ⅲ類動詞・helfen 型) vi. (3支) 逃れる．

entwicht adj. 役に立たない；堕落した，ふしだらな．

entwischen vi. うっかり漏れる．

entziehen refl. (2支)…から離れる．

entzucken vt. 取り去る，奪い去る．【類義語 zucken】

entzwischen adv. その間に．vgl. nhd. dazwischen

enweg adv. 去って．vgl. nhd. hinweg

enwicht (別形 entwicht etc.) → niwicht

enzig adj. (語形としては einzig に相当し，意味としては einzeln の意味も含む) ばらばらの，ぽつんとした．

enzunt p.a. (< entzünden) 興奮している，怒っている．

epistler m. 使徒書簡朗読者 (ミサで福音書を読む evangelier に対し，使徒書簡を読む)．vgl. evangelier

eptissin f. 尼僧院長．= nhd. Äbtissin

erachten vt.〈よく〉考える.

erächzen （別形 erechzen）vi. うめき声をあげる. vgl. nhd. aufächzen

erarnen vt.(作物を)穫り入れる；獲得する.【類義語 erwerben】

eraus adv. = nhd. heraus

eräußern （別形 ereußern）refl. ① 離れる. ② 現れる.

erbären （第Ⅳ類動詞・nehmen 型）vt. 産む. = nhd. gebären. vgl. erboren

erbärmd f. 哀れみ, 慈悲, 情け. vgl. nhd. Erbarmen, Barmherzigkeit

erbarmen unp. es erbarmt mich für jn. 私はある人を気の毒に思う. refl.（人²/über 人⁴）…を哀れに思う.

erbärmlich adj. 哀れな, かわいそうな.

erbauen vt. ①（畑を）耕作する. ②（果実等を）育てる. ③（① ②の意味から転じて）(子供を)もうける. ④（建物を)建てる.

erbeißen vi. ① 降りる, 落ちる. ② 歯向かう. vt. ① かみ殺す；苦しめる. ② 怒らせる, けしかける.

erber → ehrbar

erberlich → ehrbärlich

erbgrind m.（医）頭瘡(とうそう).【類義語 grind】

erbidmen vi. 震える.

erbieten vt.（人³ 物⁴）提供する,（好意などを）示す. vgl. nhd. anbieten

erbitten vt.（jn.）懇願して相手の心を動かす；懇願する.

erblecken vi. 見えてくる, 明らかになる, 発覚する.

erbolgen p.a.（< erbelgen 第Ⅲ類動詞・helfen 型）（人³に対して）怒っている.

erboren p.a. ① そこから生まれた, 由来する. mein erboren reich 私の生まれた国. ② 生まれつきの. ③ 嫡出の. vgl. erbären

erbsal 名詞(性不明) 遺産. vgl. mhd. erbezal(f.)

erbsele f.（植物）メギ.

erbüren vt. 上げる，持ち上げる，高める.

erbüßen vt. …の罪を償う. = nhd. büßen

erdarben vt.（苦労してお金などを）手に入れる，かせぐ.

erdbidem （別形 erdbedem）m./n. 地震.

erde f. auf erde[n]＋否定で「まったく…ない」.

erdießen （第Ⅱ類動詞・ziehen 型）vi. とどろく，鳴り響く.【類義語 ergalmen】

erechzen → erächzen

eren （別形 ern, erren, ähren）（弱変化または第Ⅶ類動詞，過去形 ier，過去分詞 gearn）vt. 耕す. vgl. ereren

ererben vt. 受け継ぐ，相続する.

ereren vt.（農業で）収穫する，（作物を）取り入れる. vgl. eren

erfahren vt. 確かめる. refl. 尋ねる，問い合わせる，（物^{2}について）情報を得る.

erfahrnis （別形 erfahrnus）f. 経験. = nhd. Erfahrung

erfechten vt.（勝利，名声，利益などを）勝ち取る；（戦いを）勝ち抜く.

erfinden vt. ① 見つける，発見する. ② 考え出す. refl. 生じる，現れる.

erfolgen vt. 到達する. refl. 起こる，生じる.

erfreuen refl.（2支）…を喜ぶ.

erfripfen vt. つかむ，つかまえる.【類義語 durchgreifen】

erfüllen vt.（物^{4}を物^{2}で）満たす.

erfur adv. = nhd. hervor

ergachen vt. 急襲する. vgl. mhd. gâch (adj. 速い，急いだ，突然の)

ergalmen vi. とどろく，鳴り響く.【類義語 erdießen】

erge f. ① 悪意. ② いやなこと, 不快. vgl. nhd. arg (adj.)

ergehen refl. 散歩する, あたりを歩く.

ergeilen vt. 喜ばせる, 晴れやかにする, 元気づける. vgl. geil (adj.)

ergitzen vi. どもる, どもりながら言う.

erglänzen vt. 輝かせる, 照らす, 明るくする.

ergötzen (別形 ergetzen) vt. ①(人^{4}を物^{2}から)解放する. ② 元気づける, 喜ばせる. refl. (物^{2}から)回復する, 元気を取り戻す.

ergötzlichkeit f. 楽しみ, 喜び.【類義語 freude】

ergreifen vt. ①(物^{4}に)到達する, (人^{4}に)出会う. ② 理解する.

erhaben erheben の過去分詞. のちに erhoben に取って代わられる.

erharren vt./vi. (2支)期待する, 待つ.

erheben (第Ⅵ類動詞・過去形 erhub, 過去分詞 erhaben. のちに erhob, erhoben に取って代わられる) refl. ① 起き上がる, 立ち上がる. ② 去る, 出発する.

erhischen vi. (突然)すすり泣く, しゃくりあげる.

erhohlen vt. くりぬく, 空洞にする. = nhd. aushöhlen

erholen vt. 手に入れる, 得る.

erhub erheben の直説法過去形. = nhd. erhob

erhungern vi. ① 飢える, 空腹になる. ② 飢え死にする, 餓死する.

erjammern (別形 erjemmern) vi. 嘆く, 悲しむ.

erkannt p.a. 知られた. = nhd. bekannt

erkechen (別形 erkecken) vi. 生命が与えられる, 活気づく. vgl. nhd. erquicken

erkennen (過去分詞として erkennt もある) vt. ① 告白する; 告げる. = nhd. bekennen. ② 認めて受け入れる. = nhd. anerkennen. ③ 判定する, 評価する, 決定する. ④ 知っている. = nhd. kennen. ⑤(性的

に)知る,性的交渉を持つ.

erkenntnis (別形 erkanntnis) f. 判決,決定.【類義語 ausspruch】

erkernen (別形 erkirnen, irkirnen) vt. ① 徹底的に究明する；詳しく説明する. ② 理解する.

erkerren (第Ⅲ類動詞・helfen 型) vi. 叫び声をあげる,(動物が)鳴き声をあげる. vt. (弱変化) 叫び声をあげさせる.

erkiesen (第Ⅱ類動詞・ziehen 型. 過去形や過去分詞には erkor, erkoren のように r を用いた語形もある. 弱変化もある) vt. ① 気づく. ② 選ぶ.

erkirnen → erkernen

erklagen refl.(2支)/vt. 嘆く；訴える；告白する.

erklären vt. 輝かせる.

erklimmen (第Ⅲ類動詞・binden 型) vi. (2支)つかむ,(猛禽が)爪でつかむ. vgl. nhd. klemmen

erklumpen vi. 萎える,しなびる,少なくなる.

erknellen (第Ⅲ類動詞・helfen 型) vi. 鳴り響く,響き渡る,とどろく.

erkobern vt. ① まとめる,束ねる. ② だまし取る；獲得する. ③ 回復する,取り戻す. refl. 回復する,元気になる.

erkommen vi. 驚く.

erkosen refl. (mit jm.)おしゃべりをする,話をする.

erkratzen vt. かき集める.

erkriegen vt. (戦争で)獲得する,ぶんどる.

erkühlen (別形 erkuhlen) vt. ① 冷やす. ② 新鮮な気持ちにする. refl. 気持ちを静める,リフレッシュする.

erküssen vt. …に何度もキスをする. = nhd. abküssen

erlachen vi. 笑い出す,笑い声をあげる. = nhd. auflachen

erlängen vt. 延ばす,延長する. = nhd. verlängern

erlaufen vt. ① 狩猟で仕留める. ② 得る，獲得する. ③ 追いつく.

erlebt p.a. 年をとった，老けた.

erlechzen vi. 干からびる，干上がる.

erledigen vt.（人^{4}を物^{2}から）解放する.

erleichtern vt.（人^4 物^2/人^3 物^4）ある人のある物を軽くする.

erleiden vt. ① 耐える，がまんする. = nhd. ertragen. ②（人^{3}に対して物^{4}を）いやな〈不快な〉ものにする，台無しにする. = nhd. verleiden

erlernen vt. 聞き出す.

erlesen vt. ① 選ぶ，選び出す. ② 読む.

erleuchten vt. 照らす，…に光をあてる. vi. 輝く. = nhd. leuchten, aufleuchten

erliegen vi.（完了の助動詞 sein）弱る，疲労する，病気になる.

erlöschen vt.（弱変化）消す. vi.（第Ⅳ類動詞・nehmen 型，本来の過去形は erlasch，新しい形が erlosch）（完了の助動詞 sein）消える.

erluckern vt. ほぐす，解きほぐす. = nhd. auflockern

erludern refl.（2支）…に飽きる.

erlüchen vt. 穴をあける. vgl. nhd. durchlochen, durchlöchern

erlüpfen （別形 erlupfen）vt. 持ち上げる.【類義語 lupfen, auflupfen】

erlustieren refl.（ab/mit/von etc. …を）楽しむ；（mit jm.）異性と交わる.

erlustigen vt. 楽しませる.

ermahnen vt.（jn. auf et./jn. et.^{2}）を思い出させる，注意を喚起する，…を求める.

ermelken vt.（乳を）しぼり出す. = nhd. abmelken, ausmelken

ern f./m. 収穫. = nhd. Ernte

ernähren vt. 救う；健康にする. refl. ① 窮地を脱する. ②(et.²/von et.) …によって生計をたてる.

ernemen vt. 任命〈指名〉する, 選ぶ.

erneuern vt. 新たに思い起こす, 忘れない.

erneusen (別形 erneisen, erneißen, ernoisen) vt. 探る, (…の)様子を見る.

ernst adj. es ist jm. ernst (人³にとって)重大である, 由々しいことである.

ernsten vi. まじめに振る舞う, まじめに話す.

eröffnen vt. 明らかにする, 公にする.

erösen vt. 破壊する, 荒らす, 荒廃させる；(資金を)なくす, 汲み尽くす, 消耗する.

erraten vi. (2支)…を欠いている, なしで済ませる. = nhd. entraten.【類義語 entbehren, entraten, entschlagen】

erregen refl. ① 現れる；起こる, 生じる. ② 反乱を起こす.

erschall erschellen の過去形. → erschellen

erschellen (第Ⅲ類動詞・helfen 型) vi. 鳴り響く, 響き渡る. = nhd. erschallen；(うわさが)広まる.

erschießen (第Ⅱ類動詞・ziehen 型) vi. (人³の)役に立つ.

erschießlich adj. 役に立つ, 有益な.

erschlagen vt. ①［殴り］殺す. ② こなごなにする. ③(精神的に)打ちのめす, 悲しませる.

erschleichen vt. 不意打ちする, 奇襲する, 不意に襲ってつかまえる.

erschrecken (第Ⅳ類動詞・nehmen 型) vi. (2支)…に驚く.

erschreiben vt. 正確に書く, すべて書く.

erschrockenlich adj. 恐ろしい. vgl. nhd. schrecklich, erschrecklich, furchtbar

erschütten vt. 震わす, 揺する. refl. 震える. = nhd.

erschüttern

ersehen vt. ① 見る．② 思う，考える，見なす．

erseufzen vi. ため息をつく．

erst adv./序数 ① ますます．② 今になってようやく．③ zum erten まず，第一に．vgl. erstlich. von erst 初めは．

erstatten vt. 行なう，遂行する，（義務を）果たす．

erstecken vt. 窒息させる【類義語 erworgen】：（比）抑制する，抑え隠す．vi. 窒息する．= nhd. erstikken. vgl. ersticken

erstehen vi. 復活する．= nhd. auferstehen

ersteigen vt. 襲う，征服する，攻略する．

ersticken vi. ① 窒息する．② 死ぬ，滅びる，枯れる．vgl. erstecken

erstinken （第Ⅲ類動詞・binden 型）vi. 臭くなる，異臭を放つ；朽ちる．

erstlich adv. まず第一に．= nhd. erstens, zuerst. vgl. erst

erstöckt erstecken の過去分詞．

erstolzen vi. 傲慢（ごう）になる，威張る．

erstummen vi. 黙りこむ，（言葉が）出なくなる．

ertauben vi. 感覚が麻痺する．vt.（別形 ertäuben）感覚を麻痺させる，鈍らせる；当惑させる，煩わす．

ertig → ärtig

ertöten vt. 殺す．

ertreten vt. 踏みつぶす．= nhd. zertreten

erwachsen vi. ① 成長する，育つ．② 生じる．

erwag erwägen の直説法1・3人称単数過去形．= nhd. erwog

erwägen （別形 erwegen）（第Ⅴ類動詞・geben 型，のちに過去形，過去分詞に母音 o をとるようになる）refl.（zu 不定詞を伴って）覚悟する，がまんして受け入れる，思いきってやる．vt.（dass 文を伴って）…と

考える.

erwällen （別形 erwallen, erwellen）vt. 沸かす；ゆでる. vgl. nhd. wallen, wällen.【類義語 sieden】

erwandelieren refl. 散歩する.

erwaten vt. ①（川などを）歩いて渡る. = nhd. durchwaten. ②（比）…を切り抜ける，克服する.【反意語 verwaten】

erwegen I. → erwägen. II.（語形変化は erwägen に準じるが，後述の erwegen III との混同から弱変化形もある）refl. ①（2支 / 前置詞と /zu 不定詞と）思いきって行なう，目を向ける. 過去分詞 erwegen は「大胆な，恥知らずな」の意味. ②（2支）あきらめる. III.（弱変化）vt. 動かす；刺激する；（暴動，戦争を）引き起こす.

erwehren vt.（jm. et.）妨げる. refl.（2支 /vor et.）妨げる，防ぐ，…から身を守る.【類義語 wehren, steuern】

erwellen → erwällen

erwenden vt.（物⁴）防ぐ，取り除く；（人⁴）邪魔をする，妨げる.

erwilden vi.（完了の助動詞 sein）野蛮になる，粗暴になる.

erwinden （第III類動詞・binden 型）vi. ①（補足成分なし /an…）やめる，断念する，控える；（物が）止む. ② 欠ける.（an et.）nichts erwinden lassen 欠かさない，惜しまず投入する. ③ あるところで終わる；あるところまで達する.

erwischen （別形 erwüschen）vt. さっとつかむ. vgl. erwüst, wischen

erworgen vt. 窒息させる，首を絞めて殺す. = nhd. erwürgen.【類義語 erstecken】

erwüst erwischen の直説法過去形. ちなみに wischen の過去形として wischte, wüschte, wüste 等がある.

erzahlen vt. ① ([jm.] et.) …の支払いをする. ② 語る. = nhd. erzählen

erzählen (別形 erzahlen) vt. ① 語る. ② 数える,一つ一つ数え上げる,列挙する.

erzeigen vt. 示す. refl. 振る舞う,態度を示す.

erzeugen (別形 erzeien) vt. …に耐える.【類義語 leiden, erdulden】

erzhirte m. 大牧者. キリスト教でイエス・キリストなどを指す.

erzknappe m. 鉱員. = nhd. Bergknappe, Bergmann

erznei f. 薬. = nhd. Arznei

esche (別形 äsche, eschen) f. 灰. = nhd. Asche

eschengrüdel → aschengrüdel

esel m. ① ロバ. 宗教改革の風刺テキストではよく司祭を揶揄する言葉として使われる. ② seufzen wie der esel, dem der sack herunterfällt. 重荷から解放されたロバが内心喜びながらもため息をついてみせる. 偽善的な行為のたとえ.

eselerei f. 愚行. = nhd. Eselei

eselsohr (別形 eselohr) n. 阿呆の象徴；愚か者に対するののしり言葉.

ess n. さいころの 1 の目,トランプの 1 (エース). = nhd. Ass

essig (別形 äßig) adj. ① 大食いの. = nhd. gefräßig. ② 食べられる,食用に適した. = nhd. essbar

essigt adj. 酢のようにすっぱい.

et → echt

eter m./n. ふち,へり.

etik (別形 etica) f. 消耗性の病気,消耗熱.

etlich pron. 何らかの. = nhd. irgendein

ette (別形 etti, ett) m. 父親.

etwan adv. ① かつて. ② ときどき. ③ たぶん,ひょっとしたら.

etwar adv. ① どこかへ. ② 誰か，ある人. ③ 何か；いつか.

etwe (別形 etwie, etwo) adv. かなり，非常に.

etwinde f. 渦，渦巻き.

etzwasser n. 硝酸. vgl. nhd. ätzen

eugen → augen

evangelier m. 福音書朗読者（ミサで使徒書簡を読む epistler に対し，福音書を読む）. vgl. epistler

ewig adj.「多い」「長い」という意味を強める働きがある.「長ったらしい」「飽き飽きする」といった否定的なニュアンスを含むことが多い. manches ewiges Jahr 長い年月.

ewiglich (別形 ewiglichen) adv. 永遠に.

F

fabulieren vi. 話す，おしゃべりをする.

facht → fecht

fackine m.（イタリア語 faccino に由来）荷物運び，荷物運搬人.

fadem m. 糸. = nhd. Faden

fädmen (別形 fedmen) vt. 針（4格）に糸を通す. = nhd. einfädeln

fahen → fangen

fahne (別形 fan) m./f./ まれに n. 旗.

fahr (別形 far) f. ① 危険. = nhd. Gefahr. ② 悪意，不実，虚偽. ohne fahr については gefähr の項を参照.【類義語 fahrheit, gefähr】

fahren vi. 振る舞う，行動する. vgl. nhd. verfahren. vor sich fahren 元気を出す. davon fahren 死ぬ.

fahrheit m. 虚偽, 不実.【類義語 fahr, gefähr】

fährlich → gefährlich

fahrt (別形 fert) f. ① 回. ein fahrt 一度. manig fahrt 何度も. ② auf der fahrt すぐ, ただちに. auf die fahrt そのあと, 引き続いて.

failieren (別形 fallieren) vi. 誤る, 失敗する.【類義語 fehlen】

falben vi. 色あせる. = mhd. valwen. vgl. nhd. fahl (adj. 色あせた).【類義語 vervalwen】

falkenterz m./n. (鳥) タカ.

falkonettlach n. 小型小口径砲. vgl. nhd. Falkonett

falsch m. 不正, ごまかし, 欺瞞.【類義語 betrug】

falscher m. 誹謗者, 中傷者. = nhd. Verleumder

fälschlich (別形 felschlich) adj. 不誠実な, 不当な, 卑劣な.

falten (第Ⅶ類動詞・halten 型 / 弱変化) refl. (sich zu jm.) …の仲間になる, 加わる.

fändrich (別形 fendrich) m. (軍) 旗手. vgl. nhd. Fähnrich

fangen (別形 fahen, fachen) vt. ① 捕える. ② 理解する. ③ 受け取る, 得る. ④ 始める. = nhd. anfangen

fängnis f. ① 拘束, 拘禁.【類義語 haft】② 牢, 牢獄. = nhd. Gefängnis

fantasie (別形 fantasei) f. ① ばかげたおしゃべり. ② 幻想, 思い込み, (auf jn. ある人への) 思い.

fantast m. 愚か者, 阿呆;(流行を追い求める)伊達者, うぬぼれた阿呆.

fanz (別形 fand) m. ① 策略.【類義語 fund】② 茶番, いたずら.

far f. ① やり方. ② 色. = nhd. Farbe. ③ → fahr

färung (別形 ferung) f. 罰, 処罰.

fasant m. (鳥) キジ. = nhd. Fasan. vgl. 英語 pheasant

fasnacht f. 懺悔の火曜日. = nhd. Fastnacht

fass n. ① 器, 入れ物. ②（比）ein sündiges fass 罪のある人. gnaden fass 神.

fast adv. ① 激しく, 強く；大声で；まったく, 非常に. ② ほとんど.

faste （別形 fasten）f.（弱変化）① 断食. ② 断食の期間.

fastnachttand m. くだらぬおしゃべり.【類義語 tand】

fatzen vt. からかう, ひやかす, あざ笑う.

fatzmann m. ひょうきん者, いたずら者.

fäule （別形 feule）f. 腐敗[物].【類義語 fäulnis】

faulen vi. ① 腐る；（傷口が）化膿する, 膿む. ② 怠ける.

fäulen vt. 腐らせる.

faulerei f. 怠惰.【類義語 faulheit, faulkeit】

faulkeit （別形 fulkeit）f. 怠惰.【類義語 faulerei, faulheit】

feber n. 熱. = nhd. Fieber.【類義語 febris, ritten, jahrritten, herzjahrritten】

febris f.（ラテン語由来）熱. 複数形は febres.【類義語 feber, ritten, jahrritten, herzjahrritten】

fecht （別形 facht, fehet）fachen（= nhd. fangen）の直説法3人称単数現在形. = nhd. fängt

fechten vi. ①（nach…を求めて）奮闘する. ②（mit…と）熱心に取り組む.【類義語 ringen】

federspiel n. 鷹狩り用の鳥（タカ, ハイタカ, オオタカ等）.【類義語 sperwer】

fedmen → fädmen

fegen vt. ① きれいにする.【類義語 kehren】 ②（kisten, kasten, beutel などを目的語にして）…の中身を取り出す, 奪う, 略奪する.

fehl （別形 feil）m. 間違い, 誤り, 過ち；（肉体的）欠陥.

= nhd. Fehler. ohne fehl/sonder fehl 明らかな，間違いがない．

fehlen （別形 feilen）vi. ① 思い違いをする，間違う，失敗する，しくじる．【類義語 failieren】 ②（2支）しくじる，見誤る，得られない，行き着かない，欠いている． ③（物¹が）欠けている．

fehrlich → gefährlich

feiern （別形 feiren）vi. 休む，働かない．vt. ほめる，たたえる．

feiertägig adj. feiertägige kleider 晴れ着．

feifalter → pfeifholter

feifel （別形 feibel）f. 馬の病気の一種，腺病（ののしり言葉に使われる）．

feige I.（別形 feig）adj. ① 死すべき，瀕死の． ② 卑劣な，恥知らずの． ③ 臆病な．II. f. イチジク．jm. feige machen/zeigen/weisen/bieten（親指を人差し指と中指の間に入れて）イチジクの形を作る．軽蔑の念を示し，ばかにする仕草．

feigen vt. 滅ぼす．vi. 滅びる．

feil I. adj. et. feil tragen 売りに出す，売って歩く．II. → fehl

feilen → fehlen

feilschen （別形 feilsen）vt./vi.（…について）売り買いの交渉をする．

feiltragen → feil

fein adj.（女性が）美しい，きれいな．【類義語 feinlich, schön】

feindschaft f. mit jm. feindschaft bringen/zu jm. feindschaft üben けんかする，敵対する．

feinen vt. 磨く，きれいにする，…に美しさを与える．【類義語 balieren】

feinieren vt. 精製する，純化する．= nhd. feinen, läutern

feinlich adj. 美しい.【類義語 fein, schön】
feiren → feiern
feist adj. ① 脂でよごれた,脂が浮いた. ②（鳥が）脂がのった,肥えた.
feisten vi. 放屁する,おならをする.
feistigkeit f. 脂肪. = nhd. Feist
felbe f. ① 弱々しさ,病気. ② 誤り.
fell n. 皮膚.
fellwerk n. 革［製品］.
felschlich → fälschlich
femoral n. ズボン.
fendrich → fändrich
fenster n. 穴,すきま,薄くなった個所.
fer I.（別形 ferr, fehr, fere, ferre, fern, ferns）adj./adv. ① 遠い,遠く. = nhd. fern, 英語 far. von ferrem/von ferrn/von ferns 遠くから. ② 程度を表わす. so fer = so weit. ③ 接続詞的に so fer …である限り,…の場合は. II. frau の短縮形として,女性の名前の前につける.
fere I. adv. → fer. II. f. 遠方. vgl. nhd. Ferne
ferlein（別形 ferlin）n. ① 子ブタ. vgl. nhd. Ferkel.【類義語 saugferlein, spanferlein】 ② 腺病.
ferlich → gefährlich
fern adv. ① → vert. ② → fer
fernig I. adj. 去年の. II. adv. 去年；以前.【類義語 vert】
ferr → fer
ferre → fer. vgl. fere
ferren（別形 firren）vt. 遠ざける. refl. 離れる,疎遠になる. vgl. fer
fertigen vt. ①（馬に鞍をのせて）出発の準備をさせる. ② 終える,済ます.
ferung → färung

fest（別形 feste）f. ① 固さ, 厳しさ.【類義語 festigkeit】②（別形 festen）城, 城塞, 砦.

festen Ⅰ. f. → fest ②. Ⅱ. vt. 確かなものにする, 強める. = nhd. befestigen

festigkeit f. 固さ, 厳しさ.【類義語 fest】

festiglich（別形 festlich）adj. 固い, 強い；毅然とした.

fettich（別形 fettach, fittache）m. 翼.

feucht（別形 feuchte）Ⅰ. f./m. 湿気. = nhd. Feuchte, Feuchtigkeit. Ⅱ. adj. 湿った. feuchter knabe 大酒飲み, 飲んだくれ.

feuer n. 火. feuer ist im Dach 頭に血がのぼっている. feuer ins Dach schlagen かっとなる.

feuerfar（別形 fiurvar）adj. 火のように赤い. vgl. far, nhd. feuerfarben, feuerfarbig

feuerhocken m. 火かき棒.

feuerlunder m. 燃えること.【類義語 lunder】

feuerwerk n. 燃料, 発火物.

feule → fäule

fich n. 家畜. = nhd. Vieh

ficken vt. こする. refl. 体をこすりつける.

fiedern vt. ① …に羽をつける,（布団などに）羽をつめる. ②（うそを）取り繕う, 真実らしく見せかける.

ficnt adj.（jm.）憎んでいる, 敵意のある. = nhd. feind, feindlich. vgl. find, 英語 fiend

fieren vt. ① = führen. ② 4つに分ける. ③ 美しくする.

fierling m. ¼ポンド升（⅟₄）. vgl. vierdung

figent m. 敵. = nhd. Feind

file f. 多数, 人勢.

filzen vt. しかりとばす, ののしる.

finanzer m. ① 収入役, 出納係.【類義語 pfennigschreiber, schaffer】② 高利貸し；詐欺師.

find Ⅰ. m. 敵. = nhd. Feind. Ⅱ. adj.（jm.）憎んでいる,

敵意のある．= nhd. feind, feindlich．vgl. fient．Ⅲ. f. 考案したもの，流行，発明．= nhd. Erfindung

finger m. ① 指幅（大きさの尺度）．② jn. auf die finger schlagen <klopfen> 教え諭す；懲らしめる；et. aus den fingern saugen でっちあげる；finger schmutzig machen 手を汚す＝食べる（昔はフォークがなく，手づかみで食べていたことからくる表現）．

fingerlein n. 指輪．

finster Ⅰ.（別形 finstere, finstre）f. 暗闇．= nhd. Finsternis；暗くすること，曇らせること．= nhd. Verfinsterung．Ⅱ. adj. 暗い．

finsterling （別形 finsterlings, finsterlingen）adv. 暗闇で．

firn （別形 firne）adj. ① 古い，年をとった；昨年の．② 賢い．

firren → ferren

fischen vi. vor dem berren <garn, hamen> fischen 無意味な〈軽率な，早まった〉ことをする．

fischgal （別形 fischkal, fisgal）m. 財務長官，国庫管理官，出納係．= nhd. Fiskal

fischgärnlin n. 猟網；網．vgl. nhd. Fischgarn

fischkal → fischgal

fistelieren （別形 fistilieren）refl. (医) 瘻($\frac{3}{2}$)管〈瘻孔〉ができる（トンネル状の穴があき，膿が出る）．

fisten vi. ① 放屁する，おならをする．②(比) ばかにしてののしる．

fitzen vi. 織る，編む；糸を針に通す．

fiurig adj. 火の，火のように輝く．= nhd. feurig

fiurvar → feuerfar

fix int. 文意を強める．ja fix! そのとおり．

flader m. ① 木目[のある材木]．② 風呂[場]．

fladerholz n. 木目のある材木．

flamm （別形 flam, flammen）（flamm, flam の場合は

弱変化が多い）m. 炎. = nhd. Flamme (f.)

flatzenmaul n. 生意気な人.

fleck m. 場所，地域，領地．【類義語 stadt】

flecken m. 皿状の平たいパン.

fledern （別形 fladern, flattern, flottern, fluttern）vi. はためく，ゆらゆら動く.

fleh （別形 flehe）f. 懇願，嘆願，頼み. vgl. nhd. Flehen

fleischbank m./f. (肉屋の) 肉売り台；屠畜台.

fleischig adj. 肉体を持った，死すべき運命の. vgl. nhd. fleischlich

fleißen （第Ⅰ類動詞・reiten 型）refl. 努力する，骨折る；(2支) …のことで努力する，…を熱心に行なう，…に心をくだく. = nhd. sich befleißigen

fleißliche （別形 fleißlich）adv. ① 熱心に. ② 絶え間なく.

flesch f. びん. = nhd. Flasche

fleschenwerk n. 容器.

fletz （別形 fletze）n. 平らな場所一般を指す：地面，大地，平地.

fleuch fliehen の命令形.

fliegel 名詞 (性不明) (テーブルの) 跳ねぶた.

fließ n. 小川

fließen vi. ① 流れる. ②（器が）いっぱいになる，あふれる. ③ 泳ぐ，流される.

flindern vi. きらきら輝く，かすかに光る.

flins m. 小石，砂利.

florieren vt. 飾る.

fluch m. jm. den fluch [bekannt] tun 誹謗する，悪口を言う.

fluchen vt. (jm. et.) ある人に災いがあるようにと呪う. vi. (人³を) ののしる.

fluchs （別形 flux, flucks, flugs）adv. ただちに，すぐ.

flücke (別形 flück) adj. 飛ぶような,すばやい.
flücken vi. 羽ばたく,(風に)ひるがえる.
flugs → fluchs
flutig (別形 flütig) adj. 流れる,あふれる;(水が)濁った.
flux → fluchs
fochtel f. 剣. = nhd. Fuchtel
foddern → fordern
folge f. 葬儀,埋葬.【類義語 leid】
folgen vi. 同意する,認める.
folgig adj. ① 従順な,素直な.【類義語 gehorsam】② (2支) et.² folgig sein …に従う.
forchtsam (別形 furchtsam) adj. 神を畏れる,敬虔な.
förderlich adv. ① すぐに,ただちに. ② 激しく,脅すように.
fordern (別形 foddern) vt. ①(jm. et./et. an jn.) 要求する. ②(jn.) 呼び出す,呼びつける. ③ 援助する;促進する. = nhd. fördern.【類義語 helfen】
forderst → zuforderst
forderung f. 援助,促進. = nhd. Förderung
forest n. ① 騎士の試合の一種. ②(別形 forst<m.>) 森.
formung f. 形.
forst m. 森. vgl. forest(n.)
fort (別形 furt, fürt) adv. ① これから,今後. ② さらに.
fragen (別形 fregen) vi./vt. 尋ねる. 用法は人⁴/物⁴/人⁴ 物²/人⁴ 物⁴など多様で,前置詞も nach のほか von や um も使われる.
fraß m. ① 美食;大食い. ② 大食漢. = nhd. Fresser
fräßig adj. 大食らいの;貪欲な. = nhd. gefräßig
fräßigkeit f. 大食;貪欲.

fretzen

frauengezierde f./n. 女性の装身具. vgl. gezierde, nhd. Zierde
frauenhaus n. 売春宿, 女郎屋.
frauenzimmer n. 女性.
fräulich (別形 freulich, freuisch) adj. 女性の, 雌の. = nhd. weiblich
frebellich → frevelich
frech adj. ① 元気な. ② 勇敢な.
freflich → frevelich
frei adj. ①(物^{2}から) 自由な, 解放された. ② 自由身分の, 貴族の. ③ 陽気な, 朗らかな.
freide f. (別形 freit) = nhd. Freude. mit freiden 楽しく.
freidig (別形 freudig) adj. ① 野生の. ② 勇気のある; 威勢のいい; あつかましい.
freien vt. ① 釈放する. ②(人^4 物^2) ある人からある事を免除する. ③(人^{4}と) 結婚する. sich freien lassen 嫁ぐ.
freierzknecht m. 風来坊, 遊び人. 別形または類義語として freihartsknecht, freihartsbube, freiheitsbube 等がある.
freilich adj. 率直な, 遠慮のない.
freise I. adj. 恐ろしい, 危険な.【類義語 freislich, freissam, freisig】 II. f./m. 恐ろしさ, 危険.
freislich (別形 freisiglich, freissam) adj. 憤激した; 恐ろしい. vgl. freise
freissam (別形 freisam) adj. 恐ろしい, 危険な. vgl. freise
freit → freide
fressen vt. küssen (キスをする) の言い換え.
fretten vt. 苦しめる.
fretter m. 苦しめる人;(子供をいじめる) 鬼教師.
fretzen vt. ① 追い立てる. ② 食べさせる, 飼育する.

freuelich → frevelich
freuen refl. (2支)…を喜ぶ.
freulich → fräulich
freund (別形 fründ) m. ① 親戚. ② 友達.【類義語 gefreund】
freunden (別形 frinden) vi. 友達になる, 仲良くなる.
freundhold adj. 親切な, 愛想のよい.
freundschaft f. ① 愛, 愛情. ② 親戚.
frevel I. m. 罰金［刑］；罰, 贖罪. II.(別形 fräfel) adj. 大胆な, ふてぶてしい, 不信心な, 罰当たりな.【類義語 freflich, freven】
frevelich (別形 frevlich, frevenlich, freuelich, frebellich, freflich) adj. 高慢な, あつかましい, 無礼な, 傲慢(ごまん)な, 思い上がった. vgl. nhd. frevelhaft, freventlich.【類義語 frevel, freven】
freven adj. 恥知らずな, 厚かましい.【類義語 unverschämt, gierig, gottlos, frevel, frevelich】
friede m. jn. mit frieden lassen ほっておく, かまわない.
friedel m./f. 恋人, 愛人. m. 花婿, 夫.
friedmahl n. 和解［の食事］.
friedsam adj. 平和的な, 穏やかな, 温和な. = nhd. friedlich
friedschild m. ① 防護用の盾. ② 守ってくれる人, 庇護してくれる人. 聖母マリアの象徴として用いられることがある.
frieg adj. = nhd. früh
friesen vi. 凍える. vgl. nhd. frieren
frisch adv. 大胆に, 向こう見ずに, 無鉄砲に.
frischen vt. 活気づける, 元気づける, さわやかにする. = nhd. erfrischen. refl. 活気づく, さわやかになる.
frissdenpfennig (別形 friss den Pfennig) m. 欲張りな人.

frist f. 時，時間．der frist 今は，目下．zu aller frist/alle frist いつも．

fristen vt. ① 助ける，救う；保護する．② 先延ばしする，行なわない．refl. (2支)(自重して) 行なわない．

froh adj. et.² froh sein …を喜ぶ．

fröhlich 不変化詞（命令形とともに，相手を促して）かまわず，どんどん．vgl. nhd. ruhig

frolocken vi. 歓呼する，大喜びする．

fromm （別形 frumm）adj. ① 誠実な；有能な．【類義語 ehrlich】②（男女関係において）貞淑な，潔白である．【類義語 keusch，反意語 verlumpt】③ 敬虔な．

fromme （別形 frommen, frumme）m. 利益，役に立つこと，有益．zu frommen kommen 役に立つ．【類義語 nutz；反意語 schaden】

frommen （別形 frummen）vi./vt.（人³/人⁴の）役に立つ．

frommkeit （別形 frömmkeit, frummkeit）f. ① 有能さ，才能．② 正義．③（男女関係における）貞淑，誠実，潔白．vgl. nhd. Frommheit, Frömmigkeit

frommlich （別形 frömmlich）adj. ① まじめな．② 有益な，役に立つ．【反意語 schädlich】

fron I. adj. 神聖な，聖なる．しばしば無変化で名詞の後ろに置かれる．II. → frone

fronamt n. 盛式〈荘厳〉ミサ．= nhd. Hochamt

frone （別形 fron）f. 賦役．= nhd. Frondienst

frönen vi.（人³のもとで）賦役に服する；（比）(3支) 奴隷となる，とりこになる．vt.（人⁴の）財産を差し押さえる．

frucht f. ① 穀物，農作物．② 実．③ 成果．

fruchtbaren vt.（土地などを）実り豊かにする．vi.（木が）実をつける．

fruchtig adj. 実り豊かな．【類義語 fruchtbar】

frühe adv. 朝早く．

frut （別形 frutlich, frütlich）adj. ① 賢い．【反意語 unfrut】② 良い，すぐれた．③ 陽気な，元気な．

früte f. 賢さ，賢明さ．

füchsen adj. キツネの毛皮でできた．語形変化の際，-n が消えることがある．

fuchsschwanz m. mit dem fuchsschwanz läuten ほらを吹く．vgl. hafen

füchten = nhd. feuchten

fuder （別形 vorder, voder, fürter）adv. ① 前へ．② 去って．

füderig adj. 1 フーダーの．Fuder は容量の単位．

fug m. ① 適切，ふさわしいもの；きちんとした振る舞い，礼節．【類義語 glimpf】jm. fug sein ある人にとってふさわしい．mit guten fugen 当然，もっともなことに．② 巧みさ，器用．③ よい機会，チャンス．

fügen vi. (3支)…に合う．vt. 付け加える．= nhd. zufügen, hinzufügen. refl. 行く．

füglich I. adj. ふさわしい．【類義語 gefug, gefuglich】 II. adv. 正当に；適切に．【反意語 mit unfug】

führen vt. rede <wort> führen 発言する，話す．

ful = nhd. faul

fülle f. 暴飲暴食，牛飲馬食．vgl. nhd. Völlerei.【類義語 füllerei】

füllen I. vi. 暴飲暴食をする，たらふく飲み食いする． II. n. ロバの子．= nhd. Fohlen

füllerei f. 暴飲暴食．= nhd. Völlerei.【類義語 fülle】

fund m. ① 発見．② ひらめき，発想．neuer fund 流行．③ 策略．【類義語 fanz】

fundament n. 物事の本質．

fündig adj. ① 悪賢い，抜け目のない．vgl. nhd. findig．② 見つけることができる．fündig werden 見つかる．

fündlein n. (小さな)策略．

für (別形 fur) I. präp. (3支)(= nhd. vor)…の前で，…から守って．(4支)…の前に，…の代わりに，…として． II. adv. ① その代わり(= nhd. dafür)． ② さらに，その上；今後；これ以上． III. = nhd. Feuer

für- (別形 fur-) 接頭辞 分離動詞としては für- と vor- 双方を参照のこと．

füran (別形 voran) adv. ① 前へ，さらに． ② まず，先に． ③ 特に，とりわけ．

fürbaß (別形 furbas, fürbasser) adv. 前へ，先へ；さらに，ますます．

fürbringen → vorbringen

fürchten (別形 forchten) vi. (2支)…のことを心配する．

furchtsam → forchtsam

fürder (別形 fürter, furter, vorder) adv. さらに；(空間)さらに前へ；(時間)これから先，将来．

fürdern vt. 促進する． = nhd. fördern． refl. 急ぐ．

fure f. 振る舞い[方]，あり方．

fürgeben vt. 提示する，提案する；主張する．

fürgehen → vorgehen

fürhängen vt. (馬を車に)つなぐ．

fürher adv. (nhd. hervor, heraus, vorn などに相当)前へ；外へ．

fürsatz m. ① 担保[として差し出すこと]，抵当． vgl. nhd. Versatz． ② 窓の目隠し． ③ → vorsatz

fürsorg f. 恐れ，危惧，心配．

fürsprech m. 弁護士．【類義語 prokurator, notarius】

furt (別形 fürt) → fort

furter ・ fürder

fürwahr adv. まことに，本当に． vgl. triegel

fürwenden (別形 vorwenden) vt. ① 使用する，行なう． ② 述べる，表明する；(反対意見を)持ち出す；でっちあげる．

fürwenen → verwähnen

furz m. 屁，おなら．ein furz entfährt <entrinnt, entwischt> おならが出る．furz brechen おならをする．einen furz verkrümmen <verrenken> おならを無理にがまんする．mit furzen begraben werden（鐘の音の代わりにおならの音で埋葬されることから）不名誉な形で埋葬される，不名誉な死に方をする．

fußfähnlein n. 歩兵部隊［の旗］．vgl. nhd. Fähnlein

fußspor n. 足跡．= nhd. Fußspur

fußtuch n. ① 敷物，じゅうたん．② 足ふき．

füste = nhd. Fäuste（Faust の複数形）

futtersäckel（別形 futtersecklin<n.>, futtersack）m. ①（携帯用の）飼料袋，えさ袋．②（人間用の）食料袋．

G

gabe f. 贈り物；（宗教的な）供え物；賄賂．geistliche gabe（教会への）寄進，奉献品．

gabel f. 魔女の乗り物．auf der gabel reiten のように用いる．

gach（別形 geh, gäh, goch）adj. ① 急な，性急な；短気な，せっかちな，気性の激しい．②（山などが）険しい，急峻な．【類義語 spitz】③ とても乗り気の．ich bin gach/mir ist gach のように用いる．vgl. nhd. jäh, jach

gächling（別形 gächlingen）adv. すぐに，急に．

gadem（別形 gaden）m./n. ① 部屋．② 店．

gaffelstirne f. 女性に対する蔑称．ふしだら女，すべた etc.

gähe f. 性急さ，せっかち，無思慮［な行動］；激情，

熱情.

gahen (別形 gehen) vi. 急ぐ.

gaksen (別形 gauksen) vi. (鳥が)ガアガア(コッコッ)鳴く. = nhd. gackern.【類義語 gatzen】

gal (別形 gall) I. m. 叫び[声].【類義語 galm】II. → galle

galander m. (鳥)ヒバリ.

galgenband n. 絞首台の綱. = nhd. Galgenstrick

galgenholz n. 絞首台. falsch wie galgenholz「腹黒い」「不誠実な」という意味のたとえ.

galgenreue f. 遅すぎた悔い改め〈後悔〉.

galgenspeck m. ならず者, ごろつき.

galle (別形 gal) f. ① 怒り, 恨み. ② 悪人の象徴.

galm m. 響き.【類義語 gal】

galt (別形 gelde) adj. 子を産まない；乳の出ない；不毛の.

gan gönnen の直説法1・3人称単数現在形. gönnen は形態上, 本来話法の助動詞の仲間で, gönnen と gan は können と kann の関係に相当する.

gang (別形 gange) ① gehen の命令形. ② gehen の接続法1式1・3人称単数形. ③ gehen の直説法1人称単数現在形.

gangen ① gehen の過去分詞 ② gehen の接続法1式1・3人称複数形.

gans f. ① ich kenne seine gänse nicht 私は彼とは関わりない；私は彼のことはよく知らない. ② 教養のない人のたとえ.

gänseköpfer m. 傭兵の蔑称.

ganz adj. (述語的に)完全な.【類義語 gänzig】

gänzig adj. 完全な, 完璧な.【類義語 ganz】

garbe (別形 garwe) adv. まったく. = nhd. gar

garden → garten

gart f./m. ① 托鉢. ② (主のいない傭兵の)放浪, 略奪

行.

garten (別形 garden) vi. (特に傭兵が略奪や物乞いをしながら) あちこちうろつき回る.

gaß geessen の過去形. vgl. geessen

gast m. ① よそ者. ② 男, やつ.

gastmeister m. 接待係.

gastung f. 宴会, 供応, もてなし. vgl. nhd. Gasterei

gatte m. 配偶者, 連れ合い. 女性にも用いられる.

gatzen (別形 gatzgen) vi. (鳥が) ガアガアと鳴く; ペチャクチャしゃべる. vgl. nhd. gackern. 【類義語 gaksen】

gäu (別形 gau, geu) n./m. 地区, 地方, (都市に対する) 田舎.

gauch (別形 gouch) m. ① 愚か者, 阿呆. den gauch treiben ふざける. ② (鳥) カッコウ. 【類義語 guckgauch】

gäucherei (別形 geucherei) f. ばかなこと, 愚行.

gaukel n. いんちき; ばかげたこと. 【類義語 tand, affenspiel】

gaukelecht (別形 gauklecht, gäukelecht) adj. 酔っ払った.

gaukelmann m. 山師, ペテン師; いたずら者. 【類義語 abenteurer】

gaukeln (別形 geukeln) vi. ① 綱渡りをする. ② ふざける. ③ ほらを吹く. ④ いかさまの魔術〈占い〉を行なう.

gauksen → gaksen

gaum f./m. (人^2/物^2) gaum nehmen <haben> …を気遣う, 心配する, …に注目する.

gautsche f. ソファー, 寝いす, 長いす. vgl. 英語 couch

geachten vt. ① 高く評価する. ② …とみなす.

gebär (別形 geber) f./n. 表情, 身振り, 振る舞い,

態度. = nhd. Gebärde.【類義語 gefährt】

gebaren （別形 geberen）（弱変化）vi./refl. 振る舞う. vgl. nhd. sich gebärden.【類義語 gebären】

gebären （別形 geberen, geboren）（第Ⅳ類動詞・nehmen 型）vi. ① 生まれる. ②（弱変化もある）振る舞う. vgl. nhd. sich gebärden. vt. 産む, 子をもうける（主語は母親のほか父親や両親の場合もある）; 創り出す.【類義語 gebaren】

gebärung f. 出産.

gebeiße n. 争い, けんか.

geben vt. nichts darauf geben 重視しない, 軽んじる, 何とも思わない.

geber Ⅰ. m. ① 与える人, 贈る人. ②（客をもてなす）主人. = nhd. Gastgeber. Ⅱ. → gebär

gebeu n. 建物. = nhd. Gebäude

gebildnis （別形 gebildnuss）n. 像. = nhd. Bild, Bildnis, Gebilde

gebiss n. くつわ. jm. ein gebiss einlegen ある人のおしゃべり〈高慢〉を抑えるためにくつわをはめる.【類義語 biss】

geblümt p.a. ① 花で飾られた. ②（悪い意味で）言葉で飾られた, 美辞麗句をつらねた. ③ 賞賛された. ④ まだらの, ぶちの.

gebot （性として中性のほか, 男性や女性もある）掟, 命令.【類義語 bot】

gebrauch m. 使用. et.² in gebrauch sein …を用いる.

gebrauchen vi.（物² を）使う. refl. ① 熱心に働く; 頑張る; 戦う. ②（物² を）使う. vt. 必要とする.

gebreche （別形 gebrech, gebrechen）m./n.（弱変化および強変化）① 欠陥. ② 苦労, 苦しみ.【類義語 brest, gebresten, mangel】

gebrechen Ⅰ. n. 苦境, 窮地. Ⅱ. → gebreche. Ⅲ. vi./unp.（人³ に）欠けている.【類義語 gebresten】

gebresten I. n. 欠点, 欠陥. = nhd. Gebrechen.【類義語 brest, gebreche, mangel】II. vi.(直説法3人称単数現在形は gebrist) 欠陥がある；欠けている.【類義語 gebrechen】

gebriesen breisen の過去分詞.

gebrist gebresten の直説法3人称単数現在形.

gebürg n. = nhd. Gebirge

geburt I. f. ① 世代. ② 出産；誕生. II.(別形 gebürt) gebären の直説法3人称単数現在形. vgl. gebären

geck m. 阿呆.

gecken vi. ① 叫ぶ；甲高い声で歌う. ②(カラス, カエルなどが) 鳴く.

gedächtnis f./n. (…への) 思い.

gedächtnisbrieflein n. (忘れないための) メモ, 備忘録.

gedänke (別形 gedänken) gedanke の複数形.

gedar → getar

gedenken vi. (2格/an et./auf et./副文を伴って) ① …を思う, …と思う, …を覚えている. ② …について述べる, 言及する.【類義語 denken】

geding (別形 gedinge) n. ① 条件. mit dem geding, dass…, …という条件で. vgl. nhd. Bedingung. ② 考え, 意見.

gedränge (別形 gedreng[e], gedrang[e]) adj. 圧迫する, 悩ます.

gedrollen p.a. 丸い, 丸みを帯びた, むっちりした.

geduld f./m. 忍耐, 辛抱.

gedulden vt. がまんする；大目に見る, 黙認する.

gedürfen 話法の助動詞. 許可を表わす. = nhd. dürfen

gedurst → gedürstig

gedürstig (別形 geturstig, gedurst) adj. 勇敢な；大胆な, 向こう見ずな. vgl. turren (あえて…する)

geessen I. essen の過去分詞. II. vt./vi. 食べる. =

nhd. essen

gefähr (別形 gefäre, gefährd, gefärde) I. adj. ① 敵意のある；陰険な, 腹黒い, ずる賢い；危険な. ②（物³に）夢中である, 目がない. II. f./n. ① 意図；悪意；策略, ごまかし；策略による被害. mit gefähr 意図的に, よく考えて；悪意をもって, ずる賢く, 抜け目なく, 策を弄して. ohne（または on）gefähr（または fahr）悪意なく, 誠実に；意図せずに, 偶然. vgl. ungefähr, geschicke. ohne fahr については②も参照. ② 危険. ohne fahr 危険のない. 【類義語 fahr, fahrheit】

gefährlich (別形 fährlich, fehrlich, ferlich) 陰険な, 邪悪な；危険な.

gefährlichkeit f. 危険. = nhd. Gefahr

gefährt (別形 gefärte) n. ① 身振り, 態度；やり方. 【類義語 gebär】 ② 本性, 性質.

gefälle n. ① 落下, 墜落. ② 深淵, 深み；破滅. ③ 運命；幸運, 幸福. ④ 税, 収入.

gefallen (別形 gefellen) I. vi. ① 起こる, 生じる；（人の身に）起こる. ② 与えられる, 手に入る. ③（人³の）気に入る. sich³ et. gefallen lassen …を気に入る. II. n. seines gefallen[s] handeln 好き勝手なことをする.

gefängnis f./n. ① 牢獄. ② 逮捕, 監禁. = nhd. Gefangennahme. ③ 捕らわれの身であること. = nhd. Gefangenschaft

gefar adj.（副詞または nach et. を伴って）…のような, …の形〈様子〉をした.

gcfärdc ▸ gcfähr

gefättern vi. 仲良くなる, 仲が良い；おしゃべりをする.

gefik n. 厄介なこと；不和.

gefilde n. 野, 野原.

geflissen (別形 gefließen) p.a. 熱心な, (物³を)求めている. vgl. nhd. beflissen

gefolgig adj. (人³に対して)従順な, 素直な. = nhd. folgsam, gehorsam

gefreund m. ① 友人, 知人. ② 親族.【類義語 freund】

gefrosten vi. 凍る. = nhd. frieren, gefrieren

gefug I. (別形 gefüge) adj. ① 上品な, 優美な. ② 適切な, ふさわしい.【類義語 gefuglich, füglich】 II. f. 上品, 優美.【類義語 gefugheit】

gefugheit f. 上品, 優美.【類義語 gefug】

gefuglich adj. 適切な.

gegablet gegablet und gehürnt 曖昧な, 油断のならぬ.

gegen (別形 gen, gein) präp. (3支または4支) ① (対象)…に対して. ② (方向)…へ, …の方面へ, …の近くへ. ③ (比較の対象)…と比較して.

gegenhart m. 抵抗.

gegenwärtig adj. 居合わせている, 出席している.

gegenwärtigkeit f. 居合わせていること, 存在. in gegenwärtigkeit + 人² …のいる前で. = nhd. Gegenwart

gegne f. 地域, 地方. = nhd. Gegend

geh → gach

gehaben heben の過去分詞. vgl. heben

gehalt n. 仕切り(物を入れるところ).

gehan haben の過去分詞.

gehart p.a. 毛のある, 毛のはえた. = nhd. gehaart

gehass adj. (人³に)敵意がある, 憎んでいる.【類義語 gehässig, widerstrebend, widerwärtig】

gehässig adj. 敵意を持った, 敵対した, 憎んでいる.【類義語 gehass, widerwärtig, widerstrebend】

gehe f. 急ぎ, 性急, 短気. = nhd. Jähe, Jäheit.【類義語 schnelle】

geheb adj. しっかりした, 漏れのない.

geheben refl. …のように振る舞う，…の様子である.

gehebt heben の過去分詞. = nhd. gehoben. vgl. heben

gehege n. 避難所，隠れ家.

geheien vt. ① ばかにする；怒らせる. ② 苦しめる.

geheim adj. 親密な，(人³にとって)親しい.

geheißen vt. ①(人⁴に)命じる. ②(人³物⁴)約束する. vgl. nhd. verheißen

gehellen vi. 同調する，賛同する.

gehen Ⅰ. → gahen. Ⅱ. vi. mit et. überein gehen 一致する. untereinander gehen 変化する，(色が)変わる.

gehenk n. (獣の)内臓. 【類義語 gereusch】

gehert p.a. ① 輝いている. ② 誇り高い.【類義語 her】

geherzig adj. 勇気のある，勇敢な，大胆な.【類義語 geherzt】

geherzt p.a. ① 賢明な，思慮深い. ② 大胆な，勇敢な. = nhd. beherzt.【類義語 geherzig, tapfer, unerschrocken】

geheuer adj. (人が)やさしい；(物が)親しみが持てる. 【反意語 wild】nicht geheuer 不気味な. vgl. nhd. ungeheuer, Ungeheuer

gehör (別形 gehörde, gehörd, gehorde) n./f. ① 付属品；装身具；設備. vgl. nhd. Zubehör.【類義語 zugehör】② 所属；隷属. ③ 聴覚；聞くこと；(訴え，願いなどを)聞き届けること. vgl. gesicht. ④ 妥当，ふさわしいこと. vgl. nhd. gehörig

gehören vt. 聞く. = nhd. hören

gehorsamen vi. (人³に)従順である，従う. vgl. nhd. gehorchen

gehr (別形 gehren) m. ① 布，布切れ. ② ひざから懐にかけての部分. = nhd. Schoß

gehren vt. 欲する；要求する. vgl. nhd. begehren

gehunken hinken(第Ⅲ類動詞・binden型)の過去分詞.

geifen vi. (nhd. gaffen と語源的に同じ)物欲しそうに見つめる.

geige f. auf einer ＜seiner＞ geige bleiben 自分のやり方を変えない.

geigen (または geigen lehren の形で) vt. たしなめる, 叱責する, とがめる.

geiger m. (おかかえの)芸人；太鼓持ち.

geil adj. ① 朗らかな, 陽気な. vgl. ergeilen. ② 傲慢(ごうまん)な.

geilen vi. はしゃぐ, 陽気である, 遊ぶ.

geilheit f. 高慢.

geisel f. 鞭. = nhd. Geißel

geiselmahl (別形 gisselmal) n. 豪勢な食事.

geisterin f. 狂信的な女性.

geistlich adj. 精神的な, 心の. = nhd. geistig

geistlichkeit (別形 geistlicheit) f. 信心深さ, 敬虔.

geit Ⅰ. = nhd. gibt. Ⅱ. f. 渇望, 欲求, 貪欲. = nhd. Geiz

geitig adj. 欲張りな, けちな. = nhd. geizig.【類義語 karg, vorteilisch】

gejägt (別形 gejägs) n. 狩, 狩猟.

gekecklich (別形 gequecklich) adj. 大胆な, 勇敢な. vgl. nhd. keck

gekräute n. 草.

gekrönt p.a. 賞賛された.

gel → gelb

gelangen vt. (et. an jn.) 要求する, 頼む. vgl. nhd. verlangen

gelart p.a. 学識のある. vgl. nhd. gelehrt

geläße (別形 geleße) n./f. 態度, 振る舞い.

gelassen refl. (an jn.) 信頼する, 信頼して任せる.

geläuf n. 走ること, 走り寄ること, 人だかり. vgl.

gelübte

nhd. Geläuf, Auflauf

gelb （別形 gel）adj. ① 黄色い．② ブロンドの．③ 青ざめた，（病的に）青白い；黄疸の．④（ののしり言葉として）悪い[奴め]．⑤ 享楽好きの，ぜいたくな．

gelde → galt

geleben vi. ① → leben. ②（2支）…で生活する．

gelebt p.a. 年老いた；経験豊かな．【反意語 ungelebt】

geleit （別形 gleit）n. 同行，同伴．

gelenkt p.a. 曲がっている，湾曲している．

gelf n. 叫び声，うなり声；騒音．vgl. nhd. gelfen, gelfern, gellen

gelibt → gelübte

gelichen adj. 急の，突然の．【類義語 gleich】

gelieb （形容詞 gelieb の名詞化）恋人[同士]，カップル．

gelieben Ⅰ. vi./unp.（物が主語，または非人称）(nhd. gefallen のような用法)（人³にとって）好ましい，気に入った．【類義語 lieben】Ⅱ. refl. こびへつらう．【類義語 lieben】

geliedert p.a. 精通した，やり手の，できる．

geliegen vi. ①（多く人³を伴ってその人の声などが）消える，止む．②（人²を）産む，出産する．

geling （別形 gelings, gelingen, gehling, gehlingen）adv. 突然，たちまち，すぐに．vgl. gelichen, nhd. jählings

geloben vt. ① 約束する．②（人⁴を）結婚させる．der/die gelobte 配偶者．vi. 保証する，請け合う．

geloch n. 宴会，酒盛り，飲み食い．vgl. nhd. Gelage. das geloch bezahlen müssen 他人の尻拭いをする．

gelon laʒʒen の過去分詞．- nhd. gelaɛɛen

gelt int.（問いかけの際に）ねえ！

gelten vi. 支払う．unp. Gelt!/Was gelts! かけてもいい，まちがいなく．= nhd. Was gilt's?

gelübte （別形 gelibt, gelüb）n./f. ① 協定，契約．

gelust

gelübte schlagen 協定を結ぶ. ② 誓約.

gelust （別形 gelüst, glust）m./f./n. 欲求. = nhd. Lust.

gelüsten （別形 gelusten, lüsten, lusten）unp.（人^4 物^2/ nach et./ 不定詞）…が欲しい, …したい.

gelzen vi. 吠える, 甲高い声をあげる.

gemach n.（くつろぐための）部屋.

gemächt n. 男性器, ペニス.

gemahl （別形 gemahel, gemalh, gemehel）m./f./n. 夫；妻；配偶者.

gemahlschaft f. 夫婦関係.

gemäuer n. 城壁.

gemein Ⅰ. adj. ① 一般の, ふつうの；一般に広まっている；ありふれた, 珍しくない. ② 卑しい, 価値の低い.【類義語 gemeinlich, gering】③ 汚れた, 汚い. ④ すべての, 全…；共同の. in gemeiner schar みんないっしょに〈一団となって〉. Ⅱ.（別形 gemeine）f. ① 社会, 共同体；一般大衆. = nhd. Gemeinde. in der gemein 一般に, 概して. in gemein 共通に, 等しく. ②（キリスト教の）信徒たち. ③（キリスト）教会.

gemeine → gemein Ⅱ.

gemeinen vt. 思う, 考える. = nhd. meinen

gemeiner （別形 gemeinder）m. 仲間.

gemeinlich （別形 gemeiniglich, gemeinclich）Ⅰ. adj. よくある, 一般的な. Ⅱ. adv. 普段.【類義語 gemein, gewöhntlich】

gemeinschaft f. 知り合いであること, 付き合い.

gemeit adj. 喜んだ, 満足した；自信のある.

gemelt p.p. = gemeldet. → melden

gemerk n. ① 印；兆候. ② 領地.

gemlich adj. ① 嘲笑的な, あざけりの. ② 陽気な, はしゃいだ.

gemlichkeit f. 冗談, ふざけ, おどけ.

gemüt n. 意図, 願望.【類義語 sinn②, wille】

gemütlich adj. ① 心に関する, 精神的な. ②（人を主語として zu 不定詞とともに）…するつもりである.

gen Ⅰ. = geben. Ⅱ. → gegen

genähen → nähen

genaturt（別形 genatürt, genaturet）p.a. …という性質を持った, …というたちの.

genaulich adv. ① 正確に. ② ほとんど…ない. 現代語の kaum, mit Mühe のような使い方をする. ge- のない形でも用いられる.【類義語 näulich】

gend geben の直説法3人称複数現在形. = nhd. (sie) geben

geneigen vi. ① …の傾向がある. ② お辞儀をする.

genennt nennen の過去分詞. → nennen

genesen vi.（完了の助動詞 sein）①（2支）（病気・災いから）治る, 助かる, 害を受けない；(vor…)…から免れる. ②（人^{2}を）分娩する, 産む.

genetzt genetzt und geschoren 完全に, 完璧な.

genieß m. ① 利益.【類義語 nutz】② 食べることや飲むこと. vgl. nhd. Genuß. ③ 味.

genießen vi.（2支. 時代が下るに従い, 4格をとるようになった）① …から利益を得る, 役立てる. ② 受ける. et.^{2} genießen lassen …の仕返しをする；返礼をする.

genoß adj. jm. genoß sein …と同じ身分である.

genot → gnot

gentilhomen m. 貴族.

genucht f. 多量, 大量. mit keinerlei genuchten 全然…ない.

genügen unp.（人^{3}にとって）満足がいく.

genugsam Ⅰ. adj. 十分である, 十分な資格を備えている. Ⅱ. f. 十分,（神の恵みが）十分なこと, 至福.

geperlt p.a. 飾られた. vgl. nhd. Perle

geplärr (別形 geplerr) n. わめき声. vgl. nhd. plärren(わめく).【類義語 motter】

gepränge n. ① 華美, 華麗. ② 自慢.

gequecklich → gekecklich

gequide n. 話し合い.

gerächen vt.（jn. an jm.）人[3]に対して人[4]のかたきを討つ.

gerackt recken の過去分詞.

gerade adj.（体型が）すらりとした.

geräte (別形 gerete) n. ① 助言. ② 蓄え.

geraten I. vt. 助言によって実現させる. vi. ①(2支)欠如している. ②(2支)創出する, 考え出す. ③うまくいく. nhd. gelingen と似た用法. 副詞 wohl を伴うことがある.【反意語 missraten】 ④ 起こる, …という状況になる. II. p.a. 出来ばえのよい;（ブタが）よく肥えた.

geratewol n. 幸運, 成功. aufs geratewol 運を天に任せて, 一か八か.

gerauen (別形 gerouen, geruen, gereuen) reuen の過去分詞. = nhd. gereut. reuen は本来第Ⅱ類動詞に属する.

geraumen vt. 寛大に扱う, 好きなようにさせる.

gerben (別形 gerwen) vt. ① 準備する. ②（神が）創造する. ③ 引き起こす. ④ das leder gerben 皮をなめす,（比）同衾する, 異性と寝る.【類義語 schaben】 ⑤ さんざん殴る.

gerecht adj. ① 用意〈準備〉ができた. ② 適した, ぴったりの. ③ 正しい, 公正な.【類義語 schlecht】 ④ 右の. = nhd. recht

gerechten refl. 自己弁護する, 弁解する.

gerechtiglich (別形 gerehtiglichen) adv. 適切に, きちんと.

gereit (別形 gereite)（のちに bereit に取って代わら

れた) I. adj. ① 用意ができた. ② 現金の. II. adv. ただちに, 喜んで(…する).
gereiten vi. 数える, 計算する.
geren (別形 ger, gere) m. (衣服の)すそ, 縁; (布の)端切れ, 布切れ.
gerete → geräte
gereuen I. reuen の過去分詞. → reuen. II. unp. (es gereut jn.) 後悔する. 【類義語 reuen】
gereusch n. (獣の)内臓. 【類義語 gehenk】
gericht I. (別形 gricht, gerichtet) adj. 熱望している, 欲しがっている. II. (別形 gerichte) n. 正義, 公正. 【類義語 gerechtigkeit】
gerichte しばしば虚辞, 埋め草として用いられる.
gerichten vt. 整える, 仕上げる.
gerichts (別形 gericht, gerechts) adv. ① まっすぐ, 直接. ② ただちに.
gerief → geruf
gerigne (別形 gerigde, geride, geregen, gerigen) n. 雨.
gering adj. ①(重さが)軽い. ②(動きが)軽やかな, すばやい. ③ 容易な, 簡単な. ④ やせた, 弱々しい; 弱い. ⑤ みじめな, みすぼらしい. ⑥ 少ない. ⑦ 価値の低い; 安い.
geringern vt. 減らす, 小さくする; 価値を下げる, 悪化させる. vgl. nhd. verringern
gerist → gerüstet
gern adv. 容易に.
gerner m. 納骨堂. = nhd. Karner, Kerner
gernlin (別形 gerlin) n. 編み物のスカーフ.
gerouen reuen の過去分詞. → reuen
geruen reuen の過去分詞. → reuen
geruf (別形 gerüf, gerief) n. ① 叫び声. ② うわさ, 評判.

gerufte（別形 gerüfte）n. 叫び, 悲鳴. = nhd. Gerufe

geruh adj. = nhd. ruhig.【類義語 geruhig】

geruhel n. 叫び声.

geruhig adj. = nhd. ruhig.【類義語 geruh】

geruht（別形 gerügt）p.a. 安らいだ.

gerunnen rinnen（流れる）の過去分詞. rinnen は本来第Ⅲ類動詞・binden 型. = nhd. geronnen

gerüstet（別形 gerist）p.a.（zu…）傾向がある, したいと思う；する用意がある.

gerwen → gerben

gesäß n. ① すわる場所；居場所. ② 王座；居城.

gesatz（別形 gesatzt, gesatzd, gesetz）n. 掟, 戒律, 法律；規約.

geschaffen p.a. ① 与えられた, 装備された. ② …の状態の. = nhd. beschaffen

gescheiden scheiden の過去分詞. → scheiden

gescheit（別形 geschide, gescheut）adj. ずるい, 抜け目ない；賢い.【類義語 witzig, witzhaft】

gescheut → gescheit

geschicht geschehen の直説法3人称単数現在形. = nhd. geschieht

geschichte f./n. ① 出来事, 事件. ② 事, 件.

geschicke n. von geschicke 偶然に. vgl. gefähr, ungefähr

geschickt p.a. ① …の容姿をした. ②（zu …に）適した, ふさわしい. ③（zu …の）素質〈体質〉を持った. ④ 準備ができた.

geschirr n. gut geschirr machen 楽しむ；（人³を）楽しませる, 手厚くもてなす, 世話をする.

geschloss n. 城.

geschmack（別形 schmack）m. 匂い〈臭い〉, 香り.

geschmeide（別形 geschmied）n. ① 金属. ② 装身具.【類義語 geschmicke, gezierde】

geschmeiß n. 小事，ささいなこと．

geschmickte f. 装身具．【類義語 geschmeide, gezierde】

geschmidig (別形 geschmeißig) adj. 曲げやすい；細い，小さい；きゃしゃな． = nhd. geschmeidig

geschöpfte (別形 geschöpft, geschöpfde) f. ①［天地］創造，創世記．② 被造物．

geschoss n. ① 矢，弾丸．② 飛び道具，弓矢，銃器．③ リューマチ．

geschrei n. ① 大きな音，騒音．② うわさ．

geschrift f. ① 書かれたもの，書類，書物．② 聖書．③ 文字；活字．

geschruwen schreien の過去分詞． → schreien

geschwer n. 膿(う)，腫れもの． = nhd. Geschwür

geschwind adj. ① 悪賢い，陰険な．② あつかましい．

geschwinden unp. (es geschwindet jm.) 気を失う．

geschwistert (別形 geschwisterd, geschwistergit, geschwistret) (複数扱い) 兄弟姉妹． = nhd. Geschwister

gesehen I. = sehen. II. (別形 gesehend) p.a. 目が見える，視力がある．vgl. nhd. sehend. der gesehene (der blinde に対して) 目の見える人，目明き．

gesehend → gesehen II.

gesein (別形 gesin) sein 動詞の過去分詞．

geseit ① sagen の過去分詞． = nhd. gesagt. ② seien (= nhd. säen) の過去分詞．

geselle m. ① 仲間．② 若者；男たち，連中．③ 君(呼びかけ)．[ein] gut gesell 仲間，友達，相棒，あんちゃん(これも呼びかけに用いられる)．

gesellenstoß m. (処刑の際の)とどめの一突き． = nhd. Gnadenstoß

gesellt p.a. gesellt sein 仲良くする．

gesicht n. ① 目．② 視力．vgl. gehör. ③ 視界，視野．

④ 幻想, 幻影. ⑤ 見たもの, 目にした光景.

gesichtig (別形 gesichtiglich) adj. 目に見える.

gesichtlich I. adj. 目に見える, 肉体を備えた. vgl. gesichtig. II. adv. 目に見える形で.

gesiedel (別形 gesedel) n. すわる場所, 玉座；居場所.

gesin → gesein

gesinde n. ① 家臣, 家来, 召使；従者；付き従う者. ② 軍隊.

gespan m. ① 仲間. ② 争い, 不和.

gespannen p.p. → spannen

gespärre (別形 gesperre) n. (家の)梁, 木組み.

gespei n. 嘲笑, あざけり.

gespenst n./f. (悪魔的な)幻術, まやかし, 不気味なこと.

gesperre → gespärre

gespiele (別形 gespiel) m./f. 遊び仲間, 遊び相手.

gespons m./f. 花婿；花嫁.

gespor n. ① 跡, しるし. ② 足跡. ③ 道；(比)方法, 手段. vgl. nhd. Spur

gespug m. 恐ろしいもの. vgl. nhd. Spuk, spuken

gessen essen の過去分詞. = nhd. gegessen

gestade (別形 gestatte, gestatt, gestat) n. 岸.

gestalt I. f. 状態や事柄を表わす. es ist eine feine gestalt それはすばらしいことだ. der gestalt/in gestalt そのように, 次のように. gleicher gestalt 同じように. in aller gestalt あらゆるやり方で. vgl. nhd. dergestalt, derart. II. stellen の過去分詞. = nhd. gestellt

gestand gestehen の直説法1人称単数現在形. = nhd. ich gestehe. vgl. auch stand

gestättlich adj. 堂々たる, りっぱな. = nhd. stattlich

gestehen vi./vt. (人³物²/人³物⁴) 容認する, 認める, 許す. vi. ① 続く, 持続する. ② …の値段である.

gestellen vi. 仲良くする，折り合う．
gestellt p.a. …の様子〈性質〉をした．
gester （別形 gestert）adv. 昨日．= nhd. gestern. vgl. 英語 yesterday
gesterben vi. 死ぬ．vt.（弱変化）殺す．refl.（弱変化）死ぬ．
gestett n. 柵，垣．
gestickt finster adj. 真っ暗な，真っ暗闇の．vgl. nhd. stockfinster
gestiefelt p.a. 長靴をはいた，乗馬靴をはいた．gestiefelter Doktor 似非学者．
gestiel n. いす．= nhd. Gestühl
gestielt → gestühlt
gestift n. 修道院，教会．【類義語 kloster, kollegium】
gestifte f./n. たくらみ，陰謀．
gestöber （別形 gestüber）n. ① どたばた，騒動．② 砂ぼこり．③（渦巻くような）激しい雨〈雪〉．
gestracks adv. ① まっすぐ．② ただちに．= nhd. stracks
gesträuß → gestreuß
gestrec （別形 gestrenc）adj. 昨日の．= nhd. gestrig
gestreichen → streichen
gestreifelt （別形 gestreiflet）p.a. ① 縞模様のある；着飾った．vgl. streifeln. ② 入り混じった；中途半端な，不完全な．
gestreiß → gestreuß
gestreng （別形 gestrenge, gestrange［副詞的］）adj. 激しい；厳しい，厳格な．
gestreuß （別形 gesträuß, gestreiß, gestruß）n. やぶ，茂み．vgl. nhd. Gesträuch
gestühlt （別形 gestielt）p.a. ①（家や部屋に）いすが備えられた．② Chorstuhl（聖堂の内陣席）にすわる権利を持っている．

gesuch m. ① 利子. ② 利益.
gesund I. m. 健康. II. adj.(2支)…から治った.
getan p.a. …の様子〈姿, 形〉をした. vgl. nhd. beschaffen
getar (別形 gedar) geturren の直説法1・3人称単数現在形. vgl. geturren
getefelt p.a. 板張りの. = nhd. getäfelt
getierts (別形 getierz) n. 動物, 家畜. = nhd. Getier
getorste (別形 getorst) geturren の直説法1・3人称単数過去形. vgl. geturren
getrachten vt./vi. 考える.
getrauen vi. ①(2支)信じる；(副文を伴って…であることを)期待している. ②(時代が下るにつれ, 再帰代名詞をとるようになる)(zu 不定詞を伴って)あえて〈思いきって〉…する.
geträumen unp. (人³が)夢を見る.
getreidig n. 穀物. = nhd. Getreide
getreu adj. 忠実な, 誠実な, 信頼のおける.
geturren (別形 gedürren)(直説法1・3人称単数現在形 getar, 直説法1・3人称単数過去形 getorste) 助動詞 あえて…する.【類義語 turren】
geturstigkeit (別形 geturstikeit) f. 大胆, 無鉄砲.
getwede adj. 分別がある.
geucherei → gäucherei
geude f. ① 喜び. ② 浪費.
geuden vi. ① いばる, 自慢する. ② 浪費する, ぜいたくをする.
geudenreich adj. 喜びに満ちた.
geuder (別形 güder, geudner) m. 浪費家. = nhd. Vergeuder.【反意語 sparer】
geudig (別形 geudisch, geudnisch) adj. 浪費する, ぜいたくな.
gevatter m. ①(洗礼の)名づけ親, 代父.【類義語

göttel, pfetter, tote】 ② 親しい間での呼びかけ：あなた，君，相棒，お隣さん等々．女性形 gevatterin もあるが，gevatter が女性に対しても用いられる．

gevetteren （別形 gevetterlen）vi. 親しく言葉を交わす，おしゃべりをする．

gewahr adj. ① 誠実な；真の，本当の．= nhd. wahr.【類義語 gewahrlich】 ② et.² gewahr sein …に気づく．= nhd. et.² gewahr werden

gewähren vt.（人⁴の願いや要求を）認める，受け入れる．

gewahrlich adj. 真の．= nhd. wahr.【類義語 gewahr】

gewahrsam （別形 gewarsam）adj. 念を入れた，慎重な，注意深い．

gewahrsame f. 安全．【類義語 sicherheit】

gewährt p.a. 確かな，信頼できる．= nhd. bewährt

gewalt f./m. mit gewalt 自然に，意図しなくても．

gewaltig adj.（2支/4支/über…）…を支配下に置いている．

gewannt （別形 gewannet）wenden の過去分詞．= nhd. gewandt

gewarnen refl. 用意する；気をつける．

gewarsam → gewahrsam

gewarten vi.（2支/3支）① 見る，注視する．② 期待する，予期する，覚悟する．

gewärtig adj.（2支）予期している，期待している，覚悟している．

gewegen wegen（重さを計る）の過去分詞．第Ⅴ類動詞・geben 型．

gcwchr f./n. 防備；武器，剣．

gewehrt p.a. 武装した．

geweicht p.a. = nhd. geweiht. das geweicht 聖別した土地．

gewerb n./m. 税．

gewerden vi. 生じる. = nhd. werden
gewest sein 動詞の過去分詞. = nhd. gewesen
gewicht n. 鹿の角. vgl. nhd. Geweih
gewild n. 野獣, 動物. = nhd. Wild
gewillig adj. ① 従順な. ② 自発的な, やる気のある.
gewirk (別形 gewürke) n. 営み, 作用.
gewissen I.(別形 gewissend) p.a. ① 知っている. ② 知られた. II. f./n. ① 知識. ② 道徳意識.
gewissenheit f. ① 良心. ② 知識.【類義語 gewissne】
gewissne f. ① 良心. = nhd. Gewissen. ② 確信. ③ 知識.【類義語 gewissenheit】
gewohnen vt./vi. ①(2格, 4格, 前置詞 zu, an とともに)…に慣れる. ②(zu 不定詞とともに)…という習慣である. vgl. nhd. pflegen
gewöhnen vt. (jn. et.²)…に慣れさせる.
gewohnt p.a. gewohnt haben(ときに2格を伴って)慣れ親しんできた, 慣れている, 習慣になっている. vgl. nhd. gewohnt sein
gewöhntlich (別形 gewohntlich) adj. 通常の, 普段の.【類義語 gemeinlich】
gewürz n./f. 香辛料. 本来の語形 wurz が女性名詞であったことから, 女性名詞として用いられることがある.
gezeug I.(別形 gezeuge) m. ① 証人. ② 証拠. II. n. ① 道具. ② 兵隊. ③ 武器, 大砲.
gezeugnis f./n. 証言. = nhd. Zeugnis.【類義語 kundschaft, zeugnis】
gezichte n. 子, 子孫. = nhd. Gezücht. vgl. nhd. Otterngezücht
geziegen zeihen の過去分詞. = nhd. geziehen. vgl. zeihen
geziemen (語形については ziemen を参照) vi. (人³

に)ふさわしい.【類義語 ziemen, gebühren】
gezierde f./n. 装身具. = nhd. Zierde. vgl. frauengezierde
gezimmer n. 建物.
gezog m./n. 敵意.
gezötter n. お付きの者，お供.【類義語 zotter】
gezwang m./n. ① 暴力. ② 強制，圧力.
gib ① geben の命令形. ② geben の直説法1人称単数現在形(ich gib).
gicht → jehen
gichtigen vt. 白状させる，尋問する.
gickenheinz 愚か者を指すあだ名. 日本語の「抜け作」のようなもの.
gief m. 愚か者，阿呆.
gienen vi. (nhd. gähnen の古い形) 口を開ける；あくびをする；渇望する.【類義語 aufgienen】
gierde f. 欲求. vgl. nhd. Gier, Begierde
gierdig (別形 gierig, gierlich) adj. 渇望した，欲している.
gießfass n. 水差し.
gift f./n./m. ① 贈り物. ② 毒.
gilfen vi. 叫ぶ，わめく；めそめそ泣く.
gilge (別形 gilgen) f. ユリ = nhd. Lilie
gilt (別形 gült) f. 賃貸料，小作料.
gimme (別形 gemme) f. 宝石.
giner pron. = nhd. jener, derjenige
gippe f. ジャンパー，上着. = nhd. Joppe
gisselmal → geiselmahl
git I. (別形 gyt) - nhd. gibt. II. m. 欲望，貪欲. = nhd. Geiz
glander I. adj. 輝いている.【類義語 glanz】II. m./n. 輝き.【類義語 glanster, glast, gleiß, glenze, gleste, glitz, glunst】

glanster m. 輝き.【類義語については glander を参照】

glanz adj. 輝いた，明るい.【類義語 glander】

glanzheit f. 美しさ.

gläsen （別形 gläsin, glasen, glesen）adj. ガラス［製］の. = nhd. gläsern

glast m. 輝き.【類義語については glander を参照】

glasten （別形 glesten）vi. 輝く.

glatt Ⅰ. adj. なめらかな，すべすべした. glatte wörter お世辞. jm. glatte wörter geben こびへつらう，調子のいい言葉を言う. Ⅱ. adv. ① すぐさま，その場で. ② 意味が薄れ，韻の埋め草に使われる.

glaubiger m./f.（形容詞変化）債権者. = nhd. Gläubiger

glaublich adj. 真実らしい，信頼できる，あり得る.

gleich Ⅰ. adj. ① 同じ. um ein gleiches dafür tun その補償〈賠償〉をする. ir gleich 彼らのような人. = nhd. ihresgleichen. ②（物³に）ふさわしい. Ⅱ. adv. ただちに.【類義語 gelichen】

gleichen （強変化）refl.（人³と）対等になる，肩を並べる；合わせる. （弱変化）vi.（人³に）似ている. vt. ①（et. zu et.）比較する. ②（物³に）適合させる，ふさわしいものとする. refl. 対等になる.【類義語 zugleichen】

gleichförmig adj. 同様の，同じような.

gleichheit f. 正当，公正.

gleichsnen （別形 gleisnen, glichsnen）refl.（als ob, sam, 不定詞等を伴って）…のように振る舞う. vt. …を装う，偽善的に…をする. vi. 偽善的な振る舞いをする，信心ぶる. vgl. nhd. Gleisner, heucheln

gleichsner （別形 gleisner, glichsner）m. 偽善者，信心ぶる人.

gleichwohl adv. nhd. zwar のように認容を表わし，後続の aber, doch などと呼応する.

gleiß m. 輝き.【類義語については glander を参照】

gleißen vi. 輝く, 光る.

gleit → geleit

glen (別形 glene, gläne, gleve, glevenie) f. 槍. = nhd. Lanze.【類義語 glitze】

glenz → lenz

glenze f. 輝き. = nhd. Glanz.【類義語については glander を参照】

glenzig adj. 輝く.

glesen → gläsen

gleste f. 輝き.【類義語については glander を参照】

gleve → glen

glevenie → glen

glimpf m. ① 名誉. ② 正しさ, きちんとした振る舞い, 礼節.【類義語 fug】mit glimpf/in glimpf 無事に, うまく, 正当に. zum glimpf/ums glimpfs willen 礼儀上, 取り繕うために. ③ ベルトの垂れ飾り.

glimpfig adj. ① 上品な, しとやかな, 気品のある. ② 正当な, 正しい.

glinsten (別形 glensten)(弱変化だが過去形は glanste) vi. 輝く.【類義語 glitzen, glunzen】

glinzern → glunzen

glitz m. 輝き.【類義語については glander を参照】

glitze f. 槍.【類義語 glen】

glitzen vi. 輝く. vgl. nhd. glitzern.【類義語 glinsten, glunzen】

gloch n. 宴会, 飲み食い. vgl. nhd. Gelage

glocke f. 鐘. an die große glocke laufen ＜stürmen＞ ある事で大騒ぎする, 大声をあげる.

glockenhaus n. 鐘楼. = nhd. Glockenstube

glorieren (別形 glorigieren) vi./vt. (自動詞としては in, von, auf 等, さまざまな前置詞をとる) 自慢する; たたえる.

gloss

gloss f. ① 説明, 注. = nhd. Glosse. text und gloss（副詞的に）はっきりと, 詳細に. ② 裏の意味；歪曲.

glossen vt.（…に）注釈を施す. vgl. glossieren

glossieren （別形 glosieren）vt. ① 解釈する, 説明する. ②（語句を目的語として）ねじ曲げる, こじつける. vgl. glossen

glosslein n. ① 注［釈］. ②（軽蔑的に）解釈；ごまかし, 歪曲.

glosten vi. 熱を発する.

glück n. ① 偶然［の出来事］. ② Glück zu（挨拶の言葉）ごきげんよう, こんにちは.

glückhaftig adj. 幸運な.【類義語 glücksam】

glücksam adj. 幸運な.【類義語 glückhaftig】

glümmen vi. かすかに光る. = nhd. glimmen

glunst m. 輝き.【類義語については glander を参照】

glunzen （別形 glinzern, glunsen）vi. 輝く.【類義語 glinsten, glitzen】

gluren vi. じっと見つめる.

gnaden vt.（人⁴に）恵みを与える. vi.（jm.）① 恵みを与える. ② 感謝する. ③ 別れを告げる.

gnappen → gnippen

gnipp （別形 knipp）m. 指でパシッとはじくこと. einen gnipp schlagen 指でパシッとはじく. vgl. nhd. Schnippchen.【類義語 schnell, schnelling】

gnippen （別形 gnappen）vi. かしこまる, ぺこぺこする, 言いなりになる.

gnöpfen vi. ぶつかる.

gnot （別形 genot, genote）adv. 熱心に；急いで.

goch → gach

göcker m. 雄鶏. vgl. nhd. Gockel, Gockelhahn

goller n./m. 襟；胸当て；キャミソール. vgl. nhd. Kollier, 英語 collar

gon = nhd. gehen

gönnen （別形 gunnen）vi.（人³に物²を）喜んで与える，恵み与える，認める．vgl. gan（直説法1・3人称単数現在形）

götlein （別形 götlin, göttel［代父の意味もあり］）n. 代子（代父・代母に洗礼を受けた子供）．= nhd. Patenkind

götlerin f. 信心ぶっている女性，狂信的な女性．= nhd. Betschwester

gott m. 神．Wollte gott. wollen の項参照．durch gott（間投詞的用法）神かけて，（命令文で）どうか．durch gott geben 神のために与える，無償で与える．gott geb（または gott geb, gott grüß）①（認容文を導く）たとえ…でも，…はどうあれ．② 神かけて；まことにもって，確かに．③ = Gott weiß 神のみぞ知る，誰も知らない．gotz marter（ののしり言葉）こんちくしょうめ．このほか gotz beule, gotz darm, gotz dreck, gotz hinsch, gotz judas, gotz kröß 等，gott と結びついた数多くのののしり言葉がある．vgl. botz.

göttel （別形 götti, götte, gotte）m./f. 名づけ親，代父〈母〉．= nhd. Pate.【類義語 gevatter, pfetter, tote】

gottesfreund m. 信心深い人．

gottesfurchtsam adj. 敬虔な．= nhd. gottesfürchtig

gottesrecht n. 臨終の秘跡．

götti → göttel

gra adj. 灰色の，グレーの．= nhd. grau

graben vt. 埋める．

graber m. 鉱夫，土木作業員，墓堀人．vgl. nhd. Bergmann, Gräber, Totengräber

gräbnis f./n. ① 埋葬．② 埋葬場所，墓．

gräue f. 白髪；（比）老齢．

gräuen vt.（人⁴を）不安にさせる．

gram adj. 怒っている，恨んでいる，敵意を持っている．

graman → grauman

grambeißen vi. 怒りのあまり歯ぎしりする.

grampen （別形 grempen）vi. 小売業を営む；あくどい商売をする.

gran f. ひげの毛. n. ① 小さい重量の単位. ② 粒.

grannen vi. 泣きわめく，うなる.【類義語 greinen】

grasen vi.（草を）刈る. jm. über den rein grasen（人³を）傷つける，殺す.

grat m. ① 魚の骨；背骨. ② 鋭さ，激しさ. bis auf den grat 完全に；ohne alle gräte 無制限に，徹底して.

graue m. 恐怖，不安. = nhd. Grauen

grauman （別形 grama, graman, gramman, gromen）m. 葦毛の馬. = nhd. Grauschimmel

grausam adj. 恐ろしい，身の毛がよだつ.【類義語 grausamlich, greuslich】

grausamlich adj. 恐ろしい.【類義語 grausam, greuslich】

greinen vi. ① 口をゆがめる；口をゆがめて泣く，泣きわめく. ②（ブタが）鳴く. vgl. sewgreinen.【類義語 grannen】

gremp （別形 grempe, grempler）m. 小売商人；古物商. vgl. nhd. Grempler, Krempler, Krämer

grempen → grampen

grenze f. ① 辺境地域. ② 地域，地方.

Grete （別形 Gretlin, Gretmüllerin）軽薄な女性や娼婦を意味する名詞として使われる.

greus m. 恐怖，戦慄. = nhd. Graus, Grausen

greuslich adj. 恐ろしい. vgl. nhd. gräßlich, grausig.【類義語 grausam, grausamlich】

griff m. 策略，手管. vgl. nhd. Kunstgriff, Kniff

grimm Ⅰ. m. 怒り. Ⅱ. adj. 怒った；恐ろしい. = nhd. grimmig

grimmen Ⅰ. n. わめくこと，吠えること. Ⅱ. vi. 怒り

のあまり荒れ狂う．Ⅲ．→ krimmen

grimmig adj. ① 怒った．② 恐ろしい，残忍な．③ 危険な，(動物が)獰猛な．④ 度を越えた，激しい．

grimmigkeit f. 残忍なこと；不当なこと．

grind Ⅰ. m. ① 疥癬，頭瘡(とうそう)．② 頭．【類義語 erbgrind】Ⅱ. adj. 疥癬にかかった．【類義語 grindig】

grindbutze m. (ののしり言葉) 疥癬お化け．

grindig adj. 疥癬にかかった．【類義語 grind】

grolle m. (弱変化) ① 憤懣，怒り；怒りの原因．② いたずら，悪さ．

grolz m. げっぷ．

gromen → grauman

grope (別形 gropen) m. なべ．

gropen Ⅰ. vi. 手探りする．Ⅱ. → grope

groß adj. 妊娠した．

großhans m. 身分の高い人，(軍隊の)上官；(軽蔑して)おえらがた．【反意語 kleinhans】

großkeller m. (修道院の)事務長，副修道院長．

größlich adv. 非常に，大いに．

grube f. ① 墓．auf der grube laufen <gehen> 死にかかっている．② 穴．

grümel 名詞(性不明) 騒ぐこと．

grund m. 地獄：あの世．

grundel m. 木片．

grundfeste f. 基礎，土台，支え．

grunzen vi. 文句を言う，怒る．

guck int. ① weder guck noch gack 何も…ない．② guck gack むにゃむにゃ(寝ぼけたようす)．

gucken vi. ① (カッコウが)鳴く．② 愚かなことをする．

guckgauch m. カッコウ．【類義語 gauch】

güder → geuder

guft f. 響き．durch kurze guft 手短に言えば〈言うために〉．

güften (別形 guften) vi. 有頂天になる.

gugelbube m. 僧侶に対する蔑称.

gulden I. m. 金貨；グルデン金貨. II. adj. 金の, 金色の. = nhd. golden

gült (別形 gülte) f. ① 利子. ② 地代, 小作料, 年貢, 税.

gumpen vi. 跳ぶ, はねる；踊る.【類義語 springen, blitzen】

gun = nhd. gönne < gönnen

gunst f./m. 好意.

günstig adj. ① 好意的な；親愛なる.【類義語 günstlich】② 心地よい.

günstlich adj. 好意的な.【類義語 günstig】

gunterfeit → konterfeit

gurre f. ① 役に立たない馬, 駄馬.【類義語 gaul】② あばずれ女, 娼婦.

gürten vi. jm. die lenden gürten（腰をきつく締め付けることから比喩的に）殴る, 折檻する.【類義語 rinkeln, schmieren】

gusel adj. 満足した, 陽気な；興奮した.

guss gießen の直説法1・3人称単数過去形. = nhd. goss

gutdünkel (別形 gutdünken n.) m. 意見, 考え, 判断；勝手な考え, 独断.

gütigkeit (別形 gietikeit) f. 善意, 善良さ. = nhd. Güte

gütlich (別形 gutlich) adj. やさしい, 友好的な.

gutwillig adj. 承知した, 同意した.

gutzeln vi. せびる, ねだる.

gutzen vi. 見る. = nhd. gucken

gyt I.(別形 gycht) jehen の直説法3人称単数現在形. → jehen. II.(別形 git) = nhd. gibt

H

haar n. ① um ein [kleines] haar で否定を強める. vgl. herlin. ② haar auf haar machen 争いを引き起こす.

hab n. 海.

habe f. 財産. fahrende habe 動産.

habedank m. 感謝.

haben vt. (nhd. halten と同じ用法) ① et. für et. haben …を…と見なす. vgl. übel. 【類義語 halten】 ② 手につかんでいる,保つ.

häberen (別形 heffern) adj. 燕麦の, カラスムギの. häberen brot 燕麦パン, 黒パン.

habermus n. 燕麦粥. vgl. nhd. Hafer

habersack m. den habersack singen 秘密にする, 隠しておく.

häderig (別形 häderisch) adj. けんか好きの. = nhd. zänkisch, stereitlustig, streitsüchtig

hadermetze f. ねたみ深い人, けんか好きな人.

häfelin n. (小さな)つぼ. vgl. nhd. Hafen

hafen m. つぼ. aus einem holen hafen reden ほらを吹く. 同じ意味の熟語として fuchsschwanz 参照. 【類義語 krug】

hafner m. 焼き物作りの職人, 陶工. = nhd. Töpfer.

haft m. つなぎとめぐおくもの, 支え, 拠り所.

häher m. (鳥)カケス(おしゃべりの象徴とされる). einer aus der hähergassen おしゃべりな人.

hahn m. 雄鶏. 好戦的〈勇敢〉な人間にたとえられる.

halbmäßig adj. (容量の単位)半マースの.

halbteil m. 半分.

hallenbart → hellenbart

haller （別形 hallerer）m. ヘラー銅貨. = nhd. Heller

hälmlein n. jm. das hälmlein geben <bieten etc.> ある人に一等賞を与える，一番であることを認める. jm. ein hälmlein durchs maul ziehen おべっかを使う，こびへつらう.

hals m. ① のど；口(&). ② in hals lügen 大ぼらを吹く；勘違いをする. sein hals vol lügen 勘違いをする. ③ jm. den strick um <an> den hals legen <werfen> しばり首にする.

halseisen n.（刑罰用の）首かせ.

halsmantel m.（縮小形 halsmäntelin）スカーフ.

halsstark adj. 強情な；反抗的な.【類義語 halsstarrig】

halsstarren vi. 強情に振る舞う.

halsstarrig adj. ① 頑固な，強情な. ② しつけの悪い，無作法な，手に負えない.【類義語 halsstark】

halt m.（狩で動物を追い込む）狭い場所，待ち伏せ場所. vgl. nhd. Hinterhalt.

halten vt. ① 評価する，尊重する. et. hoch halten 重視する，重大事とみなす. et. für et. halten …を…とみなす.【類義語 haben】 ②（副文を伴って）思う. refl. ① 振る舞う，行動する. vgl. nhd. verhalten. sich an jm. wohl halten ある人に優しくする. ②（zu et.）頼る，拠り所とする，尊重する. vgl. nhd. sich an et. halten

hame m. ① 釣り針. ② 魚をとる網.

hammen → hemmen

hand f. I.（別形 hend, hent）haben の直説法3人称複数現在形. II. zu hand すぐ，ただちに. jm. zu handen gehen ある人の身に起こる，ふりかかる.

handel m. ① 行為，振る舞い. ② 訴訟，裁判.

handeln vt. 扱う. = nhd. behandeln

händewinden n. もみ手をすること（困惑・絶望の身振り）. = nhd. händeringen

handhaben vt. 守る，庇護する.

handschlag m. 婚約.

handschrift f. 証書，念書.

handzwehel（別形 handzwehle, handzwel）f. タオル，手ぬぐい. = nhd. Handtuch. vgl. 英語 towel

hängen Ⅰ. n. 絞殺. Ⅱ. vi. なすがままにしておく，認める.【類義語 verhängen】

hank hinken（第Ⅲ類動詞・binden 型）の直説法1・3人称単数過去形. = nhd. hinkte

hänslein n. ① 遊び人；間男. ② 幼いことの象徴. hänslein であったとき＝子供の頃.

hantieren vt. する，行なう. rede hantieren 話をする. gegen jn. wort hantieren 反論する. refl.（gegen jn.）反論する.

hantierung f. 商売；もうけ仕事. hantierung treiben 商売をする.

har adv. = nhd. her

hare（別形 har, harb, here, her）adj. 苦い. = nhd. herb

harm m. ① 悲しみ. ② 侮辱. ③ 尿，小便. = nhd. Harn. ④ → harme

harme（別形 harm）m. オコジョ. = nhd. Hermelin

harmen（別形 harnen）vi. 放尿する，小便をする. = nhd. harnen

harnach adv. のちに. = nhd. hernach

harnest m. 鎧. = nhd. Harnisch

harnisch m. jm. den harnisch fegen 責め立てる，苦しめる，こらしめる. 似た熟語として pelz 参照.

harnischer m. 鎧師，甲冑師（かっちゅうし）.

harre f. 期間，長さ. in die harre 長く，長期間.

harren vi. ① とどまる，…であり続ける. = nhd. verharren. ②(2格や auf を伴って)待つ.

hart (別形 hert) I. adv. 非常に. II. adj. ①(人に)厳しい，冷酷な. ②(悪臭などが)ひどい.

härtig adj. 硬い；厳しい；強情な，かたくなな.

härtigkeit (別形 hartigkeit, hertikeit) f. ① 硬いこと，硬さ. ② 厳しさ；苦労，難儀. = nhd. Härte

haselnuss f. (比)価値のないもの，小さいもの.

häsen (別形 häsin) adj. ウサギの. ein häsener käse あり得ないもの，手に入らないもの.

hasenstoßer m. (鳥)タカ.

hässig (別形 hessig) adj. 悪意のある，意地の悪い. = nhd. gehässig.【類義語 hässlich】

hässlich adj. ① 怒った；敵対的な.【類義語 hässig】② 醜い，不格好な.【類義語 scheußlich, verderbt】

haube f. auf seiner haube viel stück haben 罪を多く犯した，罪深い.

hauchzen (別形 hauchen) vt. (言葉を)ささやく.

haue n. 草，乾草. vgl. nhd. Heu. f. (弱変化)くわ，つるはし.

haupt (別形 heupt) n. 頭. = nhd. Kopf

hauptpfulwe m. 枕. vgl. nhd. Pfühl.【類義語 pfulwe】

haus n. 複数形として häuser のほかに haus がある(複数3格は hausen). zu haus → zuhaus

hausarm adj. 宿なしの，ホームレスの. vgl. nhd. obdachlos

hausehre f. ① 家の名誉(しばしば主婦によって得られるものを指す). ② 主婦.

hausgesinde n. 下僕，奉公人.

hausknecht m. 下男，下僕.

hausstatt (別形 hausstad) m./n. 家，世帯. vgl. nhd. Hausstand, Haushalt

hauswirt m. ①(一家の)家長，主(あるじ). ② 夫.

haut (別形 hut) f. (単数2・3格は häute, hüte, heut のようにウムラウトすることがある) 皮膚；皮.

hauten vt. 殴る. vi./refl. (mit jm.) 争う.

heben (第Ⅵ類動詞だが，過去形として hob, hub，過去分詞として gehoben, gehaben, gehebt がある) vt. (nhd. halten に近い用法) 掲げておく，入れておく. refl. ① 去る，遠ざかる. ② 生じる，起こる. ③ 起き上がる.

heckenreuter m. 盗賊騎士.【類義語 strauchhahn, staudenhühnlein】

hecker m. ぶどう園労働者. = nhd. Häcker

heftig adj. ①(事が)重要な，重大な. ②(人が)荒っぽい，気性が激しい.

hehl (別形 häle) m./f./n. 秘密，隠しだて. in hehl ひそかに.

heidenschaft f. ① 異教徒. ② 異教徒の国.

heidisch adj. 異教徒の. = nhd. heidnisch

heilend n. 包帯. = nhd. Binde

heiltum n. 聖遺物. = nhd. Reliquie

heimant (別形 heiment) adv. 家で.

heimet (別形 heimetzu) adv. 故郷へ，家へ. = nhd. heim, heimwärts

heimgeben vt. (人³ 物⁴) 任せる，委ねる = nhd. anheimgeben, anheimstellen

heimlich adj. ① 親しい，親密な. ②(副詞的に)ひそかに，こっそり；一人で.【類義語 verborgen, zurück】③(副詞的に)心の中で.

heimlichkeit f. ① 親しさ，親密. ② 秘密，内緒ごと.

heimsuchen vt. 訪れる. = nhd. besuchen

heinacht (別形 heinet, hinacht) adv. ① 昨晩. ② 今晩. = nhd. heute Nacht

heint adv. 今日. = nhd. heute

heirat (別形 heurat) m./f. 結婚.

heißen I. vt. ① 命ずる. ② 約束する. = nhd. verheißen. ③ jn. lügen heißen ある人をうそつき呼ばわりする, ある人をうそつきだと言う. vi. …という名である, …と呼ばれている. II. n. 命令, 掟.

helbling m. 半ペニヒ硬貨. auf den hintersten helbling （支払いなどが）正確に, きっかりと.

held → hölle

helfant m. ゾウ. = nhd. Elefant

helfen vt. 助ける, 救う；（人⁴にとって）役に立つ.

helflich → hilflich

helle → hölle

hellebär （別形 hellber）m. 悪魔.

hellenbart （別形 hallenbart）f. 矛槍(ほこやり), 斧槍. = nhd. Hellebarde

hellig adj. ① 疲れた. ② 敵対的な.

hellisch adj. 地獄の. = nhd. höllisch

helmen vt. 柄〈取っ手〉をつける. vgl. nhd. Helm

helmlein n.（halm の縮小形）わら, わらしべ. jm. helmlein durch das Maul <den Mund> streichen <ziehen> お世辞を言う, おべっかを使う.

helst halten の直説法2人称単数現在形. = nhd. hältst

hemisch adj. 陰険な.

hemmen （別形 hammen）vt.（jn. zu jm.）ある人をある人のところへ留めておく.

hend （別形 hent, hand）haben の直説法3人称複数現在形.

henep m. 麻. = nhd. Hanf, 英語 hemp

her adj. ① 輝かしい, 輝いた. ② 誇り高い. ③ 強い. 【① ② の類義語 gehert】

herbergen vt.（人⁴を）泊める, 宿を貸す.

herbsten vt./vi.（作物を）取り入れる, 収穫する.

herder m. 共有家畜の番人.

herdurch adv. ① 通ってこちらへ. ② こちらへ来るニュアンスが薄れ, 単に行為の完結を表わす. vgl. nhd. hindurch

hergegen adv. 一方, 片や；それに対して, それに反して.

herin adj. 毛で作られた. = nhd. hären

herlin n. haar の縮小形. = nhd. Härlein. nicht ein herlin（否定の強め）少しも, 全然. vgl. haar

hernach adv. 後ろから.

herr m. ①（特に複数で）お偉方, 有力者, 支配者. ② 主人, 雇い主.

herrenfastnacht f. 謝肉祭前の日曜日.

herrschung f. 支配, 統治. = nhd. Herrschaft

hert → hart

hertlich adj. かたい；厳しい.

herumher adv. まわりを, ぐるりと.

hervortragen refl. 現れる, 出てくる.

hervorwischen vi. 急いでとび出す, ぱっと現れる（立ち上がる）.

herwider adv. ① こちらへ；戻って. vgl. nhd. zurück. ② 再び.

herziglich adj. 心からの. = nhd. herzlich

herzjahrritten m. ひどい熱. 呪いや強調の言葉としても用いられる.【類義語 jahrritten, ritten, feber, febris】

herzser n. 心の苦悩, 心痛.

hessig → hässig

hest haben の接続法2式2人称単数形. = nhd. hättest

het Ⅰ. haben の直説法1・3人称単数過去形. = nhd. hatte. Ⅱ. haben の接続法2式1・3人称単数形. = nhd. hätte. Ⅲ. nhd. hieß（heißen の過去形）の低地ドイツ語形.

heu （別形 hüw, hiew）hauen（第Ⅶ類動詞・laufen 型）の直説法1・3人称単数過去形．現代語の hieb に相当．

heuer adv. 今年．heuer als fern いつも．

heune m. 巨人．

heupt → haupt

heurat → heirat

heußen （別形 hussen）vi.（mit jm.）抵抗する．vgl. nhd. hussen

heustock m. ① 干し草の山．② 干し草を押して固めるための棒．

heut haut（皮膚，肌；皮）の単数2・3格および複数形．

hiete （別形 hiet）haben の直説法または接続法1・3人称単数過去形．= nhd. hatte, hätte

hiew → heu

hiezugegen adv. ここにいる．

hilflich （別形 hülflich, helflich）adj. 効き目がある，（人³の）役に立つ，助けとなる．= nhd. hilfreich

himmel m.（複数形で用いられることがある）天，空．

himmelreich n. 人形劇．

himmelsbube m. 人形劇を演じる人．vgl. himmelreich

hin adv. ① この中で〈に〉．= nhd. hie in, hier innen．② 去って．

hinacht → heinacht

hinde f. 雌ジカ．

hindern vt. 妨げる．refl. あとに残る；ぐずぐずする．

hinfort （別形 hinfurt, hinfur, hinfüran）adv. 今後，これから．

hinfur → hinfort

hinfüran → hinfort

hinken （第Ⅲ類動詞・binden 型，過去形 hank, 過去分詞 gehunken）vi.（比）うまくいかない，滞る；足りない，欠けている．

hinlässig（別形 hinlässlich）adj. 怠惰な，投げやりな，不注意な，だらしない. = nhd. nachlässig, fahrlässig.【類義語 unachtbar, unfleiß (m.)】

hinlegen vt.（争いを）調停する. vgl. nhd. beilegen

hinnach adv. ①（空間的に）あとに続いて，あとから. ②（時間的に）その後，のちに.【類義語 hintennach】

hinnen (< hie innen) adv. この中に，この中で. von hinnen ここから［去って］.

hinsche（別形 hinsch）f. ペスト，病気. gotz hinsche ののしり言葉. vgl. gott

hintennach（別形 hindennach）adv. のちに，そのあとで.【類義語 hinnach】

hinterdringen vt. 押しのける；抑制する，抑える.

hinterhin adv. 離れて；奥へ.

hinterhut f. ① 秘策，最後の手段，奥の手；策略. ② 支え，援助.

hinterklaffen vi. 悪口を言う，中傷する.

hintersich adv. 戻って；逆に.

hinterstellig adj. 後退した，停滞した.

hinterwärtling（別形 hinterwärt, hinterwärts, hinterwärtig, hinterwärtlich, hinterwärtlingen）adv. ① 後ろへ. ② 後ろから.

hinterziehen vt.（敵の）後方へまわる，（敵を）背後から襲う.

hinum adv. まわって，ぐるりと；あちこち；そちらへ.

hinvor adv. 前方へ. vgl. nhd. voran.【反意語 hervor】

hinz（別形 hintzt, huntzt）adv. 方向を示す. = nhd. hin zu, bis.【類義語 unz】

hinziehen vt. 死ぬ，息を引き取る.

hippenbube m. ごろつき，ならず者（Hippe という菓子を路上で売り歩く人. 下層民であり，ののしり言葉として用いられる）.

hippenbuben（別形 hüppenbuben）vt. 悪口を言う，

罵倒する.

hippenbübisch adj. 恥ずべき, 下劣な.

hippenfass (別形 hüppenfass) n. お菓子の入れ物(ささいなもの, 価値のないもののたとえ).

hippokras m. 薬味がきいたワイン(ヒポクラテスにちなむ).

hirtz (別形 hirz, hirs) m. シカ. = nhd. Hirsch

höbel (別形 hobel) m. (馬車の)幌.

hobeln vt. ① かんなで削る. ②(比)痛めつける.【類義語 mahlen】

hoch adv. (法律用語)(命令, 処罰に関して)厳しく.

hochbocher m. 自慢屋, いばり屋, ほら吹き.

hochbrunzer → brunzer

hochfart (別形 hoffart) f. 傲慢(ごうまん), うぬぼれ. = nhd. Hoffart.【類義語 üppischheit】

hochfärtig adj. 傲慢(ごうまん)な, 横柄な. vgl. nhd. hoffärtig.【類義語 hochtrabig, höhne】

hochtrabig adj. 高慢な, うぬぼれた. vgl. nhd. hochtrabend.【類義語 hochfärtig, höhne】

hochzeit f./n. 祝宴, 宴会；祝日.

hochzeitlader m. 宴会の招待状を持ってくる人.

hochzeitlich adj. ein hochzeitlichker tag/ein hochzeitliches fest 祝日, 祝祭日.

hof m. 諸侯会議；宮廷の宴.

hoffart → hochfart

hoffnung f. guter hoffnung sein + 副文で「…を期待している」の意味.

hofieren vi. ①(人³の)機嫌を取る, 女性の気をひこうとする；セレナーデを歌い奏でる. ②(人³に)求婚する. ③ 宮廷的な〈上品な, 礼儀正しい〉振る舞いをする. ④ 糞〈大便〉をする.

hofierer m. ① おべっか使い. ② 女たらし. ③ 音楽師, 吟遊詩人. ④ 求婚者.

hofjunge m. 宮廷に仕える人.

hofjunger (別形 hofjünger) m. 宮廷の下僕.

höflich (別形 hofelich) adj. 上品な, 優雅な.

hofreite f. (家, 納屋, 畜舎を含む)農家の屋敷.

hofzucht f. 上品な振る舞い, しつけのよさ.

hoger m. せむし. vgl. nhd. Buckel

hogerich (別形 hogericht, hogerig, högret) adj. せむしの.

hohl adj. (2支)…に欠けている.

hohn → höhne

höhne (別形 hohn) I. adj. 傲慢(ごうまん)な, 横柄な.【類義語 hochfärtig, hochtrabig】II. f. 傲慢(ごうまん), 尊大.

hol m./n. 穴, 洞穴；穴倉. = nhd. Höhle.【類義語 hüle】

hold adj. jm. hold sein (または werden) ある人にやさしくする, 好意的である.

holderstude m. ニワトコの木. vgl. nhd. Holunder

holdselig adj. ① やさしい, 好意的な. ② 魅力的な.

hölle (別形 helle, hel, held) f. (弱変化) ① 地獄. ② 暖炉の裏, 暖炉と壁の間の空間.

höllriegel (別形 hellriegel) m. ① 悪魔の名前. ② 悪女を指す.

holung f. 取り戻すこと, 回復. vgl. nhd. Erholung

holz (別形 hölzlein) n. 森.

hölzen (別形 hülzen, hülzin) adj. 木でできた, 木製の. = nhd. hölzern

hölzlein n. ① nicht ein hölzlein 少しも…ない. ② → holz

hont hon (- habcn)の直説法1・3人称複数現在形. = nhd. haben

hoppertanz (別形 hopptanz) m. とび跳ねるような踊り.

hor (別形 horb) n. *汚物*.

hör n. 軍隊. = nhd. Heer

horden vt. (宝などを)集める.

hören vi. 属する；ふさわしい. = nhd. gehören. 前置詞として in, an, zu, von などが用いられる. vt. ① やめる. = nhd. aufhören. ②(願いを)聞き入れる.

hoschen vi. すべる；去る. vgl. nhd. gleiten

hose (別形 hosse) f. ① 長靴下，ストッキング. ② ズボン.

hotzeln vi. 震える，(笑いで)体を揺する.

hotzelnbrühe → hutzelnbrühe

hübsch adj. 宮廷的な，上品な，礼儀正しい. = nhd. höfisch.【類義語 hübschlich】

hübsche f. 美しさ，上品さ.

hübschlich adj. 優雅な，礼儀正しい；(副詞的に)やさしく，上手に.【類義語 hübsch】

hübschlichen adv. 穏やかに，そっと.

hudel m. ぼろきれ.【類義語 lumpen】

hudler m. 軽蔑な〈下品な，粗野な〉男. 女性形 hudlerin(尻軽女).

hufen vt. 集める. = nhd. häufen

hulde f. 恩寵，恵み.

hulden vi. (人^3 に)忠誠を誓う；こびる，へつらう.

hüle f. 洞穴. = nhd. Höhle.【類義語 hol】

hülfe f. 助け，援助. = nhd. Hilfe

hülflich → hilflich

hülzen → hölzen

hund m. イヌ.【類義語 mistbeller】schlafende hunde wecken 触れてはいけないものにうかつに手を出す. wenn man dem hunde zu will, so hat er das leder gefresssen「イヌにけんかを売りたければ，そのイヌが皮を食べてしまったことにする」ということから「やろうと思えば簡単にけんかや攻撃の口実を見つける」の意味.

hundshaber m.（弱変化）jm. am hundshabern dreschen geben 殴る．jm. den hundshabern ausdreschen さんざん殴る；仕返しをする；ののしる．

Hungern ハンガリー．= nhd. Ungarn

huntzt → hinz

hure f. 娼婦．huren und buben 下品な人たち．【類義語 kotze, lunge, metze】

huren vi.（売女(ばい)呼ばわりして）ののしる．

hurhaus n. 売春宿，女郎屋．= nhd. Hurenhaus, Bordell

hürisch （別形 hurisch）adj. ふしだらな，恥知らずな．vgl. nhd. hurerisch

hurlebaus m. 銃，大砲．

hurren vi. ① 急ぐ．②（ざわざわ，ごうごうと）うなりながら動く．

hurt f. すのこ．= nhd. Hürde

hurtig adj. 急いだ，迅速な．

hussen I. adv. 外で．< hier außen. II. → heußen

hut f. ① = nhd. Haut（皮膚）．→ haut. ② unter dem hütlein spielen 人を欺く，いかさまをする．③ 保護．④ 見張り，番人．

hüte （別形 hüt）① haut の複数形または単数2・3格．vgl. haut. ② = nhd. heute

hüten vi.（2支）① 飼う，育てる．② 守る，保護する；世話をする．③ 見張る，番をする．【類義語 warten, bewahren】refl. 用心する，注意する．

hutmann m. 番人；羊飼い．

hutzelnbrühe （別形 hotzelnbrühe）f. 乾燥したくだもの（梨やりんご）を煮たもの．

hüw → heu

I

ichsicht → icht

icht （別形 ichsicht, üt, ützit）I. pron. 何か；（副文で nicht と同じような機能を持つ）…ない．II. adv. 何とかして．

Ida イーダ．女性名で，当時ドイツでは一般的に娼婦の名前として使われることが多かった．

ieben = nhd. üben

ienen → jendert

iener → jendert

iesa adv. すぐに，ただちに．

igelshaut （別形 igelshut, igelhut）f. ハリネズミの皮．

ihren pron.（人称代名詞 sie の変化形）① 単数2格（= nhd. ihrer）② 単数3格（= nhd. ihr）③ 複数2格（= nhd. ihrer）

imber m. ショウガ．= nhd. Ingwer

imbiss m. 食事［の時間］．

imme （別形 ime・縮小形 imlin）f. ミツバチ．【類義語 bienlein】

immenstock （別形 imenstock）m. ミツバチの巣箱．= nhd. Bienenstock

immer adv. いつか．否定文に従属する副文，否定的な内容を表わす副文に現れることがある．【類義語 immermehr】

immermehr adv. ① いつも．② いつか．【類義語 immer】

in I. pron. ① = nhd. ihnen. ② = nhd. ihn. II. = ich ne（否定詞）．III. adv. 中へ．mhd. の în, nhd. の ein

に相当し，動詞に隣接して現れれば，接頭辞〈前つづり〉として解釈できる．

in- → ein-（接頭辞）

indem adv. その間に，そうこうするうちに．= nhd. indessen.【類義語 indes】

indert → jendert

indes adv. そうこうするうちに．= nhd. indessen.【類義語 indem】

ine pron. = nhd. ihnen

inen pron. 男性単数4格．= nhd. ihn

infel f. 司教帽，司教冠．= nhd. Inful

ingedenk adj.（2支）覚えている，忘れない．= nhd. eingedenk

inhaben vt. 支配している，掌握している．

inhalten vt. 内容として含んでいる；(本などが)記している，述べている．

inne （別形 innen）adv.（人⁴ 物²）inne bringen わからせる，知らせる．（物²）inne werden 知る，気づく，認める．目的語が代名詞の場合，4格で現れることもある．

innern vi. 気づく．

inniglich adj. 心からの．= nhd. innig

inreden → einreden

insiegel n. 印章，(押印された)印．

insonder adj. 特別な．= nhd. besonder

insonders adv. 特に，とりわけ．

ire pron. 複数人称代名詞 sie の2格．= nhd. ihrer. vgl. ihren

iren → ihren

irren vt.（人⁴の）邪魔をする，困らせる．（人⁴ 物²）irren ある人の…を邪魔する．vi. 邪魔になる．

irrig adj. 反抗的な，手に負えない，強情な．【類義語 widersinnig】

irrsal m./n./f. 迷い，錯誤，誤り．

irrung f. ① 間違い，考え違い．② 邪魔，妨害．③ 不和，対立．

irte （別形 ürte, yrte）f. ① 飲み食い，酒宴．② 飲食代，飲み屋の勘定．

Isegrim イゼグリム（動物寓話に登場する狼の名）．

iss essen の直説法 1 人称単数現在形．= nhd.(ich) esse

isschmarren → eisschmarren

item adv. 同様に，さらに．章や節の冒頭によく用いられる．

ittern vt. 繰り返す．【類義語 wiedern】

J

jach I. adj. 急いだ．vgl. nhd. jäh. II. f. 急ぎ．

jachant （別形 jochant, jacint）m.（鉱石）ジルコン，コランダム（宝石の材料となる）．vgl. nhd. Hyazinth, Korund

jäcklein （別形 jäckel）n. ① Jakob の愛称．② まぬけ．

jagen vi. (nach et.) ① 探る．② 追い求める．

jägermesse f. 短い〈簡単な〉ミサ．

jagrock m. 狩猟用の服．

jahr n. zu jahr 来年．

jahrestag （別形 jahrtag）m. ①（1 年に 1 度の）命日；年ごとの命日に行なわれるミサ．【類義語 jahrzeit】② 誕生日．

jahrmarkt m. ① 年の市，縁日．②（年の市や旅行の）おみやげ．

jahrritten （別形 jahrritte）m. 発熱，悪寒．【類義語

herzjahrritten, ritten, feber, febris】

jahrzeit f./n. ① 例年の命日；命日のミサ. 【類義語 jahrestag】 ② 記念日；教会の記念日.

jammerbäre (別形 jammerbärend) adj. 苦しみをもたらす, 苦しい.

jämmerig (別形 jammerig) adj. ① 哀れな, みすぼらしい, 痛ましい. ② 悲しんだ. = nhd. jämmerlich

jammerkeit f. 苦悩, 嘆き.

jammern vi. 声をあげて嘆く. refl. 嘆く. unp. es jammert jn. et.²/nach et. …を哀れに思う, …のことで悲しい.

je Ⅰ. adv. かつて, 以前. Ⅱ. cj. je 比較級 + je 比較級……すればするほど…だ.

jedlich (別形 jetzlich, itlich etc.) pron. どの…も. = nhd. jeder

jedweder pron. どれもが, それぞれが. = nhd. jeder

jehen (別形 jechen)(第Ⅴ類動詞・geben 型) vt. 言う. 直説法3人称単数現在形として gicht, gyt, gycht といった語形がある.

jehling adv. 突然；早く, すぐに. = nhd. jählings

jemands (別形 jemans) pron. = nhd. jemand. 本来2格であるが, 1, 3, 4格としても使われる. vgl. niemands

jemine (別形 jemer) int. 驚いたときの言葉. Jesu domine がつまったもの.

jendert (別形 jender, indert, ienen, iene, iener) adv. どこかで, どこかへ；何か.

jeren vi. 醗酵する. = nhd. gären

jest m. しぶき, 泡立ち. = nhd. Gischt

jesusgänglein (別形 jesustänzlein) n. 激しい踊りの一種.

jetzo adv. = nhd. jetzt

jetztberührt p.a. 今述べた, 前述の. vgl. beühren. 【類

義語 jetzterzählt, oberzählt, obgemelt, obgenannt, vorgemelt, vorgenannt】

jetzterzählt p.a. 今述べた，前述の．【類義語 jetztberührt, oberzählt, obgemelt, obgenant, vorgemelt, vorgenannt】

jetztmals （別形 jetzmals）adv. 今．

jetzund （別形 jetzunder）= nhd. jetzt

jewelten adv. いつも．von jewelten 昔から．

joachimstaler （別形 johimstaler）m. ターラー銀貨（ボヘミアのヨアヒムスタール産の銀で鋳造した貨幣）．

jochant → jachant

jucken refl. (an et.) 体をこすりつける．

judengenosse （別形 judenosse）m. ユダヤ教に改宗した異邦人．= nhd. Proselyt

judenspieß m. 高利，暴利．mit dem judenspieß rennen 高利貸しをする．

juf m. あざけり，からかい．aus et. juf treiben …をあざける．

jungherr （別形 junkherr, juncker）m. ① 若い貴族，若様．② 若者．vgl. nhd. Junker

just → schust

K

kabel f. (弱変化) 熊手．= nhd. Gabel

käfig （別形 kefi, kefich, kefin）m./f./n. ① 鳥かご．② 牢獄，牢屋．

kafse → kebse

kalt adj. kalten magen haben 胃の具合が悪い．

kältwasser n. 冷やすための水，冷水．

kameltier (別形 kemeltier) n. ラクダ. = nhd. Kamel

kämet n. 暖炉；煙突. vgl. nhd. Kamin

kämetfeger m. 煙突掃除夫. vgl. nhd. Kaminfeger

kamin n.（nhd. では m.）暖炉.

kammer f. 国庫, 大蔵〈財務〉省. = nhd. Kämmerei

kampfrad n. 拷問〈処刑〉用の車. vgl. nhd. Kammrad

kanon m. ミサの主要部（さわりの部分）.

kante f.（弱変化）（縮小形 käntlein）ポット，ジョッキ, 缶, 器. = nhd. Kanne

kapelle f. 礼拝堂. kapelle besingen 礼拝堂でミサをあげる. kapelle は比喩的に便所, さらには女性の陰部を表わし, kapelle besingen もときに卑猥な意味となる.

kapitel n. 修道院〈修道士〉の会議；集会. vgl. nhd. Konvent

kapiteln vt. 責める, しかる. refl. 自分を責める, 後悔する.

kappe I. f.（弱変化）① 頭巾；マント. ② 阿呆帽. in die kappen kommen 阿呆になる.【類義語 käpplein, narrenkappe】③ 非難；殴打. kappen haben 非難〈叱責〉される. II.（別形 kappen, kapun, kapaun）m. 去勢鶏. = nhd. Kapaun

käpplein n. ① 帽子；阿呆帽.【類義語 kappe, narrenkappe】② 僧衣.

kar n. 容器, おけ. f. 悲嘆, 悲しみ.

karch m. 荷車, 荷馬車. = nhd. Karren

kärchel (別形 kärchlein) n. karch（荷車, 荷馬車）の縮小形.

kärchelzieher m. 荷車引き.

karchsalbe f. 車用のグリース, 車軸油.

karg I. adj. ① 激しい, 強い. ② 欲張りな, けちな.【類義語 geitig, vorteilisch】③ 乏しい, わずかな. II. m.

けちん坊，欲張り．

kargheit f. けち；倹約．

karmen （別形 karn）vi. 嘆き悲しむ．

karn → karmen

karnier （別形 kernier）m. [革] 袋．

karre （別形 karren m.）m./f. Wagen との対比で軽い荷車を表わす：von dem karren in den wagen kommen より悪い事態に陥る．

karrenknecht m. 車引きの下男〈下働き〉．

karrer m. 車引き，車力．

karsthans m. 農民を揶揄する名前．扇動的な農民；ルター派のパンフレットの表題；トーマス・ムルナーを揶揄する名前．

kartause （別形 kartus）f. ① 僧帽．② カルトゥジオ修道会．

käsekorb durch einen käsekorb lachen 陰で笑う．

kasper （縮小形 käsperlein）（特に der schwarze kasper の形で）悪魔．

kasten m. 穀倉，穀物倉．

kastenvogt （別形 kastfaut）m. 管財人，倉庫管理人．

kästigen （別形 kesten, kasteien）vt. 苦しめる，懲らしめる；非難する．= nhd. kasteien

kat （別形 kot）m./n. 泥，ぬかるみ；汚物，糞．= nhd. Kot.【類義語 dreck】

kathedrieren vi. 議論する．本来「教壇（Katheder）で議論する」の意味．

käthlein （別形 ketterlein）（女名）ケーテちゃん（軽薄な女．尻軽女の象徴）．

katig adj. 汚れた，ぬかるみの．= nhd. kotig

katsack m. 胃；内臓．

katze f. 城を包囲する道具，城攻めの道具．

kauen （別形 keuen, küwen）vt. かむ．jm. et. vor kauen 十分に説明する，教える．

kauf m. 売ること,販売.
kaufen vt. et. um jn. kaufen ある人からある物を買う. = nhd. et. von jm. kaufen. Wer dich kennt, der kauft dich nicht あなたのことを知っている人は,あなたを買うことはない(諷的表現). 男性が女性と結婚することを kaufen と言っていた時代の名残.
käufig adj. 売れる,売れ行きがよい. vgl. nhd. verkäuflich
kaufmann m.(複数形 kaufleute)買い手,客.
kaufmannschaft f. ① 商売. ② 商品.【類義語 kaufmannschatz】
kaufmannschatz (別形 kaufschatz)m. ① 商売. ② 品物.【類義語 kaufmannschaft】
kaufschlagen vi. 取引〈商売〉をする.
kaum (別形 kaumet)adv.(必ずしも否定的な意味にはならない)ほとんど;やっとのことで. vgl. nhd. mit Mühe/mit knapper Not
kauzhut → kutzhut
kauze → kutze
kebse (別形 kefse, kafse)f. 聖遺物入れ.
keck (別形 queck)adj. 生き生きとした,(感情などが)強い.
kecken vi.(カラスが)鳴く.
kefin → käfig
kefse → kebse
kegel m. ① 無骨な〈粗野な〉人間. ② 私生児.
kehren (弱変化動詞で,過去形,過去分詞に逆ウムラウト形も現れる:karte, korte, gekart)vt. ① 向きを変える. ② きれいにする,(ほこりを)掃く.【類義語 fegen】vi. 掃除する. refl. ① 目を向ける,(zu jm.)ある人に心を向ける. ② 考えを変える.
keib (別形 keibe[弱変化], keif)m. ① 怒り;憎しみ,敵対心;けんか. vgl. nhd. keifen. ② 愚か者;なら

ず者. ③ 腐肉；死体.

keibig adj. 意地悪な，邪悪な，口やかましい.

keif → keib

kein pron. 何らかの（意味的には nhd. irgendein に相当）. keine weile しばらくの間.

keller m. （酒蔵の）蔵番，酒蔵番. = nhd. Kellermeister

kellerin f. 女中，下女，料理女；侍女，腰元. vgl. nhd. Magd

kemeltier → kameltier

kemenate f. （別形 kemate）（暖炉のある）部屋. vgl. nhd. Kamin（暖炉）

kemet （別形 kemmet, kämet）n. 暖炉；煙突. vgl. nhd. Kamin

kengel m. ① かたまり. ② 鼻水.

kennen vt. ①（nhd. erkennen に近い）気づく，認める；識別する. ② 認める，受け入れる.

kensterlein n. 作り付けの戸棚〈本棚〉.

kerben vt. ① 付けで買う. ② 確かめる.

kerbholz n. an ein kerbholz reden 言いたい放題言う.

kerf f. 刻み目. vgl. nhd. Kerbe

kern m. スペルト小麦.

kernier → karnier

kerren vi. 甲高い声を出す；がらがら〈ざわざわ〉という音を出す. vt. 苦しめる.

kers f. サクラ；サクランボ. = nhd. Kirsche

keste f. クリ. = nhd. Kastanie

kestenbraun adj. 栗色の. = nhd. kastanienbraun

ketschen vt. 引きずる.【類義語 schleppen, schleifen】

ketterlein → käthlein

kettine （別形 kettene, ketten）f. 鎖. = nhd. Kette

keuchel n. ひな，ひよこ.

keuchen (別形 keichen) n.（動詞の名詞化）① keuchen nehmen 苦しめる.【類義語 schnaufen nehmen】② 難儀, 苦労, 努力.

keuen → kauen

kib (別形 kif, keib) m. 反抗心, 強情, 頑固.

kiefeln (別形 kiflen, kiefen, kifen) vt. かじる. vi. ① ののしる, がみがみ言う, 悪態をつく. vgl. nhd. keifen. ②(an et.³/jm.) かじる.

kiefen → kiefeln

kieseln (別形 kisseln) unp.（es kieselt）あられが降る.

kiesen (第Ⅱ類動詞・ziehen型)（直説法単数過去形 kor, 過去分詞 gekoren）vt. 選ぶ.【類義語 koren】

kiesling m. 小石, 砂利. vgl. nhd. Kiesel

kif → kib

kifen → kiefeln

kilche f. 教会. = nhd. Kirche

kindbetterin f. 産婦.

kindbettern (別形 kindbetten) vi. 子供を作る〈産む〉, 産褥につく. vt. 産褥につかせる.

kinnen (別形 kynnen) = nhd. können

kippen vi. つつく, ついばむ.

kircher m.（語源的に2つに分かれる）①（kirchherr に由来）司祭. ②（kirchner に由来）教会の使用人, 寺男.【類義語 kirchwarter, mesner】

kirchherr → kircher

kirchwarter m. 寺男.【類義語 kircher, mesner】

kirchweihe (別形 kirchweihung, kirweiung) f. 献堂祭, ［教会］開基祭（教会の創立記念日と考えてよい）.

kirnen vi. 萌え出る.

kirren vi. ① キーキー音をたてる. ② 金切り声をあげる, 悲鳴をあげる.

kirweiung → kirchweihe

kisseln → kieseln

kistenfegen n. 略奪. vgl. knappsackfeger

kistenfeger m 強盗.【類義語 knappsackfeger】

kittern vi. ① くすくす笑う. = nhd. kichern. ② 突然笑い出す.

kitzlein n. 子ヤギ.

klaff m. おしゃべり；中傷, 悪口.

klaffen vi. ① おしゃべりをする；悪口を言う, 中傷する. ② がたがた音をたてる. vgl. nhd. klappern. vt. …をしゃべる.

klaffer (別形 kleffer) m. おしゃべり[な人]；中傷者.【類義語 klapperer, klappermann, schwätzer】

kläffig (別形 kläffisch) adj. 言葉の多い, くどくどしい, おしゃべりな.

klagen vt. (人^{4}を)気の毒に思う, 同情する. vi. (人^3 物^2)…のことで…に訴える, 苦情を言う. refl. 苦情を言う. vgl. nhd. sich beklagen

klapf m. ピシャン〈パチン〉という音, 騒音；殴打.

klapfen vi. ピシャン〈パチン〉と音がする. vgl. nhd. klatschen, knallen

klappen vi. カタカタ鳴る. = nhd. klappern. zähne klappen 歯をガチガチ鳴らす.

klapperer m. おしゃべり[な人].【類義語 klappermann, klaffer, schwätzer】

klappermann m. おしゃべり[な人].【類義語 klapperer, klaffer, schwätzer】

klappern vi. おしゃべりをする.【類義語 schwätzen】

klarlich adj. 明らかな, はっきりした. = nhd. klar. vgl. nhd. klärlich (adv.)

klattern vi. よじ登る, 登る；這い出る, 降りる. = nhd. klettern

klauben vt. 果実をもぐ；拾い上げる；取り出す, 得る. jm. die federn klauben こびへつらう. finger klauben 指をもてあそぶ(困惑した様子).

klausner (別形 klusner, klosner) m. 修道士；隠者. klausnerin 修道女.

klecken vi. 十分である；役に立つ；成功する.

kleffer → klaffer

kleiben vt. 貼る；塗る. = nhd. kleben

klein adj. ① きれいな. ② わずかな. kein と同じく「全然…ない」という否定に近い用法もある. gar klein[e] = gar nicht

kleinet (別形 kleinod, kleinat) n. (複数形 kleineter) 宝石. = nhd. Kleinod.【類義語 edelgestein】

kleinhans m. 身分の低い人.【反意語 großhans】

klenken vi. (鐘などを)鳴らす.

klepper m. ウマ.

klige f. ふすま, ぬか. = nhd. Kleie

klingelsohren n. (複数形)阿呆帽の鈴のついた耳.

kloß m. かたまり, 団子状のもの. über einen kloß 1つに, ひとまとまりに.

klug adj. (女性が)繊細な, 上品な；(動物が)かわいい.

kluglich (別形 klüglich) adj. 賢い.【類義語 weislich】

klupfherzig adj. おどおどした, 小心の.【類義語 abergläubig】

kluse (別形 klause) f. ① 小部屋. ② 隘路(あい), 岩の裂け目. ③ 修道士の個室, 僧房, 庵. = nhd. Klause

knabe m. (悪い意味で)悪がき, 連中.

knan m. 父親.

knappsackfeger m. 強盗.【類義語 kistenfeger】

knäulein n. 糸玉. = nhd. Knäulchen

knecht m. ① 兵士, 傭兵. ② 職人. ③ 従者, 小姓. ④ 使用人. ⑤ 役人. ⑥ 少年.

kneipe f. ペンチ, やっとこ. vgl. nhd. kneifen (つまむ, はさむ)

knellen vi. ぽきっと折れる, はじける. vt. つぶす,

破裂させる. vgl. nhd. knallen
kneuen （別形 knüwen）vi. ひざまずく. = nhd. knien
knipp → gnipp
knittel m. 指［の関節］.【類義語 knübel】
knoden （別形 knode）m. くるぶし. = nhd. Knöchel.【類義語 knübel】
knoder m. かたまり；つば（痰（たん））のかたまり.【類義語 koder】
knopf m. ① 結び目. = nhd. Knoten. ② 芽；つぼみ. = nhd. Knospe
knöpfeln vt. 過去分詞 geknöpflet の形で「ごちゃませの, ごった煮の」. vgl. adj. knöpflecht
knopfen （別形 knöpfen）vi. 芽を出す；つぼみをつける.【類義語 aushupfen, ausknopfen, auswachsen, prossen, schossen】
knöpflecht （別形 knöpflet）adj. ごちゃませの, ごった煮の. vgl. knöpfeln
knubeln vt. 抑圧する. vgl. nhd. knebeln
knübel m. くるぶし；指の関節. = nhd. Knöchel.【類義語 knittel, knoden】
knülin n. 糸玉. = nhd. Knäuel
knüllen vt. ① たたく,（木の実を）たたいて割る. = nhd. knacken. ② まるめる.
knus adj. 大胆な, 無鉄砲な.
kochersberger m. アルザス地方の農民の粗野な踊り. Kochersberg はシュトラスブルク近郊の地方.
kocke m. 船の一種. vgl. nhd. Kogge
koder m. つば；痰（たん）.【類義語 knoder】
kodern vi. 痰（たん）を吐く.
kohle （別形 kol, kolen）m./n./f. 炭. pfaffenkohlen riechen gar wol「坊さんの炭はいい匂いだ」のように pfaffe とともに用いられる場合は, 暖をとったり肉を焼くなど, 教会のぜいたくな暮らしぶりを表わす.

kolbe f./m. ① kappe と並んで阿呆の象徴. vgl. narrenkolbe. ② 熟語に関して lausen を参照. ③ jm. den kolben zeigen ある人にその愚かさを思い知らせる. ④ 鳥の腿肉. ⑤ 葦($\ddot{\text{i}}$). 【類義語 rohr】

kolbmann m. 聖コルプマン. sankt kolbman kommt 聖コルプマンがやってくる＝殴る.

kollaz f. 宗教的な朗読.

kollegium n. 学校.

kom kommen の直説法単数過去形. ＝ nhd. kam

kommen vi. die sache an sich kommen lassen 事の成り行きにまかせる.

kömmlichkeit f. ふさわしいこと, 適切.

komphart m. おなら.

komplexion f. 体質, 気質.

komplieren vt. 完全にする, 満たす, 仕上げる.

konfekt (別形 confekt) n. ① 薬. ② 菓子.

königlein (別形 küniglin) (鳥) ミソサザイ. ＝ nhd. Zaunkönig. 【類義語 zaunschlüpflein】

königreich n. 御公現の祝日. ＝ nhd. Dreikönige

konszienz (別形 conscientz) f. 良心. ＝ nhd. Gewissen

konterfeien (別形 konterfeiten, kontrafeien) vt. 描く. vgl. konterfeit

konterfeit (別形 kunterfeit, kunterfei, gunterfeit) I. n. ① 混ぜ物をした金属；偽物, 模造品. ② ごまかし, 欺瞞. ohne konterfeit 偽りなく, 本当に. ③ 汚点. ④ 対極にあるもの, 反対のもの. ⑤ 模写, 肖像. II. adj. 模写した；偽の.

kontor n. 机. vgl. 英語 counter

kopf m. 杯, コップ. 【類義語 becher】

koppeln → kuppeln

koren (別形 kören) vt. 選ぶ. 【類義語 kiesen】

kören I. ＝ nhd. kehren. II. → koren

körlein n. 粒. = nhd. Körnlein, Körnchen

kornut m. 見習い, 弟子.

kosen vi. 話す, しゃべる；談笑する.

kost （別形 koste）f./m. ① まかない, 食事；食料. vgl. auch köstlein. ② 生活資金. ③ 費用, 経費.

kostel n. おいしい食べ物.

kosten （複数形または性不明の単数形）費用, 経費.

kostfrei adj. 気前のよい, 客にやさしい.

köstlein n. 食事. vgl. auch kost

köstlich （別形 kostlich）adj. ① 金のかかる, 高価な；貴重な；高貴な；はでな. ② すばらしい, すぐれた.

kot → kat

kotfleisch （別形 kottfleisch）n. 内臓, 臓物, はらわた.

kotze f. 娼婦.【類義語 hure, lunge, metze】

krachen vt. 割る, 裂く.

kradem m. 騒音.

kragen m.（縮小形 kräglin）のど；首；胃袋. voller kragen で満腹の意味.

kramanzen （別形 kramanz）n. 大げさなお世辞, お愛想.

kramen vt. 買う. vgl. nhd. Krämer（小売商人）

kramet → botz

krammen vt./vi. ① くすぐる. ② 引っ掻く.【類義語 kritzen】

krämpfig adj. けいれんを起こしたような, ひきつった. = nhd. krampfig

kranch m.（pl. kränch）（鳥）ツル. = nhd. Kranich

krank adj. ① 弱い. ② 悪い, 価値のない. ③ 弱っている. ④ 病気の.

kränke f. 弱さ. vgl. krank

kränken vt. 病気にする, 衰弱させる.

kranz m. 王冠. = nhd. Krone

krasteln （別形 kraspeln）vi. ぱちぱち（がさがさ, ぎ

しぎし）音をたてる．= nhd. knistern, rascheln
- **kratzen** refl.（うろたえて）体をかきむしる．
- **krauel**（別形 kräuel）m./f. 熊手．
- **kraus**（別形 krus）adj.（板が）木目のある．
- **krause**（別形 kruse）f./m. グラス，ジョッキ．
- **krauselecht** adj.（髪が）縮れた．= nhd. kraus
- **krautig** adj. sich krautig machen/sich mit jm. krautig halten 偉そうにする，威張る；逆らう，反抗する．
- **krebs** m. よろいの胴，胸当て，胸甲．vgl. nhd. Brustpanzer, Brustharnisch
- **kredenz** f. 食器類．
- **krei**（別形 krie, kreide, kreie, kra, kro）f. ①（戦場での）合言葉，ときの声．② 叫び．③（中型の）カラス．= nhd. Krähe.【類義語 rappe】
- **kreien** vi.（ニワトリ，カラスなどが）鳴く．= nhd. krähen
- **kreigen**（第Ⅰ類動詞・reiten 型と弱変化が混在，過去形 kreig がしばしば見られる）vi. 格闘する．vgl. kriegen
- **kreisch** m. 悲鳴，叫び声．vgl. nhd. kreischen（悲鳴をあげる）
- **krellen** vt.（つめで）引っ掻く，引き裂く．= nhd. krallen
- **kresen** → krisam
- **kressig** m.（植物）カラシナ（芥子菜），コショウソウ．= nhd. Kresse
- **kretschmer**（別形 kretschmar, kretschmeier etc.）m. 居酒屋〈飲み屋〉の亭主．
- **kretze** f. かご．
- **kreuz**（別形 crüz）n. ① 十字［架］．kreuz machen 十字を切る．② heiliges kreuz 間投詞的に使われる．③ 飲み屋のつけを表わす記号として壁に書かれる．

【類義語 ring】

kreuzkäse　m. 十字架のマークのついたチーズ．

krie → krei

kriech　m. ギリシャ人．= nhd. Grieche

krieg　m. 口論．

kriegbar　adj. 好戦的な．= nhd. kriegerisch．【類義語 kriegisch】

kriegen　vi. ①（mit jm.）争う，けんかをする，戦争をする；戦争を指揮する．vgl. kreigen. ② しかる，ののしる．【類義語 behadern, zanken】

kriegisch　adj. 好戦的な．= nhd. kriegerisch．【類義語 kriegbar】

kriegslauf　（別形 kreigslauft）m. 戦争．

kriegsmann　（複数形 kriegsleute）m. 兵士，傭兵．

kriegsvolk　n. 軍隊，兵隊．

krimmen　I.（別形 grimmen）vt.（鳥獣が）つかむ，つまむ，引き裂く．II. = nhd. krümmen（vt. 曲げる．refl. 曲がる）．III. n. 腹痛．

kripfe　（別形 kripf）f. 飼い葉おけ．= nhd. Krippe

krisam　（別形 krisum, kresen, crisem）m. 聖［香］油．= nhd. Chrisam, Salböl

kritzeln　vi. うなる，（腹が）ごろごろなる．

kritzen　vt./vi. ① 引っ掻く，かじる．②（弦楽器を）つま弾く．③ くすぐる．vgl. nhd. kratzen．【類義語 krammen】

krolle　（別形 krülle, krulle）f. 巻き毛．

krollen　→ krüllen

krone　f.（動物の）たてがみ．

kropf　m. jn. auf dem kropf lassen 不安な状態に置いておく，じらす．

kröpfecht　（別形 kröpfig）adj. 甲状腺腫にかかった，瘤（ふ）がある．

krott　f. ヒキガエル．= nhd. Kröte

kühl

krude n. 草. = nhd. Kraut
kruftlos adj. 無能な；破廉恥な.【類義語 ohnmächtig ③, seellos, verzweifelt】
krülle → krolle
krüllen (別形 krollen) vt. 縮らす，巻き毛にする.
krumblecht (別形 krümmlicht) adj. 巻いた，曲がった.
krümme f. ① 曲がっていること，湾曲；(川の)湾曲部. = nhd. Krümmung.【類義語 ecke】 ②(手足の)萎え.
krupfen (別形 krüpfen) vt. 折り曲げる. refl. 身をよじる〈縮める〉. vgl. nhd. krümmen
krüppel (別形 kröpel) m. 身障者.【類義語 krüppler】
krüppler m. 身障者.【類義語 krüppel】
krüseln vi. かゆい，むずむずする.
krüzer m. クロイツァー(昔の小額貨幣). = nhd. Kreuzer
kübe f. たらい，おけ. = nhd. Kübel
kübler m. おけ屋，おけ職人.
küchenbube → küchenknabe
küchenjunge → küchenknabe
küchenknabe (別形 küchenbube, küchenjunge, küchenknecht) m. 料理見習い.
küchenknecht → küchenknabe
küchlein n. guter küchlein sein 上機嫌である.
kuder m. 麻くず，ぼろきれ. vgl. nhd. Kauder.【類義語 werg】
kufe (別形 kuff) f. クーフェ(ビールの量を表わす単位).
kugel f. 帽子.
kuh f. 雌牛. Man muss ihm seine kühe wiedergeben 彼は潔白である.
kühl adj. kühler wein 仲間たちで陽気に過ごすときに使われる表現.

kühloch n. 牢獄.

kum adv. = nhd. kaum

kumat （別形 kummat, komat）n.（ウシやウマの）くびき, 首輪. = nhd. Kummet, Kumt

kummer m. ① 逮捕, 拘留. vgl. bekümmern. ② jm. kummer antun 強姦する, 操を汚す.【類義語 notzwingen, schwächen, verfällen】

kümmerlich adv.（nhd. kaum のような機能）ほとんど…ない.

kummernis （別形 kümmernis）f. 悩みの種, 心痛.

kumpf Ⅰ. adj. 先がとがっていない,（鼻が）低い. Ⅱ. m. 容器, 入れ物；砥石箱.

kunde f. 知識.

kunder （別形 kunter）n. 怪物.

kündig （別形 kundig）adj. ① 知られた. ②［ずる］賢い. ③ けちな. ④ 傲慢（ごうまん）な, 横柄な.

kündiger m. 傲慢（ごうまん）な人, 横柄な人.

kündigkeit （別形 kündikeit）f. ① 傲慢（ごうまん）, うぬぼれ. ② 知識. ③［悪］賢さ, ずるさ.

kundlich adj. 明らかな.

kundschaft f. ① 情報, 報告. ② 証拠；証人.【類義語 gezeugnis, zeugnis】③ 知り合うこと, 面識；付き合い. mit jm. in kundschaft kommen 知り合いになる.

küniglin → königlein

kunkel f. ① 糸巻き棒. ②（比）（糸を紡ぐ女性への連想から）おしゃべり.

kunst f. 技術, 技能, 技；知識, 学問.

künstig adj. 賢い, 経験豊かな, 熟達した.

künstiger m. 知識人, 専門家.

künstlich （別形 kunstlich）adj. ① 芸術的な, みごとな. ② 学問的な, 博識な. ③ 器用な, 巧みな. ④ 人工的な, 人間の手による.【反意語 natürlich】

künstner (別形 kunstner) m. 芸達者な人；技術者, 科学者, 芸術家.

kunstreich (別形 künstreich, künstereich, künstenreich) adj. 学術的な, 学問的な；賢い, 知識豊かな.

kunststück n. 芸術作品. tüchlein und kunststück (カンバスに描いた) 絵.

kunterfeit → konterfeit

kunz m. (ときに der arme kunz の形で) 農民；貧乏人.

küpferin (別形 kupfern) adj. ① 銅製の. = nhd. kupfern.【類義語 ören】② 本物でない, 役に立たない.

kuppeln (別形 koppeln) vt. 縛りつける, 束縛する.

kurg adj. すばらしい, みごとな.

kürsen f. 毛皮の服〈コート〉.

kurtoisie (別形 kurtesie) f. 宮廷的な振る舞い, 上品.

kurzab adv. 要するに, 手短に言えば, 単刀直入に. vgl. nhd. kurzum, kurzweg

kürze f. durch kürze 時間〈紙面〉節約のため. nach der kürze 要するに, 手短に言えば.

kurzlich adv. 手短に, すばやく.

kurzum adv. 絶対, まったく.

küssen (別形 küssin, 縮小形 küsselin) n. 枕. = nhd. Kissen

kustos (別形 kustor, kuster, koster) m. 教会の世話係, 寺男. = nhd. Küster

kutrolf n. 胴が太く, 首が細長いびん〈グラス〉.

kuttel (別形 küttel) m. 動物の糞.

kutteln pl. (動物の) 臓物.

kuttelweh n. 腹痛. vgl. kuttel, kutteln, nhd. Kuttel (方言で臓物, 内臓)

kuttelwurst f. 臓物ソーセージ.

kutze (別形 kauz, kauze) m. (鳥) フクロウ. den kutzen streichen こびへつらう, お追従を言う.

kutzenstreicher m. おべっか使い，追従者．vgl. kutze.【類義語 schmeichler】

kutzhut （別形 kauzhut）m. 頭巾のついた修道服；頭巾．vgl. kutze

küwen → kauen

L

labe （別形 lab）f. 元気づけてくれるもの，食べ物，栄養．

lache f. ① 水たまり．② 川．vgl. 英語 lake

laben vt. 気分をさわやかにする，元気づける．

lachen vi. (2支/3支) あざ笑う，(笑い話などを聞いて) 笑う．

lade f. 櫃(ひつ)，箱，入れ物．vgl. ledlin

laden vt. 招く，招待する．＝ nhd. einladen. vgl. ungeladen

ladschaft f. 客を招いての食事，宴会；食事〈宴会〉への招待．

laffe → lappe

lan I. ＝ nhd. lassen. II. m. ＝ nhd. Lohn

länden vt. ① 向ける，導く，操縦する．② 陸にあげる．

landfahrer m. ペテン師．

landherr （別形 landesherr）m. ① 領主，殿様．② 封臣，貴族．

landläufig adj. ① 世間一般に知られた，よく行なわれている．＝ nhd. gebräuchlich, geläufig.【類義語 bräuchig, läufig】② 放浪の，放浪する．

ländlich adj. (その国で) 広く行なわれている，ふつうの．

landschelm m. 悪名高いならず者.

landschweifer m. 浮浪者, ごろつき.

landtor m. 放浪者, 浮浪者；名高い愚か者.

lang adj. (スープなどが)薄い, 混ぜ物をして味が薄い.

länge f. die länge (副詞的に)長期間, 長い間には. nach der länge 詳細に. in der länge und in der mitte 水平と垂直に, あらゆる方向に, 徹底的に.

langen vi. ① 伸びる. ② 届く, 到達する. vgl. nhd. gelangen. ③ 伝わる. et. langen lassen 伝える.

längen I. vt. 長くする, 伸ばす. refl. 伸びる, 続く. II. n. 遅れ.

langgehaart p.a. 長い毛のついた.

langseite (別形 langseitig) adj. (女性が)すらりとした.

langst (別形 langes) adv. とうに, とうの昔に. = nhd. längst

lappe (別形 laffe) m. 愚か者, 阿呆.【類義語 löffel】

lappentand m. ばかげた行為.

lass adj. ① 疲れた, 弱った. ② 怠惰な, のろのろした, やる気がない. vgl. nhd. lass, nachlässig.【類義語 träge, faul】 ③ やる能力がない. ④ 輝きのない, くすんだ.

lassen vi. ①(2支/von et)やめる. ②(人³の)血を抜く, 瀉血(しゃけつ)する. vt. jm. die Ader lassen ある人の血を抜く.

lässer (別形 lasser, leser) m. ① 瀉血(しゃけつ)施術者. ② 瀉血(しゃけつ)治療を受けている人. vgl. lassen

last m. ① 多数, 大量. ② 借金.

laster n. 誹謗, 中傷；恥辱.【類義語 schand】

lasterbalg m. 悪人.

lastermal (別形 lastermeil) n. 汚点, 不名誉.

lastermeilig adj. 汚点〈恥辱〉にまみれた, 不名誉な.

lastersack m. 堕落した人間(しばしば女性が対象).

lasterstein m. 刑罰として罪人が運ぶ〈担う〉石.

lasterwort n. 陰口, 悪口, 中傷.

lasur n. 瑠璃. = nhd. Lasurstein

lateinischen （別形 latinischen）vt. ラテン語に翻訳する.

laub （別形 laube）f. 許し. mit laub 許可を得て, 失礼ながら. = nhd. Erlaubnis.【類義語 lauben】

lauben Ⅰ. vi. 葉をつける, 葉が茂る. gelaubt 葉が茂った. Ⅱ. n. 許し. = nhd. Erlaubnis.【類義語 laub】

lauer （別形 laurer）m. ① 陰険な人, 悪人, 悪党（のしり言葉としても用いられる）. ② まぬけ.

laufen （直説法2・3人称単数現在形でウムラウトを欠く語形がある：laufst, lauft）vt.（…を）歩き回る.

läufig （別形 leufig）adj. ① 世故にたけた, 経験豊かな, 賢い. ② ふつう〈一般〉に行なわれている. vgl. nhd. geläufig.【類義語 bräuchig, landläufig】

laurer → lauer

läusekneller （別形 lüsskneller）m. しらみ潰し.

lausen vt. jm. die kolbe lausen/jn. mit kolben lausen したたか殴る；しかりつける.

lautbrecht adj. ① うわさになった, 評判の. ② 大声の.

lautbrechten （別形 lutbrechten）vi. 大声をあげる.

laute （別形 lute）f.（弱変化）リュート. [jm.] die laute schlagen [ある人に]愛を告白する. ときに卑猥な意味も表わす.

lautenlei （別形 lutenlei）n. くだらぬ〈退屈な〉こと.

lautenschlager m. リュート弾き. einen lautenschlager im herzen haben（恋愛などで）心がうきうきしている.

lauter adj. 純粋な, まじりけのない, 澄んだ【類義語 rein】；晴れた, 明るい；はっきりした, 明らかな.

lauterisch adj. ルター派の. = nhd. lutherisch

lautmären vt. 知らせる, 告知する.

lautmärig adj. ① 広く知られた, 周知の, 有名な. ② 大声の, うるさい.

leben I.(別形 geleben) vt. 経験する(= nhd. erleben);(日を)送る. II. n. 命. das leben davonbringen 命が助かる, 死なずにすむ.

lebenhaft adj. 生きている, 生きた. = nhd. lebhaft

lebenhaftig adj. ① 生命〈活力〉を与える. ② 生き生きとした. vgl. nhd. lebhaft

lebs → lefse

lebzelte (別形 lezelte) m. レープクーヘン, はちみつケーキ.【類義語 leckuchen】

lebzelter → leckzeltner

lech adj. もろい, 弱った.

lechen vi. ① すきまができる, 水漏れがする. vgl. nhd. lecken. ② 弱り果てる, 弱り果てて死ぬ, のどが渇いて死ぬ.【類義語 verlechen】

lechzen vi. ① のどが渇く;渇望する. ② あえぐ.

lecker m. ならず者, ごろつき, ろくでなし.【類義語 bube】

leckerei f. 卑劣〈破廉恥〉な行為, 非行, 悪徳. vgl. nhd. Büberei, Bubenstück

leckerhaftig adj. ① ずる賢い, 抜け目のない, したたかな. ② こっけいな, 風変わりな ③ おいしい(= nhd. lecker, leckerhaft).

leckuchen (別形 leckuch) m. レープクーヘン. = nhd. Lebkuchen.【類義語 lebzelte】

leckzeltner (別形 lebzelter, letzelter) m. レープクーヘン職人, 菓子職人.

ledig adj. 拘束されない, 自由な. ct.² ledig werden ある物から免れる.

ledigen vt. 解放する, 自由にする.

ledlin (lade の縮小形) n. 小びつ, 小箱.

lefse (別形 lefze, lebs) f./m. ① くちびる. ② 傷跡.

vgl. nhd. Lefze

legate m.（弱変化）使者.

legation f. 使者を送ること，派遣.

legen vi. 横たわっている. = nhd. liegen

leger n. 陣営. = nhd. Lager

legern refl. 横になる；ねぐらとする. = nhd. lagern

legerstatt f. ① 陣営，駐屯地. ② 寝床. vgl. nhd. Lagerstatt

lehen （別形 lehenen）vt. 借りる. vgl. nhd. leihen, lehnen, entlehnen

lehnen vt. ① 貸す. ② 借りる.

lehre f. 学問，教育，学ぶこと.【類義語 lernung】

lehren vt. ① 習う. ② 教える. vgl. lernen

lehrlich adj. 学ぶ姿勢がある；もの覚えがよい.

lehrung f. 教えること. vgl. lernung

lei f. 種類，種族.

leib m. mit leib und gut 全力で，懸命に. = nhd. mit Leib und Seele

leiben vi. 体によい. refl. 体がよい状態だ. vgl. seelen

leibfall m. 葬式，葬儀.

leicham → leichnam

leicheln vt. だます. vgl. leichen

leichen vt. ① だます. ② からかう，ばかにする. vi. ①（人³の）気に入る（nhd. gefallen と似た用法）. ② 産卵する.

leichnam （別形 leicham）I. m. ① 体；（キリストの）体. botz leichnam! のような形で間投詞的に用いられる. ② 死体. ③（軽蔑的に）野郎，悪党. II. adv. 非常に，ことのほか，とてつもなく.

leicht adv. ① 簡単に，楽に. ② ひょっとすると. = nhd. vielleicht

leichte f. 軽いこと，軽さ. = nhd. Leichtheit.【反意

語 schwere】

leid I. adj. いやな, 不快な.【反意語 lieb】II. n. ① 苦悩. ② 葬儀, 埋葬. leid tragen 悲しむ, 喪に服する.【類義語 folge】

leiden I.(第Ⅰ類動詞・reiten 型) vi. ①(人³にとって)いやな, 疎ましい.【反意語 lieben】② 行く. vgl. leidengeselle. refl. がまんする;折り合う. Ⅱ. adv. 非常に. leiden Christi「キリストの受難」に由来し, 形容詞や副詞を修飾するようになった.

leidengeselle m. 同行者, 道連れ. vgl. leiden

leidig adj. ① 悲しんだ. ② 厄介な, 不快な;邪悪な.

leidlich adj. ① 苦悩に満ちた. ② 厄介な, 煩わしい. = nhd. leidig. ③ がまんできる.

leilach n. 敷布, シーツ;亜麻布.

leim (別形 leimen) m. 粘土. = nhd. Lehm. jm. den leimen klopfen さんざん打ちのめす.

leinen refl. 身をかがめる, 身を乗り出す, よりかかる. = nhd. lehnen

leis adj. ゆるんだ, たるんだ. vgl. nhd. leise

leisieren vi. 手綱をゆるめて馬を走らせる.

leiste f.(衣服の)すそ, 縁取り.

leit (別形 leyt) = nhd. liegt, legt, legte

leite f. ① 休耕地 vgl nhd. Lehde. ② 山の斜面, 山腹.

leiten vt. ① 導く, 連れていく. ② 同行する, ついていく. = nhd. begleiten, geleiten. ③ → lüten

leitstab m. ① 導いてくれる杖. ② 導き手, 先導者.

lenken vt. 曲げる;(テキスト)を曲げて解釈する. vi./refl. 向かう, 行く.

lenz m.(弱変化) ①(別形 lenze, glenz)春. ②(別形 glenz)Lorenz に由来する普通名詞で, faulenzen への連想で怠け者の象徴. 軽蔑的な呼びかけにも使われる. Der lenz sticht jn. ある人が怠惰である.

lerman (別形 lerma, lermen) m. ① 騒音. ② 騒ぎ,

lernen 156

暴動. = nhd. Lärm

lernen vt. ① …に教える(2つの4格をとることがある). ② 習う. vgl. lehren

lernung f. 学問, 教育, 学習, 勉強. vgl. lehrung.【類義語 lehre】

lerz (別形 lurz) adj. ① 左の. mit lerzem leibe und zesem まったく. ② 不器用な, 愚かな.【反意語 zese(右の)】

lerzig adj. 不器用な.

lesemeister m. ①(修道院または世俗の)教師. ② 説教師, 司祭.

lesen vt./vi. (聖職者が)ミサをあげる,聖書を読む.【類義語 singen, besingen】

lest = nhd. letzt. [bis] aufs leste 余すところなく, 徹底して.

letner m. (教会の)2階席.

letze I. f. ①(別形 letzge)教え,講義；章. ② 終わり；別れ. ③ 別れの食事. ④ 別れのときの贈り物,餞別；別れの宴. II. (別形 letz) adj. ① 逆の, 裏返しの. ② (事が)間違った, 正しくない. ③(人が)偏屈な, 片意地な.【反意語 recht】

letzen vt. 傷つける. = nhd. verletzen. vgl. ungeletzt. refl. 別れる；別れの食事をする, 別れの宴を開く.

letzge → letze f. ①

letzkopf m. 偏屈者. vgl. letze (adj.)

letzung f. 傷[つけること]. = nhd. Verletzung

leube f. ① あずまや. = nhd. Laube. ② 屋根裏部屋.

leuchtig (別形 leuchtiglich) adj. 輝く, 明るい.【反意語 timber】

leukauf m. ①(商談成立の際の)固めの酒. = nhd. Lei[t]kauf. ② 追加して与えるもの, おまけ.

leuse laus(ノミ)の複数形. = nhd. läuse

leutbescheißer (別形 lütbescheißer) m. 詐欺師，ペテン師.

leute n./pl. ① 民族. ② 人間.

levitenrock m. レビ服，助祭の服.

licht (別形 liecht) n. 光, 明かり. et. beim licht besehen 物事をよく見る.

liden vt. (ときに zusammen とともに使われる) つなぎ合わせる.

lidern I. vt. (皮を) なめす. II. adj. 革の. = nhd. ledern

lidschertig adj. 傷ついた, 損なわれた.

lieb I. adj. 好ましい, 喜ばしい.【反意語 leid】II. n. ① 喜び, 満足.【類義語 liebe<f.>】【反意語 leid】② 恋人, 愛人.

liebe f. ① 喜び, 満足.【類義語 lieb<n.>】【反意語 leid】mit liebe 自発的に，進んで, 素直に.【類義語 mit willen】② 好意, 善意. mit liebe (懇願しながら) お願いだから.

lieben vi. (nhd. gefallen のような用法) (人³に) 気に入られる.【類義語 gelieben】【反意語 leiden】 refl. 気に入られる, (zu jm.) 取り入る.【類義語 gelieben】

liebhalten vt. 愛する.【類義語 zarten】

licblich adj. 愛情に満ちた，心のこもった；愛情がある. vgl. nhd. lieblich, liebevoll, liebreich

liecht → licht

lied n. 手足. = nhd. Glied

liederlich adj. ① 簡単な，容易な. ② だらしない, いいかげんな；軽率な.

liege f. うそ. – nhd. Lüge

liegen I. vi. うそをつく. = nhd. lügen. auf jn. liegen ある人にありもしないことをなすりつける. II. vi. (完了の助動詞 haben または sein) (力などが) 出ない, ない. gelegen sein ① 倒れて〈沈んで，死んで〉いる.

② 位置している，ある．

limmen (第Ⅲ類動詞・binden 型) vi. うなる，きしむ．

lind (別形 linde) adj. 柔らかな，穏やかな．【類義語 senft】

linde Ⅰ. → lind. Ⅱ. f. 柔らかさ，穏やかさ．

link adj. ①（神を）拒否した，逆らった．② 不器用な．

linwand f. 亜麻布．= nhd. Leinwand

linze → lunze

lippen vt./vi.（しばしば lippen lappen という連語で）ばかげたことをしゃべる，むだ口をたたく．

lippenlapp (別形 lipplapp) m. ① ばかげた人．② ばかげた話，むだ口．

list f./m. 知恵；策略，悪だくみ．

listig adj. 賢い；ずる賢い．

litz m. 欲求，欲望．

lobesam (別形 lobesan) adj. 賞賛すべき（よく名詞のあとに置かれる）．

lobetanz m. ある人を祝うための歌や行進を伴った踊り．

loch n. ein loch gewinnen <bekommen> 消滅する，終わる．

löckern (別形 lockern, lückern) vt. 誘う，おびき寄せる．= nhd. locken

löcknen (別形 lögnen) vt. 否定する．= nhd. leugnen

lof laufen の直説法1・3人称単数過去形．= nhd. lief

löffel m. ① 愚かな人，阿呆．【類義語 lappe】② löffel schnitzen ささいなことだが，ないよりましなことのたとえ．

löffelfutter n. スプーン入れ．【類義語 löffelkörblein】

löffelkörblein (別形 löffelkorb) n. スプーンを入れる容器，スプーン入れ（結婚式の贈り物として好まれた）．ein löffelkörblein bringen <geben> 情事を始める．【類義語 löffelfutter】

logel f./m./n. おけ.

lohe f./m. 炎.

lohezen vi. 燃え上がる, 炎をあげて輝く. vgl. nhd. lohen, lodern

lohner m. ① 報酬を与える人. ② 報酬を受け取る人.

lokat m. 教師, 先生.

lon I. = nhd. lassen. II. = nhd. Lohn

lond (別形 lont) lon (= lassen) の直説法 3 人称複数現在形.

Lorenz 普通名詞として用いられる. 浪費, ぜいたくの象徴. Lorenz ist kellner または Lorenz kellner machen ぜいたく三昧をしている.

lörlein n. (Lorenz の愛称形 Lori に縮小詞がついたもの) 阿呆の名として使われる. vgl. lürlisbad

loröl n. 月桂樹油, 桂油. = nhd. Lorbeeröl

los adj. ①(2支)…から免れた, 解放された. vgl. nhd. loswerden (vt.). ② 不道徳な, 不埒な, ろくでなしの. 【類義語 teig】

losament n. 部屋, 住まい.

löschen (別形 lösen) vi. 消える. = nhd. erlöschen

losen (別形 lossen) vi. 聞く, 耳を傾ける. vt. (jm. et.) ある人の言っていることに耳を傾ける. vgl. nhd. lauschen

losung f. 売上金.

lot I. lon (= lassen) の直説法 3 人称単数現在形. II. n. 重さの単位. nicht ein lot 全然, 少しも…ない. vgl. vierdung

lötig adj. (貴金属が) 純粋な, 混じり気のない.

lotterbett n. ソファー, 長いす.

lotterholz n. ① 奇術の道具. ② lotterholz を使う人, ならずもの. mit dem lotterholz umlaufen 放浪生活を送る.

lotterspettlein n. (比) 陰口, 悪口. vgl. spettlein

lück adj. ゆるんだ. vgl. nhd. locker

lücke f. jn. vor ﹤für﹥ die lücke stellen ある人をわなにかける. die lücke stellen わなをしかける.

luder n. ①（おびき寄せるための）えさ. ② だらしない生活.

ludmen vi. ① 叫ぶ. ②（波が）ごうごうととどろく.

luft m./f. 空, 空中.

lugen vt./vi. 見る. lugen, dass… (または lugen… 不定詞)…するように気をつける, …しようとする. lugen, wie… どうしたら…できるかと考える〈もくろむ〉. Lug für dich! 気をつけろ, 用心しろ. 【類義語 warten】

lügen vi. jn. lügen heißen ある人をうそつきだと言う.

lumpe f. 腰.

lumpenwerk n. 恥ずべき行為；誹謗, 中傷.

lumphose f. すり切れた〈ぼろぼろの〉ズボン.

lunder m. 燃えること. 【類義語 feuerlunder】

lundern vi. 燃える, 輝く.

lündisch （別形 lünsch, lindisch, leindisch）adj. ロンドン［製］の, イギリス［製］の.

lunge （別形 lung）f. ① 娼婦, 売女. 【類義語 hure, kotze, metze】 ②［馬］糞.

lünig adj. 灼熱する, 輝く.

lunze （別形 linze）f. ① 不潔な女, だらしない女. ② 内蔵.

lüpfel （別形 lipfel）n. 葬式. 【類義語 begräbnis】

lupfen vt. 持ち上げる. 【類義語 auflupfen, erlüpfen】

lüppe （別形 luppe）f./n. 毒を入れること, 中毒.

lüppen （別形 luppen）vt. 毒を入れる. vi.（飲食してびんや器〈3格〉を）空にする.

lürlisbad （別形 lörlisbad, lörleinsbad）n. ① 貧民のための銭湯. ② 地獄. vgl. lörlein

lürpen vi. どもる.

lurz → lerz

lüslen vt. 引き抜く；(金を)巻き上げる. vgl. nhd. lausen

lussen vi. 隠れてうかがう，ねらう. vgl. nhd. lauschen, lauern

lust Ⅰ. adj. 楽しい. Ⅱ. m./f. 欲求；楽しみ.

lusten (別形 lüsten) → gelüsten

lüstig (別形 lustig) adj. ① 望んでいる，その気がある，(zu不定詞と)…したいと思う. ②(物が)好ましい，おもしろい，すてきな，きれいな.【類義語 herrlich】

lustlich (別形 lüstlich) adj. ① 楽しい，快適な. ② 欲望に満ちた，好色な.

lustsam adj. 楽しい，満足のいく.

lustsiech adj. 梅毒にかかった，梅毒病みの.

lut f. 群れ，集団.

lute → laute

lüten (別形 leiten) vt./vi. 鐘を鳴らす. = nhd. läuten

luter adj. 純粋な，偽りのない. = nhd. lauter

lutherei (別形 lutherie) f. ルター主義，ルターの教え (必ずしも軽蔑的な意味はなく，nhd. Luthertum と同義). vgl. lutherer, nhd. Luthertum

lutherer m. ルター派. vgl. lutherei

lutten vi. わめく，叫ぶ；うなる，吠える.

lützel (別形 lutzel) adj. わずかな. vgl. 英語 little

luzern f. 明かり；輝き.

M

mach adv. 落ち着いて，ゆっくりと．= nhd. gemach

machen vt.（人⁴を）産む．refl.（von jm.）…から離れる．

machst （別形 macht）mögen の直説法2人称単数現在形．= nhd. magst

macht I. → machst. II. f.「力，能力」の意味が転じて「主要なこと，重要なこと」を意味する．an et. liegt <keine> macht それは重要だ〈重要でない〉．über macht 能力を超えて，必要以上に，過度に．

mächte （別形 mecht）machen の接続法2式．

magd （別形 meid）f. 少女，娘，乙女．

magen m. 胃．einen guten magen haben 侮辱されても気にしない，人がいい．

mägere （別形 magere, megre）f. やせていること．= nhd. Magerkeit

magnet m. 磁石（宝石と考えられていた）．

magsamen （別形 magsomen, mansame）m. ケシ粒．= nhd. Mohnsamen

magtum （別形 magthum, magdthum）m. 処女性，純潔．【類義語 keuschheit】

mähder （別形 meder）m. 草刈り人夫．= nhd. Mäher

mahl （別形 mol）n. 食事；会食，饗宴．【類義語 mahlzeit】

mahlen vt. ①（穀粒などを）ひく．②（比）痛めつける．【類義語 hobeln】

mahlgelach （別形 malgelag）n. 食事代．vgl. nhd. Gelage

maienbad n. 5月に香りのする草を入れてはいる風呂.

mal （別形 mol）n. ① zum jüngsten mal 最後に, 結局. ② eines mals 以前, かつて. ③ zum mal → zumal

malschloss n. 南京錠. = nhd. Vorhängeschloss, vorlegeschloss

malvasier （別形 malfasier, malmasier）m. マルヴァシアワイン.

malz Ⅰ. adj. ハンセン病の, ハンセン病にかかった. vgl. nhd. aussätzig.【類義語 malzig, miselvar】Ⅱ. m. (形容詞の名詞化とも考えられる) ハンセン病患者.

malzig adj. ハンセン病の, ハンセン病にかかった.【類義語 malz, miselvar】

man m. (単複同形・複数3格は mannen) 男；夫.

mange f. (城攻めのための) 投石機.

mangel Ⅰ. m. ① 欠陥；誤り. ② 不足.【類義語 brest, gebresten, gebreche】Ⅱ. (形容詞的に使われて) (2支) …を欠いた.

mangeln vi. (2支) …を欠く. vt. なしで済ませる.

mangerlei = nhd. mancherlei

mannbar adj. (女性が) 結婚適齢の, 年ごろの.

männdlich = nhd. männlich

mannen vi./vt. (女性が) 結婚する, 亭主を持つ. vgl. weiben

mannig adj. 多くの. = nhd. manch

männiglich （別形 menniglich, menglich）pron. それぞれの；それぞれの人, 誰もが.【類義語 jedermann】

männlein n. ① 男. ② gut männlein sein くつろぐ, 仲良くする, 飲み食いする.

mansame → magsamen

mär （別形 mer, mere）f./n. ① 話, 知らせ. sagen <wissen> mär, dass… のような形式では mär は冗語的で, 場合によっては訳す必要がない. ② 事柄,

事情.

mardern（別形 marderin, märdern, mederen）adj. テン（貂）の皮でできた. vgl. nhd. Marder

märenträger m. うわさを広める人，おしゃべり.

margarite（別形 margarita）f. 真珠.

margramapfel（別形 margrant, margretapfel）m. ザクロ. = nhd. Granatapfel. margramapfelwasser ザクロジュース.

margrant → margramapfel

mark I. f. ① 国境［地域］，辺境. ② 地域. II. → markt

markt（別形 mark）m. ① 市場；（市のたつ）広場. ② 人間社会の営みによくたとえられる. zeit und markt 時代と世情.

marmel（別形 mermel）m. 大理石. = nhd. Marmor

marner m. 船乗り.

marschalk m. ① 馬丁. ② 主馬（しゅめ）の頭（かしら）.

marterhans m. 大口をたたく〈大言壮語する〉傭兵.【類義語 eisenbeißer, mauerbrecher】

marterlich adj. 苦痛の多い.

martern vi.（キリスト受難の名のもとに）ののしる，罵言を吐く.【類義語 fluchen, schwören, schelten】vt. 苦しめる；拷問にかける.【類義語 peinigen, foltern】

mase（別形 masse, mose）f. 傷，傷跡，あざ，しみ.

maßen（別形 maßgen, messigen）refl.（2支/zu 不定詞）（自制して）…をやめる. vt. ほどほどにする，控える. = nhd. mäßigen

mäßiglich（別形 meßenglich）adv. 節度をもって，適度に.

massenie f. 廷臣；お供.

materi（別形 materje, materge）f. ① 材料；材質. ② 対象，テーマ. vgl. nhd. Material, Materie. ③ 薬.

Mathis 普通名詞として用いられる．まぬけ(間投詞的に使われる)．

matte (別形 mate) f. 草原，草地，牧草地，牧場．

matze f. (弱変化) ござ，むしろ：布団. = nhd. Matte

mauen vi. (ネコが)ニャーニャー鳴く. = nhd. miauen

mauerbrecher (別形 maurenbrecher) m. ① 大砲；破城槌. ② 自慢屋，大口をたたく兵士.【類義語 marterhans, eisenbrecher】

maul Ⅰ. n./m. ラバ. = nhd. Maultier, Muli. Ⅱ. n. 口. jm. stinkt das maul nach et. …が欲しくてたまらない.【類義語 mund, waffel】

maulstreich m. 顔を殴ること，平手打ち. = nhd. Backenstreich, Ohrfeige.【類義語 maultasche】

maultasche f. 顔を殴ること，平手打ち. = nhd. Backenstreich, Ohrfeige.【類義語 maulstreich】

maus (別形 mus) f. ネズミ. mäuse reißen ふざける. vgl. nhd. Possen reißen.　mager mäuse ziehen 食べる物に困る，食うや食わずの生活だ.

mausen (別形 musen) vi. ①(ネコなどが)ネズミをとる. ② 陰険に振る舞う，悪事をはたらく，盗む.

mäuserin f. (ネコを指して)ネズミとり. = nhd. Mäusefängerin

mauß (別形 muze) f. (鳥の)換羽，羽がわり. = nhd. Mauser

me → mehr

meckeln (別形 mäckeln) vi. (ヤギが)メーメー鳴く. = nhd. meckern

megenen (別形 meinen) vt. 増やす；強くする.

mehe → mehr

mehr (別形 me, mehe) adv. so mehr それだけにますます. = nhd. um so mehr

mehren vt. 増やす，増大させる. refl./vi. 増える. = nhd. vermehren

mehrer adj. より多くの；より大きな. der mehrer teil より大きな部分. vgl. mehrerteil

mehrerteil n. 大多数. vgl. mehrer

meid → magd

meie m. 5月. = nhd. Mai

meier (別形 meyer) m. 百姓，農夫.【類義語 bauer】

meieron m.（植物）マヨラナ. = nhd. Majoran

meigen (別形 meien) vt. 刈る. = nhd. mähen

meil n. 汚点. ohne meil 明らかに. vgl. nhd. Mal

meilig (別形 mailig, meilicht) adj. しみのついた，汚れた.

meiligen (別形 mailigen) vt. 汚す，傷つける.

meine I.（別形 mein) m./n./f. 過ち，不正. vgl. meineidig. II. f. 考え.

meineidig adj. 不誠実な，裏切りの，偽りの. vgl. meine

meinen vt. ① 思う. es wahr meinen それを本当だと思う. sich meinen…sein 自分を…と思う〈うぬぼれる〉. ② 意図する，求める(zu不定詞，またはzuのない不定詞を伴うことがある). ③ …を気にかける，愛する.

meißen vt.（第Ⅶ類動詞・heißen型）切る，切り取る.

meister m. ① 口うるさく批判する人のたとえに用いられる. vgl. bauen. ② meister werden「支配的になる」現代語の Herr に似た用法.

meisterdie f. 名人技.

meisterin f. 女主人.

meistern vt.（人⁴を）押さえつける，支配する.

meisterschäftig adj. 支配者的な.

meisterstand m. 巧みな技；傑作.【類義語 meisterstreich】

meisterstreich m. ① 見事な一撃. ② 名人技.【類義語 meisterstand】 ③ 奥の手. ④ 優位. meister-

streich behalten 優位に立っている，うわてである．
meistteils　adv. 大部分は，多くは． = nhd. meistenteils
meit　（別形 meite）m./f. ① 小額のコイン．② 小さなこと．nicht ein meit 少しも…ない，全然…ない．③ = nhd. Magd
melden　vt. ①（秘密を）漏らす，（人⁴を）裏切る．vgl. nhd. verraten. ② 伝える，知らせる；言及する．vi.（物²について）話す，言及する．wie gemeldet すでに〈上で〉述べたように．
melm　m. ちり，砂．
memori　（別形 memorie）f. 記憶．
menglich　→ männiglich
menig　f. 多数 = nhd. Menge
menniglich　→ männiglich
mensch　m./n. 人間．
menschel　n. mensch の縮小形．
menschenbild　n. 人間の姿，人間．【類義語 menschenschein】
menschenschein　m. 人間の姿．【類義語 menschenbild】
mer　→ mär
mergen　マリアの　= nhd. Marien
merhe　f. ① 雌ウマ．= nhd. Mähre．【類義語 rossmerhe】②「老いぼれ馬」といったののしり言葉として用いられる．
merken　vt. 理解する，認識する．
merkt　m. 市，市場．= nhd. Markt
merkwürdig　adj. 注目すべき．
mermel　→ marmel
messen　vt. ① 形作る．② 規定する．③ 評価する，判断する．④ 与える（特に打撃，殴打を目的語にして「殴る」の意味）．

messlicht n. 灯明(とうみょう).

mette (別形 metten, mettin) f. 早ミサ, 朝の礼拝, 朝課.

metten Ⅰ. f. der metten gestirne 明けの明星. vgl. mettenstern. Ⅱ. → mette

mettenstern m. 明けの明星. vgl. metten

metze f. ① (身分の低い)娘. vgl. bauernmetze. ② 売春婦, 娼婦.【類義語 hure, kotze, lunge】

metzelsuppe f. ソーセージ入りスープ.

metzgen vt. 畜殺する.

metzig (別形 mezig) f. 肉屋[の店].【類義語 metziger】

metziger m. 肉屋.【類義語 metzig】

michel adj. 大きな; 多くの.

miedling → müdling

miegen → mühen

miete f. ① (しばしば gabe と対で用いられる)贈り物; 賄賂. ② 報酬.

mietling m. ① 賃金労働者. ② 傭兵.

milden refl. やさしく〈寛大に〉なる.

mile → milwe

milling (別形 mülling) m. (魚)ヤナギバエ. = nhd. Elritze

milteren vt. 和らげる, 軽減する. = nhd. mildern

milwe (別形 mile) f. (ダニ, ウジ, ゴキブリなどの)虫. = nhd. Milbe

minder nichts minders 全然…ない.

minnedieb m. ひそかな〈こっそり逢っている, 逢い引きしている〉恋人.

minnenbrunst m. 愛の炎, 情熱的な愛.

minnenritte m. 熱に浮かされたような愛. vgl. ritten

minnereich adj. 愛情に満ちた, 心のこもった.

minnesucht f. 恋の病. vgl. sucht

minnesüchtig adj. 恋の病にかかった，恋煩いの．

minnig adj. jn. minnig sein ある人を愛している．

minniglich （別形 minneclich）adj. 愛らしい，魅力的な．

minst = nhd. mindest. 最も〈きわめて〉少ない．an dem minsten ほとんど…ない．auf das minst 少なくとも，せめて

mir ① = wir. ② mir nicht [also] とんでもない，そうはいかない．③ mir nicht, dass… …が起こらないでほしい，まっぴらごめんだ．

mirken = nhd. merken

mische f. 混合．= nhd. Mischung

miselvar adj. ハンセン病にかかった．【類義語 malz, malzig】

missfall m. 不快，不機嫌，不満．【類義語 reue】

missraten vi. うまくいかない．【反意語 wohl geraten】

missreden vi. 言い間違う，言いそこなう．

misströstig adj. 悲嘆にくれた，がっかりした，しょげかえった．= nhd. untröstlich

misstun vi. 不当なことをする．

missverstand m. 誤解．= nhd. Missverständnis.【反意語 verstand】

missziemen vi. es missziemt ふさわしくない．

mist m. nicht [lange] mist machen/keinen mist machen/nicht viel mist machen とどまらない，長居をしない，手数をかけない．

mistbeller m. イヌ．【類義語 hund】

miste f. 堆肥の山．

misten vt.（糞を外へ出して家畜小屋，厩舎（きゅうしゃ）を）掃除する．

mistfaul adj. ① 怠惰な．②（けんかが）分が悪い．

mit I. adv. = nhd. damit. II. f. 中央．= nhd. Mitte.

Ⅲ. präp. mit ein いっしょに，まとめて．mit alle まったく，すっかり．mit nichte[n] 否定を表わす．= nhd. nicht．vgl. nicht

mitfast （別形 mitfasten）f. 四旬節の終わりの日曜日，喜びの主日．= nhd. Lätare

mitknecht m. 家来仲間．

mitnacht f. ① 真夜中．= nhd. Mitternacht．② → mitternacht

mitruhen vi.（人³と）同衾する．

mittag （別形 mittentag, mittemtag）m. 南．vgl. mitternacht, aufgang, niedergang

mitteilen vt.（jm. et.）分け与える，分配する．

mittel n. 中間，まん中．ohne mittel 直接．vgl. nhd. Mitte, Mittel

mittelmann m. 仲裁者，調停者．= nhd. Vermittler

mitternacht （別形 mitnacht）f. 北．vgl. mittag, aufgang, niedergang

mittlerzeit adv. そうこうするうちに，その間に．= nhd. mittlerweile

mitwist f. 存在，いっしょにいること，参加．

möchte 助動詞（mögen の接続法 2 式）①（能力）…できる．② 特に副文で推量を表わす（現代語の würde のような機能）．主文が要求・命令の場合，その内容を表わす．vgl. nhd. mögen, sollen．③（主語の願望）…したい．

modelie f. 模範，見本．

modeln refl.（gegen…に）比せられる．

mögen 助動詞（能力）…することができる．vgl. möchte

mohr → mor

mol → mal

molkenkar n. ミルク鉢．

mon m.（天体の）月．

monat m. (天体の)月.

mönch (別形 mönnich) m. ① 僧, 修道士. Ein mönch ist in allem spiel どんな事にも坊主が関与している. ② 去勢された雄ウマ(または男).【類義語 wallach】

mönchheit f. 僧侶階級, 僧侶の身分.

mönchlein n. 小僧, 見習いの僧.

mönnich → mönch

monster n. 怪物. vgl. nhd. Ungeheuer, Ungetüm

monsüchtig adj. 夢遊病の. = nhd. mondsüchtig

mor (別形 mohr) m. 悪魔. f. 雌ブタ. vgl. nhd. Sau

mör n. 海. = nhd. Meer

morassicht (別形 morassig) adj. 湿地の多い, 湿地帯の. = nhd. morastig.【類義語 sumpficht】

mord n./m. ① 不法行為, 犯罪. ② 殺人.

mordig adj. 殺意を持った.

mordio int. 人殺し！, 助けてくれ！

mördisch (別形 mördlich) adj. 人殺しの, 残忍な. = nhd. mörderisch

morgend adj. 明日の；翌日の.

morgenmahl n. 朝食. vgl. nachtimbiss (夕食)

morgenregen m. 春雨. vgl. abendregen (秋雨)

morkeln vt. ぼろぼろにする；疲れさせる.【類義語 murzeln】

morn I. m. 朝. = nhd. Morgen. II. (別形 morns, morndes) adv. ① 明日；翌日, 翌朝. = nhd. morgen. ② 朝に. = nhd. morgens

morndes → morn II.

morser m. 臼；すり鉢, 乳鉢. = nhd. Mörser

mos (別形 moß) n. 湿原, 沼沢地. vgl. nhd. Moos (方言), Moor

mose → mase

mosecht adj. 傷〈あざ, 斑〉がある.

mot n. 泥沼, ぬかるみ.

motter m. うなり声；騒音. 【類義語 geplärr】

mücke （別形 mucke）f. 蚊. um eine mücke で否定を強める. mücken treiben ばかげた考えを抱く, 気まぐれを起こす.

müde f. 疲労, 疲れ.

müdling （別形 miedling）m. しょぼくれた人間.

müejen → mühen

muff I. m. あざけるような口. jm. den muff schlagen （ある人を）あざけって舌を出す, 鼻先で笑う, あざけりの表情を見せる. II. int. あざけるような声.

mühen （別形 miegen, müejen）vt. 煩わせる, 苦しめる. jn. auf et. mühen ある物を嫌いにさせる. refl. 苦労する；怒る.

muhme f. ①（母方の）おば；女性の親族一般. ② 乳母. ③ おかあちゃん（母親に対する親しみをこめた表現）.

mühsam 名詞（性不明）苦労, 難儀. = nhd. Mühsal, Mühsamkeit. 【類義語 arbeit, übelzeit】

mulesel m. ラバ. = nhd. Maulesel

mülling → milling

müllner m. 粉ひき, 粉屋. = nhd. Müller

mülte （別形 multer）f.（製パン用の）こねおけ. = nhd. Mulde

multer （別形 mulzer, mülzer）m./n. 製粉の報酬.

mum 何かを言おうとして言えないでいることを表わす擬声語.

mume → muhme

mummeln （別形 mumlen）vi. ぶつぶつ言う, つぶやく；つかえながら話す. 【類義語 murmeln】

mümpfel （別形 mümpfelein n.）m. ひとくち, ひとかけら；ほんの少し.

mund m. 口. js. mund aufsperren ある人を驚かす. 【類義語 maul, waffel】

munter adj. ① 熱心な. ② 活発な, 快活な.【類義語 wacker】

mur = nhd. Mauer

murke (別形 murk m.) f. (パンの)かたまり.

murmeln (別形 murmen) vi. 文句〈不平〉を言う, ぶつぶつ言う. = nhd. murren.【類義語 mummeln, widerkallen】

murmen → murmeln

mursel n. 食事, 食べ物.

murzeln vt. ぼろぼろにする, 疲れさせる.【類義語 morkeln】

murzen vt. すりつぶす.

mus n. ① → maus. ② ムース；粥. das mus verschütten <vergiften>/ins mus tappen 事態を悪化させる, 不興を買う, へまをやらかす. vgl. müslin, verschütten

museln vt. よごす.

musen → mausen

musieren vt. 寄せ木細工を施す, モザイク状に飾る.

müslichen adv. 柔らかく.

müslin (mus の縮小形) n. ムース；粥. vgl. mus

muß f. 税金. vgl. nhd. Maut

müßig adj. ① et.² müßig gehen <stehen> …をやめる, 避ける, 控える. ②(部屋が)空いている, 誰もいない.

musterherr m. 徴兵係の将校〈事務官〉(雇い兵を検査 [mustern] し, 賃金を支払う).

mut m. 気分；…したいという気持ち, 欲求. hoher mut 高慢. freien <guten> mut haben <halten, führen> 愉快に過ごす, 楽に暮らす. vgl. mutlein. mit jm. einen guten mut haben ある人にうっぷんをぶつける, うっぷんを晴らす.

muten vt. et. an jn. ある人のある物を所望する, 欲し

がる．【類義語 begehren】

mutlein n. sich³ ein mutlein machen 楽しむ．vgl. mut

mutlich adj. 勇敢な．= nhd. mutig

mutsche （別形 mütsche）f. (小さな)パン．

mutter f. 子宮．= nhd. Gebärmutter

mutwille m. 任意，好き勝手，気まま．= nhd. Willkür．nach seinem mutwillen 彼の思うままに．

mutz m. ① 尾の短いウマ．vgl. mutzen．② 愚か者；不機嫌な人，無愛想な人．

mutzen vt. ①（ウマなどの尾を）切る．vgl. mutz．② 飾る，磨く．refl. 自分をきれいにする，飾り立てる，化粧する．【類義語 aufmutzen, ausputzen】

N

nach I. = nhd. noch．II. adj. 近い．= nhd. nah．des nächsten 近々，まもなく．

nachbauer （別形 nachbaur, nachbur, nachgebur, nachtbar）m. 隣人．= nhd. Nachbar．vgl. nachgebauer

nachdem （別形 nach dem）I. cj. …したあとで．II. adv. そのあと．

nachen m. 小舟．【類義語 weidling, kahn】

nachgebaur （別形 nachgebur）m. 隣人．mein nachgebaur 愛人への呼びかけ．

nachgeben vt. （人³物⁴）見逃してやる，大目に見る．= nhd. nachsehen．【類義語 nachlassen】

nachgehends （別形 nachgonds）adv. のちに，あとから．

nachhalten refl. (物³)(規則, 掟など)守る, 従う.

nachkommen vi. ①(物³)従う, 受け入れる；遂行する. ②(物³/物²)(害を)うまく処理する.

nachlassen vt. (人³物⁴)許す, 大目に見る. = nhd. nachsehen.【類義語 nachgeben】

nachmals adv. その後, のちに.

nachnen vi. 近づく.【類義語 nähen】

nachrichter m. 死刑執行人, 首切り役人, 刑吏.【類義語 henker】

nachsagen vt. (人³について物⁴を)うわさする(必ずしも陰口のように悪い意味ではない).

nachsetzen vi. (3支)…に従う.【類義語 folgen】

nächst adj. zu dem nächsten この前, 先日, 最近.【類義語 nähermal】auf das nächst この次に.

nächten (別形 nächtin, nächt, nächte, necht) adv. 昨晩；昨日.【類義語 nächtig】

nachtfahrend p.a. 夜徘徊する(魔女の形容に用いられる).

nachthusse m./f. 魔女, 悪魔.

nächtig adv./adj. ① 昨夜[の], 昨晩[の].【類義語 nächten】② 夜の. = nhd. nächtlich.【反意語 tägig】

nachtimbiss m. 夕食. vgl. morgenmahl

nachtschaube f. 寝巻き, ナイトガウン.

nachtun vt./vi. (jm.<et.>)死者の供養をする, 供養のために…をする.

nachtwache f. ① 夜警. ② 夜の時間の単位.

nack m. うなじ, 首すじ. = nhd. Nacken

nadel f. 針. nicht eine nadel/eine nadel nicht 全然…ない. vgl. nadelspitz

nadelspitz (別形 nadelspitze f.) m. 少ないこと. nicht ein nadelspitz 何もない. vgl. nadel

nägelein (別形 nägelrösli) n. (植物)チョウジ.

nahe (別形 nahen, nahend) adv. ① ほとんど, かろ

nahen

うじて. vgl. nhd. beinahe. ② 近くに, 近くで.

nahen → nahe, nähen

nähen （別形 nehen, genähen, nahen）vi./refl. (3支/zu…) 近づく.【類義語 nachnen】

nahend I. adj. (3支)…に近い, 似た. II. adv. ① 近くに. ② ほとんど, おおよそ.

näher adv. (値段を)より安く. näher geben 値引きする, まける.

nähermal （別形 nähermals, nähermalen）adv. 最近, この前.【類義語 zu dem nächsten】

nahr f. ① 食物, 栄養. = nhd. Nahrung. ② 食事.

nähren vt. 維持する, 救う. refl. ① 難を逃れる, 避難する. ② sich et.²(または von et.) nähren …で暮らしを立てる.

nahrung f. 財産.

name m. mit namen 特に. bei namen はっきりと. in teufels namen こんちくしょう, いまいましいことだが. keinen namen haben wollen 認めようとしない. in dem namen または in solchem namen そのような意図で. in dem namen, dass… …のような意図〈目的〉で(dass 文は接続法を伴う).

namentlich （別形 namentlichen, namlich）adv. ① 具体的には, 詳しく言えば. ② とりわけ, なかでも. vgl. nhd. nämlich

narr m. 愚か者. narren jagen ばかなことをする.

narrat → närricht

narrechtig adj. 愚かな.【類義語 närricht, närrig】

narrei （別形 narry）f. 愚かさ, 愚行. = nhd. Narrheit, Narretei

närren （別形 nerren, narren）vt. ばかにする, からかう. vi. 愚行を行なう, ばかなことをする.【類義語 närrschen】

narrenkappe f. 阿呆帽, 道化帽(鈴がついており, 阿

呆がかぶるものとされる). jm. eine narrenkappe anstreifen ある人に阿呆帽をかぶせる(=ばかにする, こけにする).【類義語 kappe, käpplein】

narrenkolbe f./m. 阿呆の象徴. vgl. kolbe ①. narrenkolben feiltragen 阿呆をさらけ出す.

narrenkopf m. 愚か者, 阿呆.

narrenspiel n. 愚行；からかい. vgl. äffen

narrenweise f. 阿呆のやり方.

narrenzoll m. 阿呆税(阿呆が支払わなければならない税).

närricht (別形 narricht, narrecht, narret, narrat) adj. 愚かな, 風変わりな, ばかげた, おどけた. vgl. nhd. närrisch.【類義語 närrig, narrechtig】

närrig adj. 愚かな.【類義語 närricht, narrechtig】

närrschen (別形 nerschen) vi. 愚行を行なう, ばかなことをする.【類義語 närren】

narwe f. 傷跡. = nhd. Narbe

nase f. 鼻. jn. bei der nase führen <ziehen> ある人をだます. et. mit der nase hervorziehen こじつけて引き合いに出す. die nase an stroh wischen むだなことをする. vgl. stroh

nasenkönig m. 鼻が非常に長い人.

nass adj. ein nasser knabe <kunde etc.> 飲んだくれ；美食家；ろくでなし, ずる賢い〈抜け目のない〉人. ein nasser bruder <vogel> 大酒飲み, のんべえ. im nassen liegen 酒盛りをする.

näst = nhd. nächst(最上級)

nätz (別形 nähtz) m. 縫い糸.

näulich adv. ほとんど…ない.【類義語 genaulich】

nebelkappe f. 隠れ蓑. = nhd. Tarnkappe. vgl. nebelkäpplein

nebelkäpplein (別形 nebelkäppel) n. ① nebelkappe (隠れ蓑)の縮小形. ② 夜のごろつき〈悪党〉, 夜盗.

【類義語 nebelkäppler】
nebelkäppler m. 夜盗．【類義語 nebelkäpplein】
nebenaus adv. 脇へ，かたわらへ．
neblichte adj. 霧のかかった． = nhd. neblig
necht → nächten
nede = nhd. Nähe
neerin f. 縫い子，お針子． = nhd. Näherin
negen I.（別形 necken）vt. 苦しめる． II. vt./vi. 縫う，縫い物をする． = nhd. nähen． vgl. neien, neigen, zammenneien
negstvorgehend p.a. 以下の，次の．【類義語 nachfolgend】
nehmen 直説法1人称単数現在形は（ich）nimm．
neid m. 憎しみ，敵意，悪意．
neiden vt. 憎む；ねたむ．
neidig adj. ① 悪意に満ちた，意地の悪い． ② 嫉妬深い． = nhd. neidisch
neien = nhd. nähen． vgl. neigen, negen, zammenneien
neigen = nhd. nähen． vgl. neien, negen, zammenneien
neigung f. 傾向． der neigung sein（2格の述語的用法・zu 不定詞を伴って）…する傾向がある．
neinen n. 否定すること． = nhd. Verneinung
neißen n. 苦しめること，損害を与えること．
nennen （過去分詞は genennt となることがある）vt. 名づける．
nerren → närren
nestel f./m./n. ① ひも，リボン． ② わずかなもの． nicht um ein nestel「少しも…ない」，nicht ein nestels wert「つゆほどの価値もない」のような形で否定の強めに用いられる． nestelnadel も同様．
neu adj. auf ein neues 改めて．
neue f. 新しさ，新しいもの． = nhd. Neuheit
neuen vt. 新しくする． = nhd. erneuern

nicht 古くは名詞としての機能を持っていたので，以下のような用法があった．① des nicht tun「その何物もしない＝それをしない」のように2格の名詞と関連しながら否定を表わす．② mit nichte[n] で否定を表わす．

nichtesnicht （別形 nichsnicht）pron. ＝ nhd. nichts.【類義語 nichtzen】

nichtsdestoweniger （別形 nichtsdestominder, nichts desto weniger, nicht desto weniger etc.）adv. それにもかかわらず．

nichtzen （別形 nichtsen）pron. ＝ nhd. nichts.【類義語 nichtesnicht】

nider m. ねたむ人，敵．vgl. nhd. Neider

nidsich adv. 下へ．【反意語 obsich】

niechter adj. しらふの；覚めた．＝ nhd. nüchtern

niedergang m. 西（Niedergang der Sonne に由来）．vgl. aufgang, mittag, mitternacht

niederhegen vt. （木を）倒す．

niederkleid n. パンツ；股引き．

niederland n. 低地ドイツ；ライン下流地方．形容詞形は niederländisch.【反意語 oberland】

niederlegen refl. 落ち着く，安心する．

niedern refl. 少なくなる，減少する．

niedersitzen vi. すわる．＝ nhd. sich niedersetzen.【類義語 sitzen】

niederzünden vi. （人³の寝床に）明かりをともす．

niemands （別形 niemans）pron. ＝ niemand. 本来2格であるが，1, 3, 4格としても使われる．vgl. jcmands

nienan adv. nicht を強めた形．

niendert （別形 nindert etc.）adv. ① どこにも…ない．＝ nhd. nirgends.【類義語 nienderwa, nienen, nieren】② まったく…ない．

nienderwa adv. どこにも…ない. = nhd. nirgendswo.【類義語 niendert, nienen, nieren】

nienen （別形 nien）adv. ① どこにも…ない. = nhd. nirgends.【類義語 niendert, nienderwa, nieren】② まったく…ない. nienen zu = zu nichts.【類義語 nienerzu】

nienerzu = nhd. zu nichts.【類義語 nienen (zu)】

nieren （別形 niergen）adv. どこにも…ない.【類義語 niendert, nienderwa, nienen】

nießen （別形 niesen）vt. 使う, 利用する；受ける；味わう；（薬を）飲む. = nhd. genießen

nießung f. nießen の名詞形.

nieten refl.（2支）ある物を味わう, 享受する. vgl. nhd. genießen

nimm （別形 nim, nimbt<adv.>）I. adv. = nhd. nimmer. II. nehmen の直説法1人称単数現在形. = nhd. nehme

nindert → niendert

niwicht （別形 enwicht, entwicht, einwicht, denwicht）n. = nhd. nichts. niwicht sein 取るに足りない, 問題にならない. niwicht werden なくなる.

nobel m. 金貨.

nobilist m. 貴族.【類義語 edelmann】

nobishaus n. 地獄.【類義語 nobiskrug】

nobiskrug m. 地獄.【類義語 nobishaus】

noch I. = nhd. nach. II. adv. しかし, それにもかかわらず. = nhd. dennoch.【類義語 noch danne】III. A noch B で「A も B も…ない」の意味. 現代語と違って weder を欠いていることがある. vgl. weder

noch danne （別形 noch den）adv. それにもかかわらず. = nhd. dennoch.【類義語 noch】

nöpfen （別形 noppen）vi. ぶつかる.

norden n. 北風.

nößel n. ① 子ウシ. vgl. mhd. nōz. ② 液量の単位. 【類義語 nößlich】

nößlich n. 液量の単位.【類義語 nößel】

not I. adj. 必要である. II. f. ① 災い；戦い. ② 必要, 必然. von not/von nöten「（副詞的に）必然的に」「（述語的に）必要である」. ohne not ゆえなく, わけもなく. jm. not sein「ある人にとって必要だ, ある人は急いでいる」. jm. ist es not zu…「…を熱心に求めている」. ③ ach や zeter などの言葉のあとに 2 格（der not）の形で間投詞的に用いられる.

notarius m. 公証人.【類義語 prokurator, fürsprech】

notdurft f. ① 必要性. ② 必要なもの, 必需品.

nöten I. vt. 強制する. = nhd. nötigen. refl.（2支）…に骨を折る, 精を出す. II. adv. 当然のことながら, 必然的に.

nötig adj. 急いでいる, 差し迫った.【類義語 nötlich】

nötlich adj. ① 必要な, 差し迫った.【類義語 nötig】 ② 活発な. ③（人または物が）おもしろい, 愉快な.

nottaufen （別形 notteifen）vt. 応急〈緊急〉洗礼をする. vgl. nhd. Nottaufe

notzwingen vt. 強姦する, 操を汚す.【類義語 jm. kummer antun, schwächen, verfällen】

nu I. int. nu dar さあ, よし. II. cj. …した今では, 今や…なので.

nufer adj. 生き生きとした, 朗らかな.

numen vt. 呼ぶ, 名を挙げる.

nummen （別形 nümmen, numme, nummer etc.）adv. ① = nhd. nicht mehr, nimmer. ②（< mhd. niuwan）= nhd. nichts als, nur

nummer adv. ① → nummen. ② 今や. = nhd. nunmehr

nun = nhd. nur

nüt （別形 nütz）= nhd. nichts

nutz I. adj. 役に立つ, 有用な. II. m. 役に立つこと, 有益. = nhd. Nutzen.【類義語 genieß】

nüw adj. 新しい. = nhd. neu

O

ob I. cj. ① …かどうか. ② もし…ならば, …のときは. = nhd. wenn. ③(gleich とともに認容文を作る)たとえ…でも, …ではあるが. II. adv. jm. ob sein ある人の味方になる, 助ける.

obergeschrift （別形 übergeschrift）f. 表題, 上書き. = nhd. Überschrift

oberkeit f. 政府, 役所, お上, 当局, 関係筋. = nhd. Obrigkeit

oberland n. 高地ドイツ；南ドイツ. 形容詞形は oberländisch.【反意語 niederland】

oberzählt （別形 oberzalt）p.a. 前述の, 上記の.【類義語 jetzterzählt, jetztberührt, obgemelt, obgenannt, vorgemelt, vorgenannt】

obgemelt p.a. 前述の, 上記の. wie obgemelt 前に述べたように.【類義語 jetzterzählt, jetztberührt, oberzählt, obgenannt, vorgemelt, vorgenannt】

obgenannt p.a. 前述の, 上記の. = nhd. obengenannt.【類義語 jetzterzählt, jetztberührt, oberzählt, obgemelt, obgenannt, vorgemelt】

obliegen vi. (人^{3}に) 勝つ；まさっている.【類義語 vortun, vorgehen】

obliegend p.a. 存在する, 眼前の.

obrist m. 指導者, トップ；支配者. = nhd. Oberst

obs （別形 ops）n. くだもの. = nhd. Obst

obsein vi. (3支)(職などを)統括する, 取り仕切る. vgl. nhd. vorstehen

observanzer (別形 observanz) m. 戒律を厳しく守る宗派, 厳格派.

obsich adv. 上へ. 【反意語 nidsich】

obsiegen vi. (分離動詞)(人³に)勝つ.

obzwar cj. …にもかかわらず, …ではあるが. = nhd. obwohl

och (別形 ocha) int. おや；とんでもない. = nhd. oha

ochzen vi. ach と叫ぶ, 嘆く. vgl. nhd. ächzen

öde (別形 ode) adj. ① 価値のない, 悪い. ② からっぽの. ③ いやな, むかつく.

odem m. 息. = nhd. Atem

ofen m. Hinter dem ofen ist es warm くだらない言い逃れを意味する慣用句. in einen kalten ofen blasen 無駄な〈効果のない〉ことをする. vgl. 日本語「のれんに腕押し」.

offiziator m. ミサを執り行なう司祭, [典礼]司式者.

öfflich (別形 offenlich) adj. ① 公の, 外の；公然の, あからさまな, (副詞的に)堂々と. ② 明らかな. öfflich haus 売春宿. = nhd. öffentlich, offenbar

offnen (別形 öffnen) vt. 公にする, 知らせる, (秘密を)漏らす. vgl. nhd. offenbaren

offte adv. = nhd. oft

ohne (別形 on, an) I. präp. …なしに, …を除いて, …以外に. II. adj. ①(物²を)欠いている. ② nicht ohne sein ないわけではない, ありうる.

ohnmächtig (別形 onmächtig, omächtig, ahnmechtig) adj. ① 衰弱した, 弱った；気を失った. ② 力がない, できない. ③ 破廉恥な.【類義語 kruftlos, seellos】

ohr n. 耳. es(または schalk)hinter den ohren haben/

ohrendiener

Ein schalk ist hinter den ohren ずる賢い，抜け目のない．ohren melken こびへつらう．lange ohren haben まぬけ〈とんま〉である（ロバの耳に関連づけている）．

ohrendiener m. お世辞屋，ごますり．

oime （別形 oi my）int. ああ，悲しい．vgl. nhd. O weh!

ölen vt. （人⁴に）聖油を塗る．

ölgötze （別形 ölgötz）m. カトリックの司祭（聖油を塗られた司祭）を揶揄する表現．

omeis f. アリ．= nhd. Ameise

on → ohne

ongebeicht → ungebeicht

ongeferd → ungefähr

ongeschlafen → ungeschlafen

ongesegnet → ungesegnet

ongessen → ungessen

onychel m. (鉱物) オニキス．= nhd. Onyx

opfer n. （教会への）寄付，喜捨．

opinion f. 意見，見解．【類義語 meinung】

ops → obs

ordelich （別形 ordenlich）adv. ① きちんと，まともに．② 順番に．= nhd. ordentlich

orden m. ① 秩序，規律，規則；（規律によって生活している）教団．einen <seinen> orden führen（教団での）規律ある生活をする．vier orden 4つの托鉢修道会（フランシスコ会，ドミニコ会，アウグスティノ会，カルメル会）．② 生活［態度］．③ 性格，特徴．

ordensmann m. 修道士．= nhd. Ordensbruder

ordinieren vt. 指示する，定める．

ordnung f. ①（ある宗派の）規定．② 命令．【類義語 befehl】

ören adj. 銅製の．= nhd. ehern.【類義語 küpferin】

orleig (別形 orlei, urlei) n. 時計. ＜ラテン語 horologium

orlog (別形 orloig, urleug) n./m. 戦争, 戦い.

ort m./n. ① 先端, 端. ② 最後. ③ 隅, 脇. ④ 場所. ⑤ 貨幣の単位(¼ターラー, ¼ペニヒ). auf ein ort legen <setzen> 脇にとっておく；隅に追いやる. an <auf, bis, in> ein ort/zu den orten といった形で「すべて, 完全に, 最後まで」.

os → as

osterling m. 東方の人.

osterspiel n. ① 復活祭劇. ② おもしろおかしい話, 茶番.

osterstock m. (復活祭の夜に清められる)復活祭のろうそく. = nhd. Osterkerze

ostgoten pl. ホスチア, 聖餅.

ot → echt

P

paaren vi. つがいになる, 結婚する.

pack (別形 pak, packt, patt) m. 契約. = nhd. Pakt

palast m. [大]広間.

pantoffel m. 短靴.

papeier n. 紙. = nhd. Papier

päpstisch adj. ローマ教皇の, 教皇派の. = nhd. päpstlich

päpstler m. ローマ教皇を信奉する人, 教皇派.

parieren I. vi. (人³の)言うことを聞く. II. vt. 飾る.

pass m. 道.

passion m. キリストの受難.

patienz f. 忍耐. vgl. nhd. Geduld

patrem n.（ミサで司祭が読む）信仰告白.

pech → bech

pedagogus m. 教育係の先生.

pein （別形 pen, pin）f. ① 苦しみ. ② 罰；拷問.【類義語 penitenz】

peinigen （別形 pinigen）vt. 苦しめる；拷問にかける.【類義語 martern, foltern】

peinkeit f. 罰；償い.

pelz m. jm. den pelz waschen しかる，とがめる. 似た熟語として harnisch 参照.

pelzen （別形 belzin）adj. 毛皮の.

pen → pein

penitenz f. 贖罪, 懺悔；罰.【類義語 pein】

perlin （別形 perlein）n.（小さな）真珠.

perminte （別形 bermente）n. 羊皮紙.

permutieren vt. 取り替える，交換する.

perner m. 司祭.

personieren vt. ①（A personiert B）A は B を表わす，体現する, 意味する. ② 形成する, 形作る. ③（p.a. で）体つき〈体形〉のよい.

peterlein （別形 peterlin, peterling）n./m. パセリ. = nhd. Petersilie

peterskopf m. 短気［な人］，わがまま［な人］.

pfacht f. 法［律］.

pfaffengasse f. ① 司祭たちが住んでいる通り. ② 司祭, 僧侶階級.

pfaffenkohle → kohle

pfaffheit f. 聖職者, 僧侶階級.

pfanne f. jm. nichts an der pfanne kleben lassen 容赦しない，仕返しをする.

pfarre f. 教区. = nhd. Pfarrei

pfeffer m. コショウ；コショウ入りソース〈スープ〉.

「コショウがとれる国」は遠い国のたとえ. den pfeffer ganz verrühren 持てる知識をすべて投入する. pfeffer daran <darüber> machen がまんする, 折り合いをつける.

pfefferlecker m. 居候. 【類義語 tellerschlecker, schmarotzer, schleckdenlöffel, suppenfresser】

pfeifholter （別形 pfeifholder, feifalter）m.（昆虫）チョウ. vgl. nhd. Schmetterling

pfeisen （別形 pfysen, pfisen）vi. シュッ, シュッと音を出す. vgl. nhd. zischen

pfell （別形 pfellel）m. 絹；絹織物.

pfennigschreiber m. 収入役, 出納係. 【類義語 finanzer, schaffer】

pfennigturn m. 宝物塔, 宝物殿. vgl. nhd. Schatzkammer

pfennigwert （別形 pfenningwert, pfennwert）m. ① 1ペニヒで買えるもの, ささいなもの, 安物. ② わずかなもの, 少量. ein pfennigwert… わずかな…. ③ （1ペニヒで買える）パン；安い食事. ④ 商品, 品物. ⑤ pfennigwert reden <sagen> ［小さな］意見〈考え〉を述べる.

pfetter m. 名づけ親, 代父. 【類義語 gevatter, göttel, tote】

pfetzen vt. つねる, つまむ. vgl. nhd. kneifen

pfeu （別形 pfuch）int. = nhd. pfui. Pfeu dich! こら, こんちくしょうめ.

pfimpfen vi. 熱さで湯気を出す.

pfingsten f./n. zu pfingsten auf dem eis 決して…ない.

pflästern vt. 舗装する, タイルなどをはめ込む. nhd. pflastern

pflege f. ① zu pflege 通常, いつも. ② 管理事務所, 役所.

pflegen（第Ⅴ類動詞・geben 型．弱変化と混在しているほか,過去形と過去分詞に母音 o を伴うこともある）vi.（2支）① する，行なう．② 世話をする，めんどうを見る．

pfleger m. ①（地区，役所の）統括者，管理責任者．② 保護者，支援者．③ 後見人．【類義語 vormund】

pflichten vt. 引き渡す．refl. 関わる．

pflichtig （別形 pflüchtig）adj. 義務を負った，義務がある．

pfrengen vt.（物を）打ち込む，押し込む；（人を）圧迫する．

pfropfen vt. 植える．

pfründe （別形 pfrün）f. 教会禄，聖職禄．いわば領地で，ここから上がる地代が zins, gülte である．

pfründenkrämer m. 聖職禄を売買する人．

pfründner m. 教会禄〈聖職禄〉を持っている人．

pfulwe （別形 pfül, pfulbe）m./n. クッション，枕，羽枕．= nhd. Pfühl.【類義語 hauptpfulwe】

pillel f. 錠剤．= nhd. Pille

pin → pein

pinigen → peinigen

piret n.（特に聖職者や学者の）角帽．= nhd. Birett, Barett

plan （別形 plon）m. ① 場所，平地，面；広場；戦場．et. auf den plan bringen 話題にする，言及する；登場させる．② 考え，立場；意図．

plaphart （別形 plappart, plappert）m. プラファルト（小額貨幣〈銀貨〉の一種），nhd. では Blaffert と綴る．

plätschen vi. ピシャッと音がする．= nhd. platschen

platte （別形 blat）f.（弱変化）① 皿．②（聖職者の）中剃りした頭．

platteise f./m.（魚）カレイ．

platzen vi.（auf…/in…）…に向かって突進する，…を

求める.

plerr (別形 pler, plärr) n. ものが二重に見えること, 複視.

pletzen vt. 繕う；修繕する.

plon → plan

plumpen (別形 plumpfen) vi. (音をたてて)落ちる, 陥る. = nhd. plumpsen

plumps (別形 plumpsweise) adv. 偶然.

plunder m. 調度品, 家財道具；衣類；荷物.

poet m. 詩人. vgl. nhd. Dichter

ponte → punte

port (別形 porte) f./m. 港. vgl. nhd. Hafen

portner m. 門番. = nhd. Pförtner

portugaleser m. ① ポルトガル人. = nhd. Portugiese. ② ポルトガルのコイン.

porz (別形 portz) f. 割り当て, 分け前, 分量. = nhd. Portion

potestat m. 市長, 権力者.

povel (別形 pofel, pöfel) n. 民衆. vgl. nhd. Pöbel

pracht f./m. 華麗, 豪華.【類義語 prang】

prälatisch adj. 高位聖職者の.

präsenz (別形 präsenzgeld, präsenzie) f. (聖職者への)手当て, 報酬.

praktizieren vt./vi. ① 行なう, 実行する. ② 陰謀をたくらむ, 策を弄する.

prang (別形 präng) n./m. 豪華, ぜいたく, 浪費.【類義語 pracht】vgl. nhd. Prunk

pras (別形 praß) m. ごちそう；飽食, ぜいたくざんまい.

prasen vi. 浪費して飲み食いする. = nhd. prassen. vgl. pras.【類義語 schlemmen, schlempen】

predig (別形 predigat, predie) f. (教会での)説教. = nhd. Predigt

prediggeld n. 説教の謝礼, 説教師の報酬.

predigstuhl (別形 predigtstuhl) m. 説教壇, 説教台.【類義語 kanzel】

predigtamt (別形 predigamt) n. 説教者の事務所；説教者が受け持つ教区.

preis m. ① 賞賛, 名声. ② 賞賛に値する人〈物〉. ③ 2格とともに用いられ, そのものを指す. 例：der seelen preis = die Seele

preiße m. プロイセン〈プロシア〉人. = nhd. Preuße

prellen vt. 押しのける, 突き飛ばす；殴る.【類義語 schlagen】

prisant (別形 present, präsent) n./m./f. 贈り物.

probieren vt. ①（吟味して良いと）証明する. ② 吟味する, 点検する, 検証する.

profession f. 修道士の誓願. = nhd. Profess

profos (別形 profoß) m. 憲兵.

prokurator m. ① 弁護士. ② 代理人.【類義語 anwalt, redner, vorsprach, notarius】

prophei (別形 profei) n./f. 便所, トイレ.【類義語 rathaus, scheißhaus, sprachhaus】

prophezei (別形 prophetei, prophecei, prophecie) f. 予言. = nhd. Prophezeihung, Prophetie

propstei f. 司教座聖堂主席司祭の職.

pross m. 芽. = nhd. Spross

prossen vi. 芽を出す.【類義語 aushupfen, ausknopfen, auswachsen, knopfen, schossen】

protestieren refl. 抗議する.

prüfen vt. 認識する, わかる.【類義語 merken】

puch int. 嫌悪感, 軽蔑, 哀れみ等を表わす. vgl. nhd. puh

puls (別形 pulst) m./f. 脈. puls greifen <fassen> 脈を取る.

pulvern vt. 粉にする.

punktenloch (別形 puntenloch) n. (たるの)栓穴, 注ぎ口. = nhd. Spundloch

punte I. m. es geht jm. an den punten 容易ならぬ事態だ. II.(別形 ponte) f. (たるの)栓.

purgaz (別形 purgatz, purgation) f. ① 下剤. ② 下剤で体をきれいにすること, 瀉下(しゃか). < ラテン語 purgatio

purgieren vt. ① きれいにする, 浄化する. ②(人⁴に)下剤をかける. refl. ① 身の潔白を証明する. ② 下剤を飲む.

putzen refl. 立ち去る.

Q

quad (別形 quat) adj. ① 怒った.【類義語 böse】② 悪い.

quadrant m. 測量の道具.

quant m. まやかし, 欺瞞.

quaschüre f. 打ち身, 打撲傷, こぶ. vgl. nhd. Quetschung

quat → quad

queck → keck

queit (別形 quitt) adj. (2支)…から免れた, …を失った. = nhd. quitt

quel f. 苦痛, 苦悩. = nhd. Qual

quellen vi. もうもうと煙を出す.

querdern (別形 querdeln) vt./vi. おびき寄せる. vgl. nhd. ködern

quick m. 元気回復, 気分爽快. vgl. nhd. Erquickung

quintern f. リュートの一種. quinternengetöne リュー

トのメロディー.
quintieren vi. 歌う.
quintin → quintlein
quintlein （別形 quintin）n. ① ¼ ロート（1 ロートは約 16 グラム）. ② わずかなもの, 細かなこと. nicht ein quintlein <kein quintlein> 少しも. = nhd. Quentchen
quiteln n. ぺちゃくちゃしゃべること, おしゃべり. vgl. nhd. zwitschern
quitt → queit

R

rab adv. = nhd. herab
rach （別形 rache f.）m. 怒り；復讐.
rache Ⅰ. m.（弱変化）のど. = nhd. Rachen. Ⅱ. → rach
rächen （別形 rechen, rechnen）（第Ⅳ類動詞・nehmen 型：過去形 rach, 過去分詞 gerochen, nhd. では弱変化）vt. …の復讐をする, かたきをとる.
rackte recken の直説法 1・3 人称単数過去形.
rad n. 車刑の車輪. auf ein rad sitzen <kommen> 車刑を受ける. von dem galgen auf das rad kommen ますます状況が悪くなる, 悪いほうへ向かう.
radbrechen vt.（弱変化. 過去形 radbrechte, 過去分詞 geradbrecht. 分離動詞や強変化動詞の形もある）車刑に処する.【類義語 rädern】
rädern （別形 redern）vt. 車刑に処する（車輪で骨を砕いたのち, 車輪に縛りつけてさらす, または車輪に縛りつけて骨を砕く）.【類義語 radbrechen】

rageln vt. 伸ばす． refl. ふんぞりかえる，威張る．【類義語 zerspreiten】

ragen vi. こわばっている，硬直している．geragt sein の形でも同じ意味を表わす．

ragenöhrlein （別形 ragöhrlein）n. 突き出た（ragen）耳，長い耳（ウサギやロバに用いる）．

rahne → rohne

ram m. 目標．

ramen （別形 remen）vi.（2支/nach et.）求める，探す．名詞的に mit ramen 懸命に．

rampant （別形 rapante）adv.（紋章学の用語）まっすぐ．

rand m. 盾の縁；盾．

ranne → rohne

ranzen （別形 ransen, rensen, renzen）refl. 体を伸ばす，伸びをする．

ranzon （別形 ranson, ronzon）f./m./n. 身代金．= nhd. Ranzion（古語）．【類義語 lösegeld】

ranzonen vt. 身代金を払って請け戻す．= nhd. ranzionieren（古語）

rappe （別形 rapp）m. ①（大型の）カラス．= nhd. Rabe.【類義語 krei】② ラッペン（小額の硬貨）．

rasig adj. 荒れ狂った，怒った．

raspe → rispe

raspeln vt.（しばしば zusammen とともに）かき集める．

rasslen vi. 騒ぐ，暴れる．vgl. nhd. rasseln

rat （別形 raut）m. ① 解放，免除．jm. wird et.^{2} rat ある物から解放される，免除される．② 決心，意志．zu rate werden ＜rat[s] werden＞ 決心する．

rätersch （別形 räters, retersch）f./n. 謎；なぞなぞ．= nhd. Rätsel.【類義語 räterschaft】

räterschaft f. 謎，なぞなぞ．= nhd. Rätsel.【類義語

ratgebe 194

rätersch】

ratgebe m. 助言者, 相談相手. = nhd. Ratgeber

rathaus n. 便所.【類義語 prophei, scheißhaus, sprachhaus】

rätig (別形 rähtig, retig, rehtig, rötig) adj. rätig werden (dass 文とともに)決心する, …することで意見が一致する.

ratlich (別形 rätlich) adj. ① 豪勢な, りっぱな. ② 健康な. ③ 賢い. ④ 相談できる, 助言してくれる.【類義語 beständig】

ratze (別形 ratz) f./m. ドブネズミ. = nhd. Ratte

rauch I.(別形 rauh) adj. (境遇, 運命が)悲惨な, ひどい. = nhd. rauh. Ⅱ. m. レンジフード(ここで食べ物をつるして燻製にする). = nhd. Rauchfang

raumen (別形 rumen) I. vt. 中身を空ける. = nhd. räumen. Ⅱ. vi. ささやく, つぶやく. = nhd. raunen

raußen (別形 rußen) vi. ① うなる. ② いびきをかく.【類義語 schnarcheln】③ 騒音をたてる. vgl. nhd. rauschen

raut → rat

rebacker m. ぶどう畑. = nhd. Weinberg. vgl. nhd. Rebe

rechen → rechnen

rechenschaft f. mit jm. rechenschaft halten 清算をする.

rechnen (別形 rechen) I. → rächen. Ⅱ. vi. (金の貸し借りの)精算をする, 決済をする.

rechnung f. ① 思惑, もくろみ. sich^3 eine rechnung machen もくろむ, 考える. ② 推論, 見込み, 予想. rechnung machen 予想する. ③ 釈明. jm. rechnung tun ある人に釈明する. = nhd. Rechenschaft

recht n. 裁判, 訴訟.

rechten vi. (mit jm.) …を裁く; (裁判で)…と争う,

…を訴える.

rechtfertig adj. 法にかなった, 正当な, 公正な；正直な, きちんとした. vgl. nhd. rechtfertigen.【類義語 rechtlich】

rechtfertigen vt. ① (人⁴に) 問いただす, 問いつめる, 釈明を求める. ② 裁判に訴える.

rechtlich adj. 公正な, 正しい.【類義語 rechtfertig】

rechtschuldig adj. ① 正しい, 正真正銘の. ② 罪のある, 有罪の.

recke m. 戦士, 勇士.

redern → rädern

redgebig adj. おしゃべりな, 話し好きな.

redlich (別形 redlichen) adv. しかるべく, ふさわしく；したたかに, 大いに.

redner m. 弁護士.【類義語 anwalt, prokurator, vorsprach】

redsprächig adj. 雄弁な, 話がじょうずな.

reff n. 骸骨.

regen vt. 動かす. unp. 雨が降る. vi. 雨のように降る.

reiben refl. (an jn.) 攻撃する.

reich adj. 力のある, 強大な, 全能の. der reiche Christ 全能のキリスト, 主なるキリスト.

reichen vi. 裕福になる.

reichsen (別形 reichsnen) vi. 支配する, 統治する.

reichtag (別形 reichstag) m. 富, 裕福 [な人].

reie (別形 reien, reihen) m. 踊り. vgl. nhd. Reigen

reien (別形 reihen) I. vi. 踊る. Ⅱ. → reie

reilich adj. = nhd. reichlich

reimen refl. (sich auf ct.) と韻を踏む；(比) に適合する, …とつじつまが合う.

reinigkeit (別形 reinkeit) f. 純粋. = nhd. Reinheit

reise (別形 reiß) f. 遠征, 略奪 [行], 侵略.

reisen I. vi. 出征する, 遠征する. Ⅱ. → reißen

reisig （別形 reising）adj. ①［騎馬］武装した. der reisige 騎兵. reisiges zeug <reisiges fähnlein> 騎馬隊. reisig knecht 武装した傭兵. vgl. reisknecht. ②(馬が)騎乗の準備ができた, 鞍のついた.

reisknabe （別形 reiseknabe, reiseknappe）m. 武装した傭兵〈兵士〉. vgl. reisig.【類義語 reisknecht】

reisknecht m. 傭兵. vgl. reisig.【類義語 reisknabe】

reiße m. ロシア人. = nhd. Russe

reißen （第Ⅰ類動詞・reiten 型）Ⅰ. vt. (図などを)描く. vgl. 英語 write.【類義語 entwerfen】Ⅱ.（別形 reisen, risen）vi. (すばやい動きを表わす)落ちる；突進する.

reißisch adj. ロシアの, ロシア語の. = nhd. russisch

reisspieß m. 武装した兵士の槍, 長槍.

reiten Ⅰ.（第Ⅰ類動詞・reiten 型）vi. (馬などに)乗っていく. Ⅱ.(弱変化動詞) vt. 計算する.

reitwetschger （別形 reitwetscher）m. (馬の鞍につけた)鞍袋, 旅嚢(りのう).

reizung f. 誘惑. jn. zu reizung tragen ある人を誘惑する.

remen → ramen

rente （別形 rent）f. 収入.

renzen （別形 rensen）ranzen のウムラウト形. → ranzen

reren vt. 倒す, 落とす, したたらせる. vi. 倒れる, 落ちる, したたり落ちる.

resch → rösch

reß （別形 räze）adj. ①(味が)苦い, しょっぱい, きつい. ② 荒々しい, 激しい. ③(声が)かすれた, しわがれた.

reste f. 安らぎ, 休息. = nhd. Rast

resten vi. 休息する. = nhd. rasten

retersch → rätersch

reubarbarus m. (植物)ダイオウ(下剤・胃薬として

用いる). = nhd. Rhabarber

reucht riechen の直説法3人称単数現在形. = nhd. riecht

reue f./m. 後悔.【類義語 missfall】

reuen (別形 rüwen)(第Ⅱ類動詞・過去形 rou, 過去分詞 geruen/gereuen/gerauen/gerouen) vt. 後悔させる, 不愉快な思いをさせる. vi. 後悔する.【類義語 gereuen】

rezedieren (別形 recedieren) vt. 上演する.

richt n. 食事. vgl. nhd. Gericht.【類義語 richten】

richten Ⅰ. vi. 判決を下す. vt. 処刑する. refl. 出発する;(an jn.) 近づく, 向かう. Ⅱ. n. 食事, 料理. richten und kosten 食事.【類義語 richt】

richthaus n. 裁判所.

richtsteg m. 正しい道;近道.

richtstuhl m. 裁判官の席〈いす〉.

richtung (別形 richtigung) f. 和解

rick n./m. ① 棒, 柵;物干し. ② 狭い小道. ③ 絡み合い, 錯綜.

riefen = nhd. rufen. 弱変化もある.

rieft rufen(弱変化)の直説法3人称単数過去形. vgl. rufen

ricmcn Ⅰ. → rühmen. Ⅱ. m. Es gilt keinen riemen von der Haut/Es gilt nicht einen riemen 大事な〈重大な〉ことである.

rieren vt. 触れる. = nhd. rühren

riesel m. 露.

riesen vi. 流れる. vgl. nhd. rieseln

ring Ⅰ. adj. ① 価値のない;小さな. – nhd. gering. ② すばやい, (身のこなしが)軽やかな. ③ 簡単な, 容易な. Ⅱ. adv. すぐに;容易に. Ⅲ. m. 飲み屋のつけを表わす記号として壁に書かれる.【類義語 kreuz】

ringen I.（第Ⅲ類動詞・binden 型）vi.（mit…と）戦う，(von…から）離れようと努める，(nach…を）求めて奮闘する．【類義語 fechten】 Ⅱ.（弱変化）vt. 和らげる，弱める．refl. 落ち着く，静まる．

ringher（別形 ringhar）adv. zu ringher 順番に．vgl. nhd. ringsum, ringsumher

rinke m./f. ① 留め金．②（比喩的に）策略．

rinkeln vt. ① ねじ曲げる，歪曲する．【類義語 rinken】 ② 締める，締めつける．【類義語 gürten】 refl.（事が）うまくいく．

rinken vt. 曲げる．【類義語 rinkeln】

rips raps I.（副詞的に）さっと，急いで．Ⅱ.（名詞的に）略奪．

rispe（別形 raspe）f. やぶ，茂み．【類義語 rubet】

ritt → ritten

ritten（別形 rit, ritte〈弱変化〉）m. 熱病，熱；悪寒，震え．jm. einen ritten fluchen 熱病にでもかかってくれればと思う，悪態をつく．Der ritten schütte (= schüttle) dich! 熱病で震えやがれ．vgl. minnenritte, rittig.【類義語 jahrritten, herzjahrritten, feber, febris】

rittermäßig adj. 騎士の身分に属する．

rittig adj. 熱をもった，悪寒がする．vgl. ritten

rivier m./n. 川．

roch（別形 roche）n./m.（チェスにおける）塔．

rockenbrot（別形 rückenbrot）n. ライ麦パン（粗末な食べ物の象徴）．= nhd. Roggenbrot

rodel m./f. 一覧表，リスト．

rogel adj. ① ゆるい，ゆるんだ．② 軽快な，かろやかな．

rogelen vi. 転がる．

rohne（別形 rahne, ranne）m./f. 木の幹；倒木．

rollen n. 大声をあげること，轟く音．

roller m. (馬車の)御者. vgl. nhd. Kutscher.【類義語 fuhrmann】

rölling m. 盛りのついた雄ネコ；すけべいな男.

rollwagen m. 乗合馬車.

romanist m. ローマ教皇派. vgl. nhd. Römling

rondel → rundel

ronzon → ranzon

rösch (別形 resch) adj. 早い, すばやい；元気な. = nhd. rasch.【類義語 bald】

rosche (別形 rotsche) f. 岩.

rose f. unter der rose 内緒で, 密かに.

rosenobel (別形 rosennobel) m. バラが描かれた金貨. vgl. schiffnobel

ross n. ウマ. zu ross ウマで.

rossbar f. 輿(こし).【類義語 sänfte】

rossmerhe f. 雌ウマ.【類義語 merhe】【反意語 hengst】

rosstäuscher (別形 rosstüscher) m. 馬商人, 博労. = nhd. Rosshändler

rost m. ① 灼熱, 炎. ②(火あぶり用の)まきの山.

rötig → rätig

rotund adj. 丸い. <ラテン語 rotundus

rübe (別形 rube) f. ①(植物)カブ. ②(嘲笑的に)頭. beschorene rübe 僧侶の中剃りした頭. ③ nicht um eine rübe 否定の強め「まったく…ない」.【類義語 rübenschnitz】

rübenschnitz (別形 rübschnitz) m. 取るに足りないもの. nicht einen rübenschnitz 否定の強め「少しも, 全然」.【類義語 rübe】

rubet n. 茂み, やぶ；キイチゴの茂み.【類義語 rlspe】

ruch Ⅰ. m. ① 匂い, 香り. = nhd. Geruch. ②(鳥)コクマルガラス, ミヤマガラス；カケス. Ⅱ.(別形 ruwe) adj. 荒い, 厳しい(態度), でこぼこな(道). = nhd. rauh. Ⅲ. riechen の過去形. = nhd. roch

ruchbar (別形 ruchtbar, rüchtbar) adj. 有名な，評判の（良い意味でも悪い意味でも使われる）．

ruchen vi. 願う，望む．vgl. mhd. ruochen, nhd. geruhen

ruchtbar → ruchbar

ruck (別形 rück, rücke, rucke) m. ① 背中；背面；(山の)背．② 支え，保護，援助．= nhd. Rücken

rückenbrot → rockenbrot

rückkorb m. 背負いかご．

rüdig adj. 疥癬にかかった．= nhd. räudig

rufen 不定詞の語形として rufen のほか rüfen, riefen もある．強変化と並んで弱変化もあり，過去形として rufte, rieft, 過去分詞として geruft という語形もある．vi. (人³)呼ぶ，呼びかける．

rug (別形 ruge, ruw) f. 休息，安らぎ．= nhd. Ruhe

rugen (別形 ruwen) vi. 休む，休息する．= nhd. ruhen

rühmen (別形 riemen) vi. (2支)賞賛する，ほめたたえる．refl. (2支)自慢する．

rühmisch adj. 自慢したがる，ほら吹きの．【類義語 rühmlich】

rühmlich adj. 自慢したがる，うぬぼれの．【類義語 rühmisch】

rülz m. うすのろ；若造．

rumen → raumen

rumpeln vi. (渓流が)ごうごうと音をたてる．

rumpf m. 鉢，つぼ；かご．

rümpfen (別形 rumpfen) refl. ① 顔をそむける，軽蔑する；顔をしかめる．②(否定詞とともに)動じない，屈しない．

rumplieren vi. [浮かれ]騒ぐ，ばか騒ぎする．

rundel (別形 rondel) n. ① 兜の[丸い]紋章．② 要塞の円塔．

runge f. 棒.

runs f./m. 泉；小川, 堀.

rupf m. むしり取ること, 引き抜くこと. vgl. nhd. rupfen (動詞)

rupfen refl. つかみ〈取っ組み〉合いをする.

rußen → raußen

rüsten refl. (または gerüstet sein) ① …する用意がある, …する気がある, …したい気分だ. ②(mit et.) 用意する, 準備する. vt. 準備する.

rüstung f. (出発の)準備. 【類義語 aufrüstung】

rute f. 鞭；(比)罰. eine rute selber flechten/eine rute auf seinen eigenen arsch machen 自分で困難を背負い込む, 自分に災いを招く.

rütteln vt. 掘り起こす.

ruw → rug

ruwe → ruch Ⅱ.

ruwen → rugen

rüwen → reuen

S

saat f. 穀物畑, 麦畑.

sache f. ① 争い, 係争. ②(けんかや攻撃の)口実. 【類義語 ursache】 ③ der sache von…/von sachen + 物² …の結果, …のゆえに, …のために. Sei denn sache, dass　　でない限り. = nhd. Es sei denn, dass…. Ist es sache, dass… もし…ならば.

sachen vt. 引き起こす. refl. 生じる.

sächer (別形 sacher, secher) m. 紛争(sache)の当事者.

sack m. ① ふしだらな女，娼婦．② 腹．

säckel m. 財布．jm. den säckel schütteln 金を奪う，略奪する．

säckelmeister m. 出納係，収入役．【類義語 einnehmer】

säckeln vt. 袋に詰め込む．= nhd. einsacken

sackmann m. 盗賊[団]．sackmann machen <haben> 略奪する．

saft m. 比喩的に価値や力を表わす．es gibt keinen saft 価値がない．

sage （別形 sag）f. ① 発言，陳述；報告．② うわさ．③ 予言．

sagen vt. jn. her sagen/jn. heraus sagen といった形で「呼び出す」の意味．

sägen （別形 segen, seien, seigen）vt./vi.（種を）まく，(…に)種をまく，(…の)種をまく；(…を)ばらまく．= nhd. säen

saite f. 弦．gute saiten aufziehen 態度を和らげる，仲良くする．

saitenspiel （別形 seitenspiel）n. 弦楽器の演奏．

sälde （別形 selde, solde）f. 幸福，救い．

säldebar （別形 säldebäre）adj. 幸福をもたらす．

säldenreich （別形 seldenreich）adj. 幸福な．

salm m. ① 賛美歌；詩篇．= nhd. Psalm．②（魚）サケ．

salter m. 詩篇．= nhd. Psalter

sam I. → samen．II. cj. あたかも…のように．vgl. nhd. als ob/wie wenn

samatin adj. ビロード[製]の．= nhd. samten．vgl. nhd. Samt

samen （別形 sam, zemen, zusam, zusambt etc.）adv. いっしょに，まとめて．= nhd. zusammen．【類義語 sammenhaft, sammentlich】

sammen vt. 集める．= nhd. sammeln

sammenhaft adv. いっしょに，そろって．【類義語 sammentlich, samen】

sammentlich adv. いっしょに，そろって．【類義語 sammenhaft, samen】

sammlung f. 集会；群衆．= nhd. Versammlung

samwitzekeit f. 良心．

sandicht adj. 砂の，砂を含んだ．= nhd. sandig. vgl. steinicht

sänften vt. 和らげる．vgl. nhd. [be]sänftigen

sant I. adv. = nhd. samt. alle sant = nhd. allesamt. II. 聖．= nhd. Sankt

sardin m. (宝石) めのう．

saße (別形 seße, seß, satz) f. 位置，[居] 場所，住みか．

satt (別形 sat) I. adv. (2格とともに) …に飽きて．II. adj. 堅実な，しっかりした；十分な．

sattel m. sich des sattels <im sattel> ernähren 強盗〈追い剝ぎ〉をはたらく．vgl. sattelnahrung

sattelknecht m. 馬丁．

sattelnahrung f. 強盗，追い剝ぎ．vgl. sattel

saturnisch adj. 強情な，反抗的な，わがままな．

satz → saße

säuberlich adj. ① 美しい．② 礼儀正しい，やさしい．

saucr (別形 sur) adj. 激しい，きつい．

säufern vt. きれいにする．= nhd. säubern

säugerin (複数3格は säugern) f. 乳飲み子を持つ母親．

saugferlein (別形 sugferlin) n. (離乳前の) 子豚．= nhd. Saugferkel.【類義語 ferlein, spanferlein】

saul (別形 sůl) f. 柱．= nhd. Säule

saum m. 重荷；積み荷．

saumarkt (別形 sumarkt) m. ① 豚の市．② のみの市，がらくた市．

säumen (別形 saumen, sumen) refl. ためらう，ぐず

ぐずする. = nhd. säumen(vi.), versäumen(refl.)

saumig （別形 sumig）adj. 怠慢な, なげやりな. = nhd. säumig.【類義語 fahrlässig】

saurach （別形 saurauch, surauch）m.（植物）セイヨウメギ.

saus m. 気楽な生活, ぜいたくな生活.

sausteige f. ブタ小屋.

schaben vt. ① 追い出す. ②（物⁴を/人⁴からお金を）取り立てる. ③ 苦しめる. ④ jm. die hörner schaben（比）ある人の力をそぐ. ⑤（物⁴を）きれいにする. ⑥（異性と）寝る.【類義語 gerben】

schad m. 害［を与えること］. = nhd. Schaden

schädig adj. ① 有害な. = nhd. schädlich. ②（2格によって）害を受けた.

schaffen （強変化と弱変化の使い分けは nhd. のようには確立されていない）vt. ① 命ずる. ② 行なう, もたらす, 引き起こす.

schaffer （別形 schaffner, schäffer）m. 管理人, 監督者；管財人；家の使用人, 執事.【類義語 pfennigschreiber, finanzer】

schaffner → schaffer

schaffnerei （別形 schaffnei）f. 執事〈管理人〉の職.

schaft m. 棚, 台, 戸棚.

schalk m. ① 悪人, ごろつき. ② 悪.【類義語 schalkheit】③ 悪ふざけ［をする人］, 冗談［を言う人］.

schalkhaft adj. 悪意のある, 陰険な.【類義語 böse】

schalkheit f. ① 悪意, 陰険さ；悪さ, 悪行. ② 悪ふざけ, 冗談.【類義語 schalk】

schall m. reichen schall führen はでな生活をする. vgl. nhd. Schall

schallen vi. 歓声をあげる.

scham f. ohne scham 臆せず, 遠慮せずに.

schämen （別形 schamen）refl.（2支）…を恥じる, 恥

ずかしく思う.【類義語 beschämen】

schamhaftig adj. はにかんだ, 恥ずかしがった. = nhd. schamhaft

schämlich (別形 schamlich) adj. 恥ずべき, 不名誉な, 屈辱的な. vgl. nhd. schändlich, schmählich, schimpflich

schamlot m. キャムレット(毛織物の一種). = nhd. Kamelott

schamper adj. 恥知らずな, 行儀が悪い, ふしだらな, 下品な.【類義語 unzüchtig】

schamperlich adj. 下劣な, 恥ずべき.

schan f. 恥. = nhd. Schande

schand schinden(第Ⅲ類動詞・binden 型)の直説法1・3人称単数過去形. schinden の項参照.

schandel f. ろうそく, あかり

schänden vt. ① 辱める, 侮辱する. ② つぶす, 滅ぼす. ③ 叱責する, 非難する, ののしる.【類義語 schelten, schmähen, lästern】

schandsmann m. 幸不幸の鍵を握っている人.

schank m. 戸棚, 食器棚. vgl. nhd. Schrank

schanze f. et. in die schanze schlagen 危険にさらす.

schänzeln (別形 schenzeln) vt. あざける, ばかにする.

schanzen vt. …に柵を設ける, 囲う.

schar f. (刈り取る穀物の)一束.

scharmützel m./n. 小さな戦闘, 小ぜり合い.

scharren vi. 騒ぐ, 威張る, ほらを吹く. vgl. scharrhans

scharrhans m. ほら吹き, 自慢屋. vgl. scharren, nhd. Prahlhans

schat schaden(弱変化動詞)の直説法1・3人称単数過去形または接続法2式. = nhd. schadete

schatzen (別形 schätzen) vt. ① 差し押さえる, 押収する; (税として)取り立てる, (人⁴から)税を取り立

てる．②（人⁴の）身代金を要求する．③ …と思う，考える．

schatzung f. ① 租税，年貢，税の取り立て．② 保釈金，身代金．

schaub m. わら束，わらのたいまつ，わら縄，わらぼうき．

schauen vi. 見る．Schau（注意を促す命令形）ほら，ねえ．vor sich schauen 気をつける，用心する．

schaufal m. 見本［の品］．

scheibenfenster n. 窓ガラス，ガラス窓．vgl. nhd. Fensterscheibe

scheibenhut m. 平帽子．

scheibtisch m. 折りたたみ机，折りたたみ式テーブル．

scheiden （歴史的に第Ⅶ類動詞・heißen 型から第Ⅰ類動詞・bleiben 型へ移行した．過去分詞としてかつての gescheiden が残っているほか，弱変化形の gescheidet もある）vt. 分ける，離す．refl. 離婚する，別れる．vi. 離れる，立ち去る；死ぬ．Der Krieg war gescheiden 戦争が終わった．

schein （別形 schin）adj. ① 輝いた．② 見える，明らかな．et. schein tun 示す．

scheinbar adj. ① 輝くような，すばらしい．② 見せかけだけの，偽りの．【類義語 scheinlich】

scheinen vt. 示す．vi. 現れる，目に入る，見える．

scheinlich adj. ① 輝いている．② 目に見える，はっきりとわかる．③ 見かけだけの，偽りの．【類義語 scheinbar】

scheißhaus n. 便所．【類義語 prophei, rathaus, sprachhaus】

scheit schaden の3人称単数現在形．= nhd. schadet

scheiter n. 瓦礫，破片．zu scheitern gehen 破滅する．

schelle f. ① 鈴（阿呆の象徴）．jm. eine schelle anhängen ある人に鈴をつける（＝ある人をばかにする）．②

殴打，一撃.

schellig adj. ① 気が狂った，常軌を逸した，ばかげた. ② 興奮した，荒っぽい，(über…に)怒った.【類義語 unsinnig, waldschellig】

schelm m. ① 悪党，ならず者，ごろつき. ② 動物の死骸. ③ ペスト，疫病.

schelmenbein n. 死体の手足〈骨〉. sich ans schelmenbein reiben 悪人である. ein schelmenbein im rücken haben 怠け者である.

schelmengrube f. 皮剥ぎ場，屠殺場；(比)墓.

schelmenschinder （別形 schölmenschinder) m. 皮剥ぎ人. vgl. nhd. Abdecker, Schinder

schelmenstück n. ① 詐欺，ペテン. ② いたずら，悪事.

schelmig adj. ① 腐った，腐敗した.【類義語 faul】 ② ペストにかかった.

schenk I. m. (酌をする)給仕.【類義語 tischdiener】 II. → schenke

schenke (別形 schenk) f. ① 贈り物. = nhd. Geschenk. ② 宴会. ③ 居酒屋.

schenzeln → schänzeln

schere f. はさみ. scheren schleifen おしゃべりをする；おべっかを使う.

scheren vt. ① いじめる，苦しめる. trocken scheren に関しては trocken を参照. ②(りんごなどの)皮をむく.

scherer m. 床屋.

scherhaus n. 床屋[の店].

scherm (別形 schirm) m. 助け.【類義語 hilfe】

scheuen (別形 schühen) vi. 怖がる，しり込みする；いやがる.

scheuer (別形 schüer) f. 納屋. = nhd. Scheune

scheuertor (別形 schüretor) n. 納屋の戸口. = nhd.

Scheunentor

scheuung （別形 schüung）f. 嫌悪. vgl. nhd. Scheu, Abscheu. von <an> et. scheuung haben あるものを嫌う.

schicken vt. ① 整える，うまく処理する．② する，行なう．（名詞化して）in solchem schicken そのように，そんなふうに．refl. ①（zu 不定詞を伴うことがある）着手する，取りかかる．vgl. nhd. sich anschikken. ② 出かける，赴く．

schickung f. 神の摂理，神意．vgl. nhd. Schicksal, Geschick

schied schaden の接続法2式．schaden には強変化形があった．

schien （別形 schiene, schin）f.（木や金属の）板．vgl. schieneisen, nhd. Schiene

schieneisen n. 鉄の板，鉄の棒．vgl. schien

schier adv. ① まもなく，ただちに．② ほとんど．

schiffnobel m. 船が描かれた金貨．vgl. rosenobel

schilhet （別形 schillet, schielicht）adj. 斜視の．vgl. nhd. schielen

schimpf m. 冗談，気晴らし．【反意語 ernst】

schimpfen Ⅰ. vi. ふざける，冗談を言う，(mit jm.)からかう．Ⅱ. n. 冗談，戯れ．【類義語 scherz, schimpf】

schimpfig adj. ひょうきんな，愉快な，ふざけた，冗談好きの．【類義語 schimpflich】

schimpflich adj. ふざけた，ひょうきんな，おもしろおかしい．【類義語 schimpfig】

schimpfmann m. ひょうきん者，愉快な人．

schimpfrede f. 冗談．

schimpfsweise adv. ふざけて，冗談で．

schindellade f. へぎ板でできた箱．vgl. nhd. Schindel, Lade

schinden （第Ⅲ類動詞・binden 型）vt. ①（…の皮を）

剥ぐ；搾取する，金をしぼり取る．【類義語 schaben】 ② 寝取る．
schirm → scherm
schirmen vi. 戦う；剣術をする，（剣術で）防御をする． vgl. schirmmeister
schirmmeister（別形 schirmeister）m. 剣術の師範． vgl. schirnen
schitten → schütten
schlachten vi. 戦争をする．
schläferlich adj. 眠い，眠そうな． = nhd. schläfrig
schlag m. (騎士叙任式の)刀礼． = nhd. Ritterschlag
schlahen = nhd. schlagen
schlamm（別形 schlamp）m. 飲み食い，宴会，酒盛り；美食，飽食． vgl. nhd. schlemmen, Schlemmerei
schlamp → schlamm
schlange f./m. ① ヘビ． ② 大砲． vgl. nhd. Feldschlange
schlaputz m. 大いに飲むこと，痛飲．
schlauch（別形 schluch）m. のど．
schlecht I. adj. ① 誠実な．【類義語 gerecht, rein】 ② まっすぐな；なめらかな． ③ 整った． ④ 簡単な，わかりやすい． ⑤ 素朴な，飾り気のない；ふつうの，ありふれた． ⑥ 取るに足りない；単なる． ⑦ (副詞的に)さっさと，ただちに；まったく；ただ，ひたすら． vgl. nhd. schlicht, schlechthin. 【類義語 schlechtlich】 II. schlagen の 3 人称単数現在形． = nhd. schlägt
schlechten vt. なめらかにする． vgl. nhd. schlichten
schlechtlich I. adj. 単純な． II. adv. ① 即座に，直接． ② 不熱心に． ③ 単に，ただ…だけ．【類義語 schlecht】
schleck m. おいしいもの．
schleckdenlöffel m. 居候，(比)寄生虫．【類義語 tellerschlecker, pfefferlecker, schmarotzer, suppen-

fresser】

schlecken vt. なめる. = nhd. lecken

schleckerhaftig adj. 食い意地の張った，つまみ食いの好きな．

schlegel m.（脱穀用の）からざお，脱穀棒. vgl. nhd. Dreschflegel, Flegel

schleiern vt. …に布をかぶせる．

schleifen vt. ①（皮を）剥ぐ，むく．② 研ぐ．scheren schleifen → schere. ③ 引きずる．【類義語 ketschen, schleppen】

schlemm → schlimm

schlemms → schlimms

schlemp （別形 schlempe）m./f. ベルトの端．

schlempen vi. ぜいたくざんまいの生活をする. = nhd. schlemmen.【類義語 prasen】

schlenker f. 投石機. vgl. nhd. schlenkern（投げる），Schleuder

schleppsack m. 娼婦，浮気女．

schleuß （別形 schleus）schließen の単数命令形．

schlich m.（音のしない）おなら，すかしっ屁．

schlichten vt. まっすぐにする，なめらかにする；正す，整える．

schliefen （第Ⅱ類動詞・biegen 型）vi. すべり込む，もぐり込む. vgl. nhd. schliefen, schlüpfen

schlimm （別形 schlemm）adj. 斜めの. vgl. schlimms

schlimms （別形 schlemms, schlembs）adv. 斜めに，はす向かいに；横から. vgl. schlimm

schlinden vt. 飲み込む．

schlingen vi. 巻きつく，からまる．

schlitten vi. ① そりで走る．② 走る．

schloff schliefen の直説法 1・3 人称単数過去形．

schloß m./n. あられ〈ひょう〉の粒. = nhd. Schloße (f.)

schlüchtisch adj. 怠惰な，だらしない．

schluff m. 狭い通路〈廊下〉．

schlumps adv. 偶然，たまたま．

schlung m. 飲み込む〈がつがつ食べる〉こと．vgl. nhd. schlingen

schlupf m. ひも．

schmachbuch n. 誹謗文書．= nhd. Schmähschrift

schmachheit f. 恥，恥辱．= nhd. Schmach, Schande

schmachlich adj. 屈辱的な，不名誉な．vgl. nhd. schmählich

schmack → geschmack

schmacken → schmecken

schmähe Ⅰ.(別形 schmähhaft, schmählich) adj. ① 軽蔑的な，さげすむような．② 破廉恥な，恥ずべき．Ⅱ.(別形 schmach) f. 軽蔑，中傷．

schmähhaft → schmähe

schmäle f. 狭い〈やせている〉こと．< schmal. = nhd. Schmalheit

schmalen vi. やせる，やせ細る．

schmarotzer m. ① 食客，居候．【類義語 pfefferlekker, tellerschlecker, schleckdenlöffel, suppenfresser】② (他人のふところをあてにする)けちん坊．

schmecken (別形 schmacken) vi. 匂い〈香り〉がする．vt. …の匂いを感じる，匂いをかぐ．

schmeichen vi. こびへつらう；(イヌが)しっぽを振ってすり寄る．= nhd. schmeicheln. refl. こっそり去る，退散する．

schmeißen vi. 糞〈大便〉をする．

schmer (別形 smer) m./n. 脂肪．【類義語 vettekeit】

schmerzeldie f. 痛み，苦痛．

schmicke f. 鞭．

schmieren vt. ①(jn.) 買収する；こびへつらう．② jm. das maul schmieren ごまをする．③ 美化する，

潤色する．wort schmieren 調子のいいことを言う，こびへつらう．④ 殴る．【類義語 gürten】

schmitte （別形 schmiete）f. 鍛冶屋の仕事場，鍛冶場．= nhd. Schmiede

schmitzen vt. たたく，ぶつける．

schmücken （別形 schmucken）vt. ①（体を）曲げる，かがめる．vgl. nhd. schmiegen. ② 飾る．refl. ① 体を曲げる，身をかがめる，うずくまる，しゃがみこむ．② 体をすり寄せる．

schmutz m. ① 脂．vgl. schmutzig. ② キス．

schmutzeln vi. 微笑む．vgl. nhd. schmunzeln

schmutzig adj. 脂でよごれた．vgl. schmutz

schmutzkolb m. 汚らしいやつ；悪童．

schnack （別形 schnacke, schnake）m. ① おしゃべり．② 冗談．schnack auf die bahn bringen 冗談〈しゃれ〉をとばす．

schnadern vi. ぺちゃくちゃしゃべる．= nhd. schnattern

schnallte schnellen の過去形．

schnaphan m. 浮浪者，ならず者，ごろつき．

schnapp m. ①（別形 schnappe f.）おしゃべり．② 強盗．

schnappen vt. 話す，しゃべる．

schnarcheln vi. いびきをかく．【類義語 raußen】vgl. nhd. schnarchen

schnarren n. 騒音．

schnarz m. ① 汚点．② 叱責．in schnarz 叱責して，がみがみと．

schnaubtuch n. 鼻をかむ布．

schnaufen （別形 schnufen）n. 動詞 schnaufen（あえぐ）の名詞化．schnaufen nehmen 苦しめる．【類義語 keuchen nehmen】

schneiden vt. 切って作る，切り取るようにして作る．

schneider m. 収穫する人.

schnell f. 指でパシッとはじくこと. eine schnell schlagen 指でパシッとはじく.【類義語 schnelling, gnipp】

schnellen vi.（過去形 schnallte）ぱちんとはじける. vt. 急いで言う；（秘密を）ばらす.

schneller m. 質の悪いワイン.

schnellich adj. ① 急いだ；敏捷な. ②（副詞的に）突然. vgl. schnelliche

schnelliche adv. 突然, すばやく.

schnelling m. 指でぱしっとはじくこと. jm. einen schnelling schlagen だます, 煙に巻く, からかう.【類義語 schnell, gnipp】

schneuen vi.（怒りで）鼻息を荒くする. vgl. nhd. schnauben, schnaufen

schnieben vi. あえぐ. vgl. nhd. schnauben, schnaufen

schnöde adj. みすぼらしい, 貧弱な, 軽蔑すべき, 価値のない.

schnudelbutz m. 不潔な人（もとの意味は鼻くそ, 鼻汁）. vgl. schnüdel

schnüdel m. 鼻汁.

schnüren（別形 schnuren）vt.（人を）縛る；絞首刑にする.

schnur f. 嫁, 息子の妻. vgl. nhd. Schwiegertochter

schnurren vi. ①（水が）さらさらと音をたてる. ②（人³に）がみがみ〈ぶつぶつ〉文句を言う, ののしる.【類義語 anschnurren, anschnauen】

schocken vi. 揺れる；踊る；よろめく.

schon I. adj. 美しい. = nhd. schön. II. → schöne

schöne（別形 schon, schone）f. 美しさ. = nhd. Schönheit

schonen vt./vi.（2支）① 配慮する. ② いたわる.【類

義語 verschonen】

schöpfen vt. 作りだす，創造する．vgl. nhd. schaffen

schörpfe f. 鋭さ．= nhd. Schärfe

schoß n. 槍．m. ① 租税．② 若芽．f. 前掛け

schoßgatter m./n. (城門などの)つり格子，落とし格子．【類義語 schoßtor】

schoßtor n. (別形 schußtor)(城門などの)つり格子，落とし格子．【類義語 schoßgatter】

schrähen → strähen

schrank m. 抱擁．

schranz m. 切れ目，裂け目；欠陥．ohne schranz/sonder schranz の形でよく用いられる．

schrau schreien の直説法1・3人称単数過去形．

schrecken (別形 schreck m.) n./m. schrecken nehmen 驚く．

schregeln vt. 十文字に〈交差して〉結ぶ．

schrei Ⅰ. schreien(第Ⅰ類動詞)の直説法1・3人称単数過去形．= nhd. schrie. Ⅱ. m. 叫び声

schreiben vt. 記述する，描写する．vgl. nhd. beschreiben

schreien (第Ⅰ類動詞または弱変化) vi. 叫ぶ．過去形として schruw, schrau, 過去分詞として geschruwen という形もある．

schrinnen (別形 schrinden) vi. ひび割れる，裂ける．

schrittling adv. 両足を広げて〈踏ん張って〉．

schrolle f. 土くれ，土のかたまり．= nhd. Scholle

schrunde f. 峡谷．

schube f. 長上着．= nhd. Schaube

schüer → scheuer

schufe f. 柄杓(ひしゃく)．

schuhbletzer m. 靴直し．= nhd. Schuhflicker, Flickschuster

schühen → scheuen

schuld （別形 schulde）f. ① 原因，理由．ohne schuld 理由もなく．② 罪，責任．

schuldig adj. (2支)…[の罰]を受けるに値する，…の義務がある．vgl. unschuldig

schule f. aus der schule sagen <schwätzen> 秘密をばらす．hohe schule 大学．

schulsack m. schulsack fressen あらゆる学問を修める，一生懸命勉強する；表面的にだけ学ぶ．

schünden n. 刺激すること．

schunken m. ハム．= nhd. Schinken

schupfen vt. 追いやる，駆り立てる；突く；突き放す．【類義語 schürgen】

schur m. 雷雨．vgl. nhd. Schauer

schüretor n. 納屋の戸口．vgl. schüer, scheuer

schürgen vt. 追い立てる，駆り立てる；押す，突き放す．【類義語 schupfen】

schußtor → schoßtor

schust （別形 just）f./m. 騎士の一騎打ち．vgl. nhd. Tjost

schütte （別形 schütt）f. 土塁，盛り土．

schütten （別形 schitten）vt. 揺する，揺さぶる，震えさせる；揺すって落とす．= nhd. schütteln

schutz m. 射撃，射程距離．vgl. nhd. Schuss, Schütze

schütze m. (弱変化) 警邏（けい），警備員．

schwachen vt. 弱める；おとしめる．【類義語 untern】vi. 弱まる．

schwächen （別形 schwechen）vt. 強姦する，凌辱する．【類義語 jm. kummer antun, notzwingen, verfällen】

schwäher （別形 schweher）m. 義父，舅．= nhd. Schwiegervater.

schwalk m. ① 洪水．② 深い口，深淵．

schwalme m. ミツバチの群れ．

schwanger adj. eines kindes schwanger gehen 子を身ごもる.

schwankel adj. しなやかな, ほっそりした. vgl. nhd. (雅語) schwank

schwanzen （別形 schwänzen）vi. ① ぶらつく；気取って歩く, 上品に振る舞う. ② 回りながら踊る（ダンス名を4格目的語にとることもある）. ③ こびへつらう.

schwarz adj. schwarz tragen 喪服を着る.

schwarzbeere （別形 schwarzbär）f. コケモモ.

schwärzen vt. ① 黒く〈暗く〉する, 曇らせる. ② 中傷する.

schwätzen vi. おしゃべりをする. = nhd. schwatzen. 【類義語 klappern】

schwede f./n. 膏薬.

schwefelhölzlein n. マッチ.【類義語 schwefelkerze】

schwefelkerze f. マッチ.【類義語 schwefelhölzlein】

schweher → schwäher

schweifen （第Ⅶ類動詞, 過去形 schwief）vi. さまよう, 歩き回る.

schweige cj. schweige denn… = nhd. geschweige denn… いわんや…, …は言うにおよばず.

schweigen vt. 黙らせる, おとなしくさせる.

schweimen vi. 漂う；さまよう.

schweinbar （別形 schwinbar）adj. 衰えている, 衰弱している.

schwemmen vt. 溺れさせる, 溺死させる. vgl. nhd. ertränken

schwenderling （別形 schwinderling）m. 殴打, 平手打ち.

schwer adj. 不快な, 厄介な.

schwere f. nach der schwere 十分に, たっぷりと.

schweren → schwören

schwerlich adv. ① 重大に，深刻に，心に突き刺さって，つらく．② かろうじて，ほとんど…ない．nhd. mit Mühe, kaum などに相当．

schwieger f. 義母，姑．= nhd. Schwiegermutter. vgl. schwäher（舅）

schwil m./n. 苦痛，不幸（本来はできもの，潰瘍の意味）．vgl. nhd. Schwiele

schwinbar → schweinbar

schwind （別形 schwinde）adj. ① 激しい，厳しい（態度）；有害な，破壊的な；怒った．② ずる賢い．③ すばやい．= nhd. geschwind

schwindel m.（渓流の）渦．

schwinderling → schwenderling

schwingen vi./refl. 飛ぶ．vt. 打つ，たたく．

schwören （別形 schweren）vt. 誓う．vi. ①（2支）誓う．② ののしる，罵言を吐く．

schwur schwören の直説法 1・3 人称単数過去形．= nhd. schwor

secher → sächer

secht sehen の 2 人称複数命令形．= nhd. seht

seelamt （別形 selamt）n. 死者ミサ．= nhd. Seelenmesse

seelen vi. 心によい．refl. 心がよい状態だ．vgl. leiben

seelgerät （別形 seelgerecht）n. 教会への寄進．

seellos adj. ① 意識を失った．② 破廉恥な．【類義語 kruftlos, ohnmächtig, verzweifelt】

segen I. vt. 祝福する．= nhd. segnen. vgl. segnen. II. m. お祓い，呪文．III. → sägen

segesse （別形 segense, segse）f. 大鎌，草刈り鎌．= nhd. Sense. 一連の別形は本来語根 sek-（切る）に発している．

segnen vt.（人⁴に）挨拶をする．vgl. segen

segse → segesse

seh int. そら，見よ，聞け．

sehen vi. ① …のように見える，(外観を) …のように見せる． ② vor sich sehen 用心する．

sehnen refl./vi. (nach et.) あこがれる；求める．

sehnend （別形 sende）p.a. 思い焦がれた；悲しんだ．【類義語 sehnlich, sendig】

sehniglich → sehnlich

sehnlich （別形 sehniglich）adj. ① 苦痛に満ちた，悲しい． ② 切なる，身を焦がす思いの，あこがれた．【類義語 sehnend, sendig】

sehnung f. 恋焦がれること，恋の病．

sehren vt. 傷つける．

seichtern refl. 浅くなる． vgl. nhd. seicht

seien → sägen

seife m. 小川． vgl. seifengold

seifengold n. 砂金．

seigen （第Ⅰ類動詞・reiten 型）vi. ① 沈む，倒れる． ② したたる；(流れるように) 進む． ③ (的を) ねらう．

seiger adj. 鮮度の落ちた，(ワインなどが) 気の抜けた． vgl. nhd. abgestanden, schal, verdorben

seigsam adj. したたるような． vgl. seigen

seil （別形 sil, sile）m./f./n. (男性の場合弱変化もあり) ロープ，ひも． jn. über das seil werfen だます，欺く．

seilen vt. 縄で縛る；(…に) 綱を張る．

sein （別形 seind）sein 動詞の直説法 1・3 人称複数現在形． = nhd. sind

seind → sein

seit sagen の直説法 3 人称単数現在形． = nhd. sagt

seitemal （別形 seitenmal, sintemal）cj. 理由を表わすが，「…であるのなら」「…であるからには」のように訳されることが多い．

seitenspiel → saitenspiel

sekret f. 密唱（ミサの一部）.

selamt → seelamt

selb （別形 selbs) I. selb viert 計 4 人で，他の 3 人と．II. adv. 自身，自分で，ひとりで；ひとりでに．

selbe （別形 selwe) f. ① 汚れ，汚点．ohne selbe の形でよく用いられる．② サルビア．＝ nhd. Salbei

selbing = nhd. selbig

selblich adj. 自分自身の；自分勝手な．

selde → sälde

seldenreich → säldenreich

seltsam I.（別形 seltzen, selzen) adj. ① まれな，めったにない．= nhd. selten. ② 不思議な，珍しい，初めて見る．II.（別形 seltsame) n. まれなこと，珍しいこと，不思議なこと．

selwen （別形 selben) refl. 色あせる．

selzen → seltsam

semlich （別形 sömlich) adj. そのような，同じような．semliches その［ような］こと．

sende → sehnend

sendig （別形 sendiglich) adj. 苦痛に満ちた．【類義語 sehnend, sehnlich】

senft adj. 柔らかい，穏やかな．＝ nhd. sanft.【類義語 lind】

sentenz m./f. 判決，判断．

serge f. 被い，布．

sermon f. 説教．

seße → saße

sester m. ビスタ　（容積の単位で約 15 リットル）．

setzen vt. et. an jn. setzen 要求する．

seuche （別形 süche, seuchte) m./f. 病気；伝染病，ペスト．

seuchte → seuche

seufte (別形 seufze) m. ため息. = nhd. Seufzer
seuften vi. ため息をつく. = nhd. seufzen
sew (別形 süw) sau (mhd. sû)の複数形. = nhd. Säue
sewgreinen (別形 süwgreinen) n. ブタの鳴き声. vgl. greinen
sich → sieh
sichern vt. (人⁴に)請け合う, 保証する. vgl. nhd. versichern
sichst sehenの直説法2人称単数現在形. = nhd. siehst
sicht sehenの直説法3人称単数現在形. = nhd. sieht
sichtig adj. ①(別形 sichtiglich)目に見える；明らかな. ②(2支)見つける, 気づく.
sichtigkeit f. 視力.
sichtiglich → sichtig ①
sider (別形 sidar) Ⅰ. adv. のちに, それ以来. = nhd. seither. Ⅱ. cj. (理由)…なので, (時間)…以来. Ⅲ. präp. (2・3支)…以来.
sieben sieben zeit 七定時課(僧院において朝課から終課まである7つのつとめ).
siebent m. 埋葬から7日目, 初七日. お布施をし, ミサがあげられる. vgl. dreißigst
siech adj. 病気の.
siechen vi. 病気になる, 衰える.
siechtag (別形 siechtage, siechtagen) m. 病気.【類義語 siechtum】
siechtum (別形 siechtung) m./n. 病気.【類義語 siechtag】
sieden vi. 煮立つ. vt. 煮る, ゆでる.
siegelbrief m. 印の押された〈蠟で封印された〉証書.
sieh (別形 sich) Ⅰ. sehenの2人称単数命令形. Ⅱ. sehenの直説法1人称単数現在形. = nhd. ich sehe
siete f. = nhd. Seite

sigist sein 動詞の 2 人称単数接続法 1 式. = nhd. seiest

sigrist m. 寺男. vgl. nhd. Küster, Mesner

sil → seil

simmel (別形 simlen) f. パン. = nhd. Semmel, Brötchen

simoniacus m. 聖物売買者, 聖職売買者. vgl. nhd. Simonie

sinbel → sinwel

singen vt./vi. (聖職者が) ミサをあげる. 【類義語 besingen, lesen】

sinn m. ① 理性；知恵. 【類義語 witz】 ② 気持ち. 【類義語 gemüt】 ③ 手段, 方法. ④ 意図. mit hohen sinnen 意図的に, わざと. 【類義語 mit willen】

sinnelaß → sinnlos

sinnig adj. ① 気が確かな, 正気である. ②(別形 sinniglich) 賢い, 分別がある. 【類義語 sinnreich】

sinniglich → sinnig ②

sinnlichkeit f. ① 思慮深さ, 冷静, 理性. ② 感性的, 肉欲的なもの (理性と対峙する).

sinnlos (別形 sinnelaß, sinnenlaß) adj. 感覚が麻痺した, 意識がぼんやりした；気を失った.

sinnrcich adj. 分別のある, 賢い. 【類義語 sinnig】

sintemal → seitemal

sinwel (別形 sinbel) adj. 丸い.

siropel m. ジュース；飲み薬, シロップ. = nhd. Sirup

sitte m./f. ① 性格, 人となり. ② 態度, 振る舞い. ③ 慣習, ならわし.

sittich m. (鳥) オウム.

sittig adj. 穏やかな, 控えめな, 礼儀正しい. vgl. nhd. sittsam. 【類義語 sittlich】

sittigkeit f. 礼儀正しいこと. vgl. sittig

sittlich adj. ① 穏やかな，控えめな．【類義語 sittig】② 慣習に従った，きちんとした．

sitzen vi. ① すわっている（完了の助動詞として sein 動詞を使うことがある）．② すわる（= nhd. sich setzen）．【類義語 niedersitzen】

sitzlings adv. すわったまま，すわった姿勢で．【反意語 stehendlings】

sl- → schl-

sm- → schm-

sn- → schn-

so Ⅰ. cj. ①（時）…したとき（= nhd. als），…している間，一方（= nhd. während）．②（時・条件）もし…ならば，…するとき（= nhd. wenn）．③（理由）…なので，(doch とともに) だって…なんだから．④（doch とともに認容）…にもかかわらず，…ではあるが．Ⅱ. 関係代名詞．= nhd. der/die/das．Ⅲ. adv. ① それならば．② そのように，それほど．③ しかし，それにもかかわらず．

socke f. auf socken ひそかに．

söhnen vt. 仲良くさせる，和解させる．= nhd. versöhnen

sömlich → semlich

sofern （別形 soferr）cj. …ならば．= nhd. wenn

sohnsweib （別形 sunsweib, sohnsfrau）n. 息子の嫁．vgl. nhd. Schwiegertochter

sold m. 報酬．【類義語 lohn】

solde → sälde

solemität f. 荘厳，厳かさ．vgl. 英語 solemnity

sollen vi. 役に立つ，価値がある．

sollt sollen の直説法2人称単数現在形（= nhd. du sollst）および複数現在形（= nhd. ihr sollt）．

sommerlatte f. 若芽，若枝．

somsattel m. 荷鞍（にぐら）．= nhd. Saumsattel

sonder (別形 sunder, sondern) I. präp. (4支)(除外を表わす)…を除いて, …以外に, …を伴わないで, …がなかったら, …なしには. vgl. nhd. ohne, außer. II. cj. そうではなくて. = nhd. sondern. III. adj. 特別な(= nhd. besonder); 固有の. IV. adv. 特に.【類義語 sonderlich】

sonderlich (別形 sunderlich) adv. 特に. vgl. nhd. besonders.【類義語 sonder】

sonnenstift (別形 sunnenstift) m. 日射病. vgl. nhd. Sonnenstich

sonst (別形 sunst) adv. ①[ところが]一方, これに対して, しかし実際は. ② 今では. ③ これを除くと, さもないと.

sorgen vi. (für/um …を)気遣う, 心配する.

sorgfältig adj. 心配している, 不安な.

sorglich adj. 不安を呼び起こす, 危険な, ゆゆしい.【類義語 sorgsam】

sorgsam adj. 危険な, 厄介な.【類義語 sorglich】

spach I. → spähe. II. adj. 乾燥した, 干からびた.

spache m./f. 乾燥した柴〈小枝〉, たきぎ.

spähe I.(別形 spech, spach) adj. ①(感覚が)鋭い, 賢い. ② 神経質な, 繊細な. II.(別形 spehe) f. ① 技, 技術. ② 見張り, 探り.

spähen (別形 spehen) vt. 見て取る, わかる.

spalten vi. 割れる, 分かれる, 分裂する.

span (別形 spon)(複数形 spen) m. ① 争い, 不和. ② 木片.

spanferlein n. (離乳前の)子豚. vgl. nhd. Spanferkel.【類義語 ferlein, saugferlein】

spangrün (別形 spenisch grün) n. 緑青[の緑色]. = nhd. Grünspan

spannen (古くは第VII類に属し, spannen - spien - spienen - gespannen と変化した) vt. enger spannen 切り詰める, 制限する. es eng spannen（比）生真面目に考える.【類義語 breisen】

sparen vt./vi. ① 差し控える（自動詞の場合は2格をとる）. die <der> wahrheit sparen うそをつく. ② 容赦する, いたわる；大目に見る（自動詞の場合は3格をとる）.

spät （別形 spot）adj. Kein guter werkmann kam zu spät/Kein werkmann mit guter kunst kam zu spät 良い職人はよい時期にやってくる（諺的表現）.

spech → spähe

spehe → spähe

speichen → speien

speichlete m. つば, 唾液. = nhd. Speichel

speidel m. くさび. = nhd. Keil

speien （別形 speichen, spüwen）vt./vi. ① あざける, からかう. ② つばを吐く.【類義語 speizen, spirzen, spotten, verspeien, verspützen】

speiig adj. 皮肉の多い, 口の悪い. vgl. speien, speiwort

speise f. 食料.

speisen vt.（人⁴に）食事を与える, 育てる. refl. ①（長期間）食べていく, 生きていく. ② 食事をする.

speiwort n. あざけりの言葉, 悪口. vgl. speien, speiig

speizen （別形 speuzen）vi. つばを吐く. vgl. nhd. spucken, speicheln, spützen.【類義語 speien, spirtzen, verspeien, verspützen】

spelt f. 割れ目, すきま. = nhd. Spalt, Spalte. spalt の複数形とも解釈される.

spen → span

spere f. 天, 世界. = nhd. Sphäre

sperk m./f. スズメ. vgl. nhd. Sperling, Spatz

sperren refl.（wider/gegen/2格とともに）…に抵抗する, 逆らう.【類義語 spreißen, sträuben, widern】

sperwer m. ハイタカ. = nhd. Sperber.【類義語 federspiel】

spet m. 棒. nhd. Spieß に相当.

spettlein（別形 spetzlein, spettel）n. 布切れ. jm. ein spettlein anhängen <ankleben> あざける, 悪口を言う. vgl. lotterspettlein

speuzen → speizen

spicken vt. …に油をさす, 脂を塗る. vgl. nhd. Speck

spiegelfechten n. ① 模範試合, 公開試合. ② 大言壮語, 大ぼら, まやかし.

spiegelklar adj.（目, 水などに関して）澄んだ, 明るい.

spiel n. aus jm. spiel treiben ある人をからかう, ばかにする.

spielbube m. 遊び人, 賭博者, ばくち打ち.

spind m. 脂肪, 脂身.

spinnel f. 糸巻き棒. = nhd. Spindel

spinnen vi./vt. ときに卑猥な意味を持ち, 「性交する」の言い換えとして用いられる.

spinnenfeind（別形 spinnefeind）adj. 仇敵である, 憎みあっている；（人^{3}を）憎んでいる.

spirzen vi. つばを吐く.【類義語 speien, speizen, verspeien, verspützen】

spital n./m. 病院, 施療院；救貧院.

spitz m. 先頭, 先端. = nhd. Spitze（f.）

spon → span

spor n. [足]跡. = nhd. Spur（f.）

sporen vt.（靴に）拍車をつける. = nhd. spornen

spot → spät

spott m. ① 恥辱, 不名誉. aus jm. spott treiben ある人をからかう. ② ふざけたこと, 冗談. ohne <sonder> spott まじめに；まことに.

spotten vt./vi.（人^4/人^{2}を）あざける, あざ笑う.【類義語 speien】

spottig adj. 軽蔑的な, 嘲笑的な. vgl. nhd. spöttisch. 【類義語 spöttlich】

spöttlich (別形 spottlich) adj. ① 軽蔑の, あざけりの, 嘲笑的な. = nhd. spöttisch.【類義語 spottig, ungehorsam】② 不名誉な, 屈辱的な.

spottvogel m. 毒舌家, からかい好きの人, ひやかし屋. vgl. nhd. Spottdrossel

sprachhaus (別形 sprachhäuslein) n. 便所, トイレ. 【類義語 prophei, rathaus, scheißhaus】

sprähen → strähen

spranz m. 跳ぶこと, 跳躍.【類義語 sprung】

sprechen vt. (人⁴に) 話しかける. vgl. nhd. ansprechen

sprecher m. 吟遊詩人.

spreißen refl./vi. 反抗する, 逆らう. = nhd. spreizen.【類義語 sperren, sträuben, widern】

spreißig adj. ばらばらになった；突き出た.

spreiten vt. 広げる. refl. 広がる.【類義語 aussspreiten】

sprengel m. (聖水をふりかける) 散水はけ, 聖水灌水(かんすい)器.

spretzen vt. …にふりかける. = nhd. bespritzen

spreuer pl. もみがら. = nhd. Spreu. spreu は本来集合名詞的に使われるが, 複数形として現れることもある.

sprieß m. 小さな木片.

sprinke (別形 sprinkel) m./f. 鳥を捕まえるわな.

sprinkel n. ① 斑点, しみ. = nhd. Sprenkel. ② → sprinke

spruch m. 発言, 言葉.

spule f. jm. läuft eine spule leer ある人の生活が窮乏する.

spür f. [足]跡. = nhd. Spur

spüwen → speien

stade （別形 staden）m. 岸，浜辺；波止場. = nhd. Gestade

stadt （別形 stat, statt, stette, stet）f. ① 町. stadt und land 至る所. ② 場所. jm. stat geben + zu 不定詞 …することを許す. an die statt その代わり. an der statt/von statten すぐに，ただちに.【類義語 fleck】m. 身分（= nhd. Stand）.

stall m. nicht in einem stall stehen「（複数の人が）1つの家畜小屋にはいられない」すなわち「仲良くやっていけない」.

stallbruder m. 仲間.

stallen vi.（ウマが）放尿する.

stallte （別形 stalt）stellen の直説法1・3人称単数過去形. = nhd. stellte

stampenei （別形 stempanie）f. くだらない行為，冗談. vgl. stümpelei

stan = nhd. stehen

stand I.（動詞 stehen の変化形）① 直説法1人称単数現在形. ② 直説法3人称複数現在形. ③ 命令形. ④ 1・3人称単数接続法1式. 2人称単数接続法1式は standest. II. m. stand tun 抵抗する，（裁判で）争う.

ständcl n. おけ，たる. vgl. nhd. Stande（南部方言）

standen stehen の命令形（2人称複数）.

stank m. 悪臭. = nhd. Gestank

stapfel f. 階段. = nhd. Staffel

stärklich adv. 強く.

starkwaltig → waltig

stat I. 直説法3人称単数現在形. – nhd. steht. II. m. ① 身分. ② 状態. = nhd. Stand. III. f. → stadt

stät → stet

stater m. 銀貨の一種.

stationierer （別形 statzinierer）m. 聖遺物を持ち歩

く托鉢僧(ときにペテン師).
statten vi. (人³物²) 許す. vgl. nhd. gestatten
stäuben vt. 追い払う.
staudenhühnlein (別形 staudenhahn) n. 追い剝ぎ, 辻強盗.【類義語 heckenreuter, strauchhahn】
stauen vt. (人³物⁴) 食い止める, 阻止する.
stechel (別形 steckel, stichel, stickel) adj. ① とがった；とげとげしい. ②(山などの)勾配が急な.
stechen vi. ① 馬上槍試合をする. ② daneben stechen 目的を達せられない, 思いどおりにいかない. vt. ① 打ち負かす, 凌駕する. ② jm. die närrische fistel stechen 阿呆の病気を治してやる. vgl. nhd. jm. den Star stechen
stecher m. 馬上槍試合の参加者〈選手〉.
stechwort (別形 stichwort) n. 悪口, いやみ. vgl. nhd. Stichelrede, Stichelwort
stecken m. auf stecken reiten 棒馬〈竹馬〉に乗る；道楽にふける. vgl. steckenreiter
steckenreiter m. ばかなことをする〈考えている〉人；道楽者.
steft m. 留め金, 締め金.
steg I. m. 橋.【類義語 brücke】II. (別形 stege) f. 階段.
stegeren vi. 登る.
stehen vi. (命令形 stand) ① 立つ. = nhd. sich stellen. ②(von…)…から離れる, …をやめる. vgl. nhd. abstehen
stehendlings (別形 stehendling, stehendlingen etc.) adv. 立って, 立ったままで.【反意語 sitzlings】
stehlen (本来第Ⅳ類動詞だが, 過去形の母音として o も現れる) vt. 盗む. vgl. stohlen
steif adj. ①(衣服が)きつい；しわがなくぴったりしている. ② しっかりした, 毅然とした. vgl. stiff
stein m. Kein stein bleibt auf dem anderen 破壊し

尽くされる，灰燼に帰す．vgl. 新約聖書マタイ 24,2
steinberg m. 岩，岩山．
steinen (別形 steinin) adj. 石でできた，石造りの．【類義語 steinisch】= nhd. steinern. vgl. sandicht
steingrube f. 採石場，石切場．
steinicht I. (別形 steinigt, steinecht, steinechtig) adj. 石の多い，石だらけの．= nhd. steinig.【類義語 steinisch】vgl. sandicht. II. n. 多くの石，石の多い場所．
steinisch adj. ① 石でできた，石造りの．【類義語 steinen】= nhd. steinern. ② 石の多い．【類義語 steinicht】
stellen vi. (et.³ または種々の前置詞を伴って) 求める，ねらう，待ち伏せする．vgl. nhd. nachstellen
stelzen vi. 松葉杖をついて歩く．
stemmen vt./vi. (4格または3格を) 阻止する，食い止める．vi. (水が) あふれる．
stempanie → stampenei
sterben vt. 殺す．
sterngucker m. 占星術師．【類義語 sternluger, sternseher, weissager】
sternluger (別形 sternenluger, sternenlieger) m. 占星術師．【類義語 sterngucker, sternseher, weissager】
sternseher m. 占星術師．【類義語 sterngucker, sternluger, weissager】
stet (別形 stete, stät[e]) I. adj. ① 誠実な，貞淑な．【類義語 ehrenstäte】② 絶え間ない．(副詞的に) 絶えず，いつも．vgl. nhd. stets. II. f. 誠実さ．【類義語 stctckcit】
stetekeit (別形 stetigkeit) f. ① 不変，安定，堅固．② 誠実さ．【類義語 stet】
stetes adv. いつも．= nhd. stets
steuber m. 猟犬．vgl. nhd. Jagdhund, Spürhund

steuer (別形 stüre) f. ① 援助, 支え. zu steuer kommen 助けにくる；金銭的援助. ② 効力, 作用.

steuern (別形 stüren) vt. 贈る, 寄贈する. vi. ① 寄附をする. ②(3支) 抑える, 防ぐ.【類義語 erwehren, wehren】

stichel (別形 stickel) → stechel

stichwort → stechwort

stiege f. 家畜を飼う囲い地, 家畜小屋.

stiehl 第Ⅳ類動詞 stehlen(盗む)の直説法1人称単数現在形. = nhd. stehle

stiff (別形 steif) adv. しっかり, 強く. vgl. nhd. steif.【類義語 fest】

stift m./f./n. ① 契約. die alte und die neue stift 新旧約聖書. ② 家.

stiften vt. 行なう, 引き起こす. vgl. nhd. stiften, anstiften

stiftung f. (寄付で建てられた) 修道院. vgl. nhd. Stift, Stiftskirche

stil (別形 stiel) m. 軸；(植物の)茎；(道具の)柄. = nhd. Stiel

stillen vt. (人⁴を)安心させる, なだめる.

stimpelei (別形 stimplerei) → stümpelei

stock m. ① 囚人を拘束する木(戸外に置かれればさらし台となる). vgl. stocken. ② 棺おけ.

stockar m. イヌワシ.

stocken vt. (人⁴に)足かせをはめる. vgl. stock

stohlen stehlen の直説法1・3人称複数過去形. = nhd. stahlen

stol m./f. (聖職者が身につける)頸垂帯(けいすいたい), ストラ. = nhd. Stola

stolle (別形 stollen) m. いたずら.

stolz adj. りっぱな, 華やかな, 美しい.

stolzen vi. 自慢げに振る舞う；(auf…を)自慢する,

誇りに思う． vt.（人⁴を）誇らしい気持ちにさせる．

stork （別形 storck）m. コウノトリ． = nhd. Storch. vgl. 英語 stork

storre m.（木の）切り株．

stößig adj. 対立した，けんかをしている．

strabeln vi. もがく，じたばたする．

strafe f. 非難，批判．【類義語 strafung】

strafen （第Ⅶ類動詞への類推で過去形が strief となることがある）vt. ① 罰する． ② ののしる，非難する．非難の理由は um, über, 2 格, dass 文などで表わされる．【類義語 schelten】

strafung f. ① 罰． ② 非難．vgl. nhd. Strafe, Bestrafung.【類義語 strafe】

strähen （別形 sprähen, schrähen）vt. 飛び散らせる，吹き飛ばす．vgl. nhd. streuen

strahl（別形 strahle）m. 矢．minne[n]strahl 愛の矢．

strälen → strelen

strang m.（別形 strange f.）① ロープ． ② 巻尺．

strange Ⅰ. f. → strang. Ⅱ. adv. ① 熱心に． ② es liegt jm. strange ある人にとって厳しい状況にある．

strau f. わら，敷きわら． = nhd. Stroh, Streu

straube （別形 strube）f. クッキー；揚げパン．

strauchecht （別形 strauchicht, sträuchicht）n. いばらのやぶ．

strauchen vi. つまずく．vgl. ungestraucht, nhd. straucheln. vt. つまずかせる．

strauchhahn m. 追い剝ぎ，辻強盗，盗賊騎士．【類義語 heckenreuter, staudenhühnlein】

strauchn → nhd. strcucn

strausack → strohsack

strauß m. 攻撃；暴動；戦闘．vgl. streußen

sträußen → streußen

streckwasser n. 化粧水．文字どおりには「しわを伸

ばす水」.
streichen (別形 gestreichen) vi. 急ぐ. vt. 殴る.
streifeln vt. 縞模様をつける, 色柄にする. vgl. gestreifelt
streim m. 光, 光線.
streitbarlich adj. 勇敢な；戦闘に使える（武器など）. vgl. nhd. streitbar
strel m. くし. vgl. nhd. Kamm
strelen (別形 strälen) vt. (髪を)とかす, すく.
strengheit (別形 strengkeit, strenckeit) f. 厳しさ；緊張.【類義語 strengigkeit】vgl. nhd. Strenge, Anstrengung
strengigkeit (別形 strengikeit) f. 厳しさ.【類義語 strengheit】
streublein n. ちぢれパン.
streußen (別形 strüßen, sträußen) vi./refl. 逆らう. vgl. strauß, nhd. sträuben
strich m. 線, (紋章や旗の)縞.
stricken vt. 結ぶ, 縛る.
strief strafen の過去形. vgl. strafen
stroh n. ein leeres stroh dreschen むだなことをする；むだ口をたたく.
strohsack (別形 strausack) m. わら布団.
strom m. (川の)支流.
stroufen vi. うろつきまわる. = nhd. streifen
ströwin (別形 strowin) adj. わらの, わらでできた. = nhd. strohern
strube → straube
strunzel f. 槍の破片.
stube f. ① 暖炉付きの部屋. ② 酒場, 居酒屋. ③ 同業組合の集会所.
stück n. ① 場合, 状況. ② 悪行.
stude m. 潅木, 茂み.

studfaul (別形 stüdfaul) adj. ひどく怠惰な.
studierung f. 勉学, 研究 [活動].
stühlen vi. いす〈席〉を用意する.
stumm m. おし, 聾啞者(ろうあ／しゃ).
stümpelei (別形 stimpelei, stimplerei) f. いいかげんな〈ぞんざいな, ずさんな〉仕事. vgl. stumpf, stampenei
stumpf adj. 欠陥のある, 役に立たない.
stumpfen vt. 切る, 傷つける；侮辱する；虐待する.
stund stehen の直説法 1・3 人称単数過去形.
stunde f. auf einer <der> stunde/zu stunde[n]/von der stunde/von stunde an すぐ, ただちに.
stupfel f. 穀物を刈り入れたあとの切り株. = nhd. Stoppel
stupfen vt. 突く, (馬に)拍車を加える. = nhd. stupfen (方言), stupsen
stüre → steuer
stüren vt. あおる, かきたてる.
sturn (別形 sturm) m. (この形で複数を表わすことがある) ① 嵐. = nhd. Sturm. ② 戦い【類義語 streit】；攻撃.
sturz m. 覆い, 肩掛け, マント.
sturzel m. 茎(の根元の部分)；切り株.
stutz m. 一撃；急な動き. auf einen stutz 一気に, どっと；すぐに.
subtiligkeit (別形 subteiligkeit) f. 繊細, 鋭敏；巧み.
süche → seuche
suchen vt. ① 訪れる. vgl. nhd. besuchen. ② 攻撃する, 害を与える. vgl. nhd. heimsuchen
suchhund m. 猟犬.
sucht f. 病気. minnesucht 恋の病.
süchtig (別形 suchtig) adj. 病気の.
sudler m. へたな料理人, 不衛生な料理人；きたない

仕事に従事している人．

sufer adj. きれいな． = nhd. sauber

sühlen vt. 泥の中を転がして汚す．vgl. nhd. suhlen, Suhle

suhn I. m. 息子．= nhd. Sohn. II. → sühn

sühn （別形 suhn）f./m. 和解．vgl. nhd. Versöhnung

sül （別形 sul）f. 柱．= nhd. Säule

sulgen refl. 自分を汚す．

sumen → säumen

sumig → saumig

summa （別形 summe, summ）f. ①（話の）内容，概略．② summa, in summa, summa sumarum といった形で「要するに」「手短に言えば」の意味．= nhd. Summe

sumpficht adj. 湿地の多い，湿地帯の．= nhd. sumpfig.【類義語 morassicht】

sünden vi. 罪を犯す．vgl. nhd. sündigen.【類義語 sündigen】

sunder → sonder

sunderlich → sonderlich

sündigen vi. (an jm.)…に対して罪を犯す．

sungeln （別形 süngeln, sunkeln）vi. ① ぱちぱち〈ぎしぎし〉音がする．②（肌が）ひりひりする，（足が）しびれる．

sunne f. 太陽．= nhd. Sonne

sunnen vt. 日光にあてる，風にあてる．= nhd. sonnen

sunnenstift → sonnenstift

sunst → sonst

supfen vt. （液体状のものを）吸う，すする．【類義語 surflen】

suppe f. ① 食事；朝食．gelbe suppe 豊かな食事．kalte suppe 朝酒．② 価値のないもののたとえ．briefe und suppen といった形でも用いられる．

suppenfresser　m. 甘い汁を吸う者, 居候.【類義語 tellerschlecker, pfefferlecker, schmarotzer, schleckdenlöffel】

sur　→ sauer

sürene　f.（ギリシャ神話）セイレン. = nhd. Sirene

surflen　（別形 sürflen）vt. すする. = nhd. schlürfen.【類義語 supfen】

sus　（別形 sust）adv. ① = nhd. so. ② = nhd. sonst

süßholz　n. süßholz ins maul nehmen やさしい言葉をかける, お世辞を言う.

suster　f. = nhd. Schwester

sut　sieden の過去形. = nhd. sott

süw　→ sew

süwgreinen　→ sewgreinen

sw-　→ schw-

T

tabernakel　n. 小屋；[簡易]礼拝堂.

tafel　f. 絵が描かれる板：(板に描かれた)絵.

tafern　（別形 taferne）f. 居酒屋, 飲み屋. vgl. nhd. Taverne, 英語 tavern

tag　m. ① 日. allen tag 一日中. ②（裁判の）開廷日, 公判, 審理. ③ nie tag 決して…ない.

tagen　（別形 tayn）vi. ① あらわになる, 現れる. ② とどまる, 居続ける.

tägig　adj. 昼の.【反意語 nächtig】

tagzeit　f. ① an einer tagzeit ある特定の日に. ② 期日, 期限. ③ die sieben tagzeit 聖務日課, 定時課.

tain　tun の不定詞 (= nhd. tun) および直説法 1 人称単

数現在形(= nhd. ich tue).

täle n. 谷. = nhd. Tal

tan (別形 than) ① tun の不定詞. = nhd. tun. ② tun の過去分詞. = nhd. getan. vgl. ton

tand m. くだらないこと〈もの, おしゃべり, 行為〉; いかさま.【類義語 fastnachttand】

tännen adj. もみの木でできた, もみ材製の. = nhd. tannen

tanzapfen m. 松かさ, 松ぼっくり. = nhd. Tannenzapfen

tape (縮小形 täplein) f. (動物の)前足. = nhd. Tatze

tapfer I. adj. ① 多くの, 大きな; 重大な. ② 徳のある, りっぱな, まじめな. ③ 恐れを知らない, 勇敢な. II. adv. (文意を強めて)しっかりと, きちんと, 大いに.【類義語 tapferlich】

tapferlich adv. 徹底的に, 大いに.【類義語 tapfer】

tar turren の直説法1・3人称単数現在形.

tasche (別形 tesche, desche, täsche) f. 財布, 袋.

täte I. (別形 tet, thet) tun の直説法1・3人称単数過去形. = nhd. tat. II. f. 行為, 振る舞い. = nhd. Tat

taub adj. 愚かな, 感覚の鈍った.

täuben (別形 tauben, teuben) vt. ① 麻痺させる. ② 理性を失わせる, 怒らせる.

taufdecke f. 洗礼の際, 受洗者を包む布.

taufe (別形 tauf) f./m. 洗礼. 熟語として chrisam を参照.

taug taugen の直説法1・3人称単数現在形.

tauge I. f. 秘密. II. (別形 taugen) adv. ひそかに.【類義語 taugenliche】

taugen vi. 役に立つ. 過去現在動詞(形態的に話法の助動詞の仲間)で, 直説法1・3人称単数現在形が taug, 過去形が tochte である(nhd. mögen 参照). 時代が下るとともに一般動詞と同じ語形変化を行なう

ようになる（たとえば er taugt, taugte）.
taugenliche adv. ひそかに.【類義語 tauge】
tausendbar adj. 千倍の. = nhd. tausendfach.【類義語 tausendfältig】
tausendfältig adj. 千倍の. = nhd. tausendfach.【類義語 tausendbar】
tausendlistig （別形 tusiglistig）adj. 非常にずる賢い，非常に狡猾な.
tausendschön f.（植物）ヒナギク. nhd. では中性.
tauwig adj. 露にぬれた. = nhd. tauig（雅語）
tayn → tagen
tebig → tobig
teding → teiding
tedingen → teidingen
tegebrücke f. はね橋. vgl. nhd. Zugbrücke
teiding （別形 teding, teigding, tageding）n./f./m. ① 裁判, 審理；要求, 争い. ② 交渉, 話し合い. ③ 語り, 物言い；おしゃべり；話. vgl. weiberteiding
teidingen （別形 tedingen）vi. 裁判をする；審議する；交渉する, 合意する.
teig adj.（原義は「腐りかけて柔らかい」）怠惰な, 身を持ち崩した.【類義語 faul, los】teiger bruder まぬけ, とんま
teil m./n. eines teils…anderes teils… 一つは…もう一つは….
teilen vt. ①（jn.）有罪の判決を下す. ②（dass…）という判断〈判決〉を下す. vi.（über… etc.）判断〈判決〉を下す. vgl. nhd. urteilen, verurteilen
tcilhaftig adj. ct.? tcilhaftig 3cin <wcrdcn> の分け前にあずかっている, …に関与している.
tellerschlecker m. 居候.【類義語 pfefferlecker, schmarotzer, schleckdenlöffel, suppenfresser】
temnitz → timnitze

tempel m.（キリスト教の）教会.

temperie f. 混合物；薬.

temperieren （別形 tempern）vt. ① 混ぜる；（ほどよい状態に）混ぜる，調合する．② 調和させる，和らげる．refl. ① 混ざる．② 和らぐ．

terken vt. 覆う，隠す．

termer → tirmer

terminei （別形 termenei, terminy）f. ①（区切られた）地区．② 托鉢修道会の活動区域．③ 放浪；托鉢．

terminieren （別形 termenieren）vi. ① 見回る，巡回する．② 托鉢する．

tesche → tasche

testamentarier （別形 testamentary）m. ① 遺言執行人，遺産管理人．② 遺産相続人．

teuer （別形 tür）I. adj. ①（人間が）高貴な；りっぱな．② 高価な．③ まれな．etwas ist jm. teuer ある人にある物がない，欠けている，無縁である．④ 出費がかさむ．teure zeit/teures jahr 飢饉の時期．vgl. teure, teurung. II. adv. 非常に，すばらしく．

teufel m. in teufels naman くそいまいましい．

teufen （別形 teifen）= nhd. taufen

teuglich adj. 有能な．= nhd. tauglich

teure （別形 türe）f. 飢饉．【類義語 teurung】vgl. teuer

teurung （別形 türung）f. ① 飢饉．【類義語 teure】vgl. teuer. ② なおざりにすること．

text m. 熟語 text und gloss に関して gloss を参照．

thum → dumm

tierer tier（動物，獣）の複数形．vgl. nhd. Tiere

timber adj. ① 暗い．② 濁った，曇った．【反意語 leuchtig】

timnitze （別形 timlitze, temnitz）f. 牢獄，刑務所．

timpern n.（動詞の名詞化）暗いこと，暗さ．vgl. timber

tirmer (別形 termer, tremer) m. 創造者.

tischdiener m. 給仕.【類義語 schenk】

titel m. 合法性, 正当性. mit rechtem titel 正当に.

tobig (別形 töbig, tebig) adj. 気が狂った, 気違いじみた；荒れ狂った.【類義語 töricht, übersinnig】

tochte (別形 docht) taugen の直説法1・3人称単数過去形.

tochter f. [若い]娘, 乙女.

tochtermann m. 娘の夫, 娘婿. = nhd. Schwiegersohn

tödlich (別形 todlich) adj. ① 死をもたらす. ② 死ぬべき運命の, はかない. = nhd. sterblich. ③(比)黒色の.

tolde f. ふさ, ふさ状の髪.

ton (別形 thon) ① tun の不定詞. = nhd. tun. ② tun の過去分詞. = nhd. getan. vgl. tan

tönen vt./vi. 歌う.

topelstein m. トパーズ. = nhd. Topas

tören vt. うっとりさせる. vgl. nhd. betören (雅語)

torhaus n. 塔も含めた城門の建物.

töricht (別形 törecht, torecht, töret) adj. ① 気が狂った, 荒れ狂った【類義語 tobig, übersinnig】② 愚かな, ばかげた.【類義語 törlich, toll】

törlich (別形 torlich) adj. 愚かな.【類義語 töricht, toll】

torn m. 塔. = nhd. Turm

torrerei f. 愚かさ.

torstc turrcn の直説法1・3人称単数過去形.

tote (別形 tot) m./f. 名づけ親, 代父〈母〉.【類義語 gevatter, göttel, pfetter】

totenbar f. ひつぎ台. = nhd. Totenbahre

totenbaum m. (木をくりぬいて作った)棺おけ, ひつ

ぎ.【類義語 baum, totenlade】

totenlade f. 棺おけ, ひつぎ.【類義語 totenbaum, baum】

trabant m. 歩兵, 傭兵；護衛；家来.

tracht f. 食事, 料理；(食事の)一品, 一皿.

trachten vt. ① 考える. ② 考え出す.

tragen refl. 振る舞う. vgl. nhd. sich betragen. vi. über ein tragen 一致する. vgl. nhd. übereinstimmen

tram m.（別形 trom, 複数形 träme）角材, 梁(^{はり}). vgl. nhd. Balken

tränen vi. 泣く, 涙を流す.

trank n. 飲み物. vgl. nhd. Getränk

tränken vt. 溺死させる. = nhd. ertränken

tränker m. 大酒飲み. = nhd. Trinker

tratz → trotz

tratzen → trotzen

träubel（別形 trübel, druffel etc.）m. ブドウ. = nhd. Traube

trauen I.（別形 träuen, truwen, trüwen, tröwen）vi.（人[3] 物[2]）ある人のある事を信じる, 期待する. vgl. nhd. zutrauen. vt.（不定詞または zu 不定詞と）意図する, しようとする. II. vt. 脅す. = nhd. drohen. vgl. tröwung. III. n. 信頼［すること］.【類義語 treue】IV. adv./int. まことに, 確かに, しかと. vgl. entruwen, nhd. traun（古語）

träufen（別形 drufen）vi. したたり落ちる. = nhd. träufeln

träutlein → trütlein

trauwohl Trauwohl reitet das pferd weg 信じすぎると馬を取られる（= ひどい目に遭う）.

treher（別形 trehen）m./f. 涙. = nhd. Träne

treiben（第Ⅰ類動詞・reiten 型）vt. ① 追い立てる.

② wort <rede> treiben (持続的に)話す，しゃべる．
③ aus jm. schimpf <spil, spot, ungelimpf> treiben からかう，笑い者にする，嘲笑する．

treid （別形 trayd）n. 穀物． = nhd. Getreide

treit tragen の直説法3人称単数現在形． = nhd. trägt

tremer → tirmer

trendel （別形 trindel）f./m. ① こま． ② 渦．

tresenie f. 宝．

treue （別形 trüw）f. ① 信頼．【類義語 trauen】 ② 約束；婚約． treue geben 約束する，誓う．

treulich （別形 truwlich）adj. 誠実な(付加語的な用法もある)．

treusche f. (魚) カワメンタイ． vgl. nhd. Trüsche, Aalraupe

treuten → trüten

treutlein → trütlein

treuwort n. 脅し文句． = nhd. Drohwort

triackersmann m. [悪徳]薬売り． vgl. driakel

triasandel m. ビャクダンの粉〈油〉，ビャクダンから作った薬．

tribok m. 城攻めの道具，投石機．

triegel m. 偽り． an (= ohne) triegel または sunder (= sonder) triegel の形で「まことに，本当に」の意味． vgl. fürwahr

triegen refl. (auf et.) 信じる，心を奪われる． vgl. betriegen, nhd. trügen (だます)

trieger → trüger

trifuß m. (3本足の)五徳． = nhd. Dreifuß

trindel → trendel

trinken refl. 酔う，酔っ払う． = nhd. sich betrinken

trippel m. 騒ぎ，騒動．

tritt m. jm. einen tritt gehen …と気が合う，…にくみする． zu dem ersten tritt/auf den ersten tritt す

trittel

ぐに．schneller tritt 急いで．

trittel n.（tritt の縮小形）歩み，足取り，歩調．

trocken adj. jn. trocken scheren だまして損をさせる，痛い目に遭わせる．

trockne （別形 truckne, trückne, truge）f. 乾燥．vgl. nhd. Trockenheit

trog m. ① 箱，長持（ながもち）．vgl. nhd. Truhe. ② 詐欺，欺瞞，ごまかし．= nhd. Betrug, Trug.【類義語 trüge】

trollen Ⅰ. adj. 不格好な．Ⅱ. refl. すごすご〈おとなしく〉立ち去る．

trom m. ① → tram. ② 夢．= nhd. Traum

tromete （別形 trumete）f. ラッパ，角笛．= nhd. Trompete

trometen （別形 trumeten）vt./vi. ラッパ〈角笛〉を吹く，ラッパでメロディーを奏でる．= nhd. trompeten

trometer （別形 trommeter, trumeter）ラッパ吹き，ラッパ手．= nhd. Trompeter.【類義語 trumper】

tropf m.（別形 tropp）（弱変化）やつ，人．ein armer tropf 哀れな人．

tropfelecht （別形 tropfelicht, tröpflicht, tröpflich）adj. したたるような．（副詞的に）一滴ずつ．

tropp → tropf

tror m./n. 液体，露，湿気．

tröscher m. 殴る人；脱穀する人．= nhd. Drescher

trossen vi. ぶらぶら歩く，歩き回る；急ぎ足で歩く．refl. 逃げる．

trösten refl.（2格または前置詞格と）信頼する，頼る，期待する．

trostenlich （別形 tröstlich）adj. 自信に満ちた，堂々とした．

tröstlich adj. 安心した，満足した．

trostmütig adj. 悲しい, しょんぼりした, 元気をなくした.【類義語 traurig】

trotten vt. しぼる, しぼり出す.

trotz （別形 tratz, trutz）m. 抵抗；争い；不愉快にさせること, 無礼.

trotzen （別形 tratzen, trutzen）vi. ①（jm./mit jm.）逆らう, 抵抗する. ②（auf… etc.）信じる, 信頼する.

tröwen → trauen

tröwung f. 脅し. = nhd. Drohung. vgl. trauen Ⅱ.

trübel → träubel

trübnis f./n. 悲しみ.

trübt adj. 悲しんだ. = nhd. betrübt.【類義語 bekümmert】

truckne → trockne

truge → trockne

trüge f. ごまかし, 欺瞞. vgl. nhd. Betrug, Trug.【類義語 trog】

trügenlich adj. 不誠実な, 詐欺師的な. vgl. nhd. trügerisch, betrügerisch

trüger （別形 trügner, trieger）m. だます人, 詐欺師. = nhd. Betrüger

trügner → trüger

trume （別形 trumme）f. 太鼓. = nhd. Trommel

trumete → tromete

trumeten → trometen

trumeter → trometer

trumper m. ラッパ吹き, ラッパ手. = nhd. Trompeter.【類義語 trometer】

trumphieren vi. ① 勝利を収める. ② 勝どきをあげる；歓呼の叫びをあげる, 浮かれ騒ぐ. = nhd. triumphieren

trunk Ⅰ. m. ① 飲み物. = nhd. Getränk. ② 飲むこと. Ⅱ. trinken の直説法1・3人称単数過去形. = nhd.

trank

trunken adj. 酔っ払った. = nhd. betrunken

trut n. 愛する人. vgl. trüten.【類義語 trütlein】

trüten （別形 truten, treuten）vt. 愛する, 大事にする, 評価する.

trütlein （別形 trütlin, trutel, träutlein, treutlein）n. 愛する女性, 恋人. vgl. trüten.【類義語 trut】

trutz → trotz

trutzen → trotzen

trüw → treue

truwen → trauen

truwlich → treulich

tucher （別形 tuchler）m. 織物工, 織物職人；織物商人. = nhd. Tuchmacher

tuchleute → tuchmann

tuchmann m.（複数形 tuchleute）呉服屋, 反物屋；仕立屋.

tuck m. ① 悪意, 策略；いたずら. = nhd. Tücke. ② 動き, 振る舞い, 行為. ③ 打撃.

tucken vi. 身をかがめる. vgl. nhd. ducken (vt./refl.)

tüften vi. 蒸気を発する, もやが出る.

tüge → dieg

tugendlich adj. りっぱな, 適切な；礼儀作法にかなった.

tugendrich adj. 徳の高い, 品行方正な. = nhd. tugendreich, tugendhaft.【類義語 tugendsam】

tugendsam adj. 徳の高い, まじめな, 品行方正な. = nhd. tugendhaft, tugendreich.【類義語 tugendrich】

tügist tun の2人称単数接続法1式. vgl. dieg

tüglich adj. 役に立つ, 有用な, 有能な. = nhd. tauglich

tumherr m. 司教座聖堂参事会員. = nhd. Domherr

tun 直説法1人称単数現在形は ich tun. 過去分詞に

ton <thon> という語形もある．2人称単数接続法1式として tügist という語形もある．直説法1・3人称単数過去形として täte, tet という語形もある．I.(tun＋不定詞) 韻文の場合，押韻のためにこの形式が用いられることがあるが，散文の場合は tun を用いない形式と意味的に区別するのは難しい．II. refl. 行く，赴く．

tunne (別形 tun) f. ① たる．vgl. nhd. Tonne. ② 大波，激流．

tunren unp. 雷が鳴る．= nhd. donnern

tür → teuer

türe → teure

turen → dauern

turn m. 塔．= nhd. Turm

turnis (別形 turnos, tornis etc.) m. 硬貨の一種．

turren 助動詞 あえて…する．直説法1・3人称単数現在形は tar，過去形は torste, turste．vgl. 名詞 turst.【類義語 geturren】

turst f./m. 大それた行為，あつかましい行為．語源的には動詞 turren と関連．vgl. turstekeit

turste turren の直説法1・3人称単数過去形．

türste turren の接続法2式．直説法過去形は torste と並んで turste があり，türste はこれをもとに作られている．

turstekeit f. 勇気，大胆；傲慢(ごうまん)．vgl. turst

turteltaube (別形 turkeltaube) f. キジバト(純潔，貞節の象徴)．

türung → teurung

tuschen vt. (ct. mit jm.) 交換する．= nhd. tauschen

tusig 数詞 千．= nhd. tausend

tusiglistig → tausendlistig

tüten n. ほのめかすこと，暗示．vgl. nhd. deuten(vi.)

twalmig adj. 頭が鈍った，もうろうとした，錯乱した．

tweln vi. 臆する,物おじする.
twingen → zwingen
twinger → zwinger

U

übel I. adj. [jm.] et. für übel haben (ある人の)ある事を悪くとる. II. n. 病気.
übeler m. 悪人.
übelgeraten adj. 堕落した.
übelhaut f. 女性に対するののしり言葉.
übeltätig adj. 悪行を行なう,悪徳の,犯罪の. vgl. nhd. Übeltat, Übeltäter, verbrecherisch
übelzeit f. 苦労,難儀. mit übelzeit 苦労して.【類義語 arbeit, mühsam】
üben vt. ① からかう,怒らせる,苦しめる. ②(jn. zu…)駆り立てて…させる. refl. (mit et.)一生懸命に行なう.
über präp. 喜びや驚きなどの対象を表わす場合,現代語と異なり,3格をとることがある.
überab adv. 下へ. = nhd. hinab, hinunter. (分離した形で) über…ab …から下へ,…の下へ.
überbleiben (第Ⅰ類動詞・reiten 型) I. vt. (人³ 物⁴) 免じる. Es ist mir überblieben 私はそれを控える〈やらない〉. II. vi. 残っている.
überbleibling n. 生き残り,子孫;食べ残し. vgl. nhd. Überbleibsel
überdraben → übertraben
überdrang m. 暴力,不法行為.
überein (別形 übereins) adv. ① まったく,非常に.

② überein werden 合意する.
überenzig (別形 überänzig, übereinzig) adj. あり余る, 多すぎる[ほどの]；余分の, それ以上の.
überfallen vt. (人⁴を)不意に訪問する, 押しかける.【類義語 überrumpeln, übertraben】
überflüssig adj. (現代語に比べ, いい意味に使われる)豊かにある, たっぷりある.
überflut f. 過剰, 過度.【類義語 überschwall】
überfraß m. 食べ過ぎ.
übergaffen vt. ① じっと見る. ② 見逃す.
übergeben vt. ① (人⁴)関係を断つ, 見捨てる. ② 断念する, あきらめる.
übergeschrift → obergeschrift
übergülden vt. 金をかぶせる, 金で覆う. vgl. nhd. übergolden, vergolden
übergult p.a. 金めっきされた, 金で覆われた. = nhd. übergoldet, vergoldet
überhaben überheben の過去分詞. = nhd. überhoben
überhand f. ① 上層部, お偉方, 当局. ② überhand bekommen ⟨annehmen, gewinnen, kriegen 等⟩ 支配的になる, 優勢になる. vgl. nhd. überhandnehmen
überheben vt. (人⁴物²) 解放する, 免除する. refl. (物²から)解放される, やめる.
überhelfen vi. (人³)助ける, 味方になる.
überhellen vt. …をくまなく照らす.
überherr m. 支配者, 長. = nhd. Oberherr
überhin adv. ① そちらへ. vgl. nhd. hinüber；上方を, 表面を ② 表面的に, うわべだけ.
überklären vt. 輝きで包む, 輝かせる.
überkommen vt. ① 得る, 受け取る. ②(困難を)切り抜ける, 克服する. vgl. nhd. überstehen. ③ たまたま出会う. ④ 打ち負かす；説き伏せる. vi. (mit

überkrüpfen 248

jm.) 意見がまとまる, 合意する. vgl. nhd. übereinkommen

überkrüpfen vt. (…に)えさを与えすぎる, 肥育する；過度に詰め込む.

überladen vt. 圧迫する, 苦しめる.

überlang (別形 überlangst) adv. ① しばらくして. ② 長い間.

überlängen (別形 überlangen) vt. ① 追いつく. ② (…の)上に立つ, 凌駕する.

überliegen vi. (非分離)(人³に)勝つ, まさる.

übermann m. より強い者；支配者.

übermeister m. 達人, 名人.

übernacht adv. 一晩, 一晩中, 一晩で, 一晩経って.

übernehmen refl. 傲慢(まん)〈不遜〉になる, 思い上がる, うぬぼれる.

übernutz m. ① 利益. ②[不当な]高利.

überraffeln (別形 überrafflen) vt. (人⁴)がみがみ言って相手を圧倒する, 打ち勝つ.

überreden refl. (副文を伴って)(…と)思い込む, 信じる. vgl. einbilden, vermeinen.【類義語 bereden】

überrumpeln vt. ① 不意に襲う；不意に訪問する. 【類義語 überfallen, übertraben】②(仕事を)急いでぞんざいに片付ける, (言葉を)急いで唱える.

übersaufen refl. (酒を)飲み過ぎる.【類義語 übertrinken】 vgl. nhd. betrinken

überschal m. 享楽, 最高の喜び.

überschlagen vt. (非分離)見積もる, 評価する.

überschnarchen vt. しかる, がみがみ文句を言う；つらくあたる.

überschuss m. mit überschuss たっぷりと, あり余るほど.

überschwall m. ① 洪水, 氾濫. ② あまりにも多いこと, 過剰.【類義語 überflut】

übersehen vi.（人³を）いたわる，寛大に扱う，見逃す. vt. es übersehen うっかりする，しくじる. refl. 罪〈過ち〉を犯す.

übersinnig adj. ① 常軌を逸した，気違いじみた.【類義語 tobig, töricht】② 近眼の.

übersitzen vt. 怠る，しない，無視する.

übertraben（別形 überdraben）vt. 襲う；不意に訪れて驚かす.【類義語 überfallen, überrumpeln】

übertragen vt. 着古す.

übertrank m./n. 酔っ払うこと，酩酊.

übertrefflich adj. すぐれた，この上もない.

übertrinken refl.（酒を）飲み過ぎる.【類義語 übersaufen】

übertritt m. 罪を犯すこと，過ち. vgl. nhd. Übertretung

überweisen vt.（人⁴/人⁴ + dass 文）納得させる，説明する.

überwinden vt.（人⁴に）罪を認めさせる，（人⁴の）罪を証明する. = nhd. überführen

überziehen vt. 襲う，攻撃する，戦争をしかける.

überzwerg（別形 überzwerch）adv. ひっくり返って；逆に；斜めに；行く手をさえぎって. überzwerg gehen うまくいかない.

übrig（別形 überig）adj. 巨大な，過度な.

ultern vt. ① ぶつける，たたく. ② 動かす. refl. 動く.

um adv. um und um（別形 umundum, umentum, umbentum）① まわりを，ぐるりと. ② 四方八方から，あちこちから. ③ 至る所. ④ まったく，徹底して.

umblanken vt. 柵をめぐらす，防備を施す；守る.

umbringen vt. zeit umbringen 時を過ごす，気晴らしをする. vgl. nhd. Zeit vertreiben

umen adv.（別形 ummen）①［その］まわりを，ぐるりと. 同じ意味で um und um, umentum, umbentum といった表現もある. ② 戻って, 逆に.

umfalten　vt. (et. mit et.) …に…を巻きつける, …を…で取り囲む.

umfang　m. 抱きしめること, 抱擁. vgl. umfangen

umfangen　vt. 抱く, 抱きしめる. vgl. umfang

umführen　vt. ① 引いて歩き回る, 連れて回る. ② 連れ戻す. vgl. nhd. zurückführen

umgehen　(別形 umgan) vi. (mit…) …と交際する；…と関わる, …に従事する.

umgraben　(強変化および弱変化) vt. …のまわりを掘る, (城などの)まわりに堀〈柵〉をめぐらす.

umgürten　vt. (et. [mit et.]) 取り囲む.

umhang　m. カーテン, 幕. = nhd. Vorhang

umher　adv. 戻って. vgl. nhd. zurück

umherkehren　refl. 裏返しになる, 逆になる；向きを変える.

umkehren　vt. 滅ぼす, (力などを)そぐ. refl. ① 振り向く, 振り返る. ② 心を入れ替える, 回心する.

umlaufen　vi. 歩き回る.

umlegen　vt. 包囲する.

ummäre　n. 詳しい説明, 詳述.

umschwärmen　(別形 umschwirmen) vi. 群がる, 群れをなしてうろつきまわる.

umschweif　m. ①（天体の）運行；回転. ② 規模, 範囲. ③ 回り道, 迂回.

umschweifend　p.a. 回りくどい, 冗長な. = nhd. umschweifig

umschweimen　vi. まわりを漂う.

umsehen　I. n. 注意を払うこと. II. vi./refl. (nach または um et.) …を探す.

umsonst　(別形 umsunst, ummesust) adv. わけもなく. nicht umsonst 正当な理由があって.

umständer　m. (多くは複数形で) ① 周囲の人, 居合

わせた人. ② 陪席裁判官.

umtreiben vt. ① あざける, からかう, ばかにする. ② だます.

umundum → um

umwalen refl. 転がる. = nhd. umwälzen.【類義語 walen】

umziehen vt.（非分離動詞）…を歩き回る. vi.（分離動詞）歩き回る.

unablässlich adj. ① 欠くことのできない, 必要な. ② 止まらない, 絶え間ない. vgl. nhd. unablässig. ③ 無慈悲な.

unachtbar adj. ① めだたない, 精彩のない. ② だらしない, 不注意な.【類義語 hinlässig】

unadelich adj. 粗野な, 無作法な.【類義語 grob】

unangesehen unangesehen dass… …にもかかわらず, …であることを顧慮せずに.

unbederbe （別形 unbiderbe）adj. ①（物が）役に立たない. ②（人が）正しくない, 悪い. vgl. nhd. bieder

unbedrungen p.a. 強制されない, 自発的な, 自由意志の, 自由な.【類義語 frei】

unbegreifel adj. 理解を超えた.

unbeheiratet p.a. 結婚していない.

unbehende adj. 不器用な, 愚鈍な.

unbehilflich adj. 不治の病にかかった, 治る見込みがない.

unbeschatzt p.a. 無傷の.

unbescheidenliche adv. 不当に, 無分別に, 愚かにも.

unbeständlich adj. 変わりやすい, 長続きしない；無定見な. – nhd. unbeständig

unbestoben p.a. ほこりのない, きれいな.

unbewant p.a. 実りのない, 不成功の.

unbewollen p.a. 汚れていない, 汚れのない, 処女の.

unbeworren p.a. 邪魔されない, 煩わされない.

unbezwungen I. p.a. 強制されない,自由な. II. adv. 自発的に.

unbilligen vt. 認めない,拒否する. = nhd. missbilligen

undank (別形 undankt) 感謝されないこと,不評.

undauig (別形 undäuig, undäulich) adj.(胃腸が)消化不良ぎみの.

unde f. 波.

undeuen vt. 吐く,吐き出す. vgl. nhd. verdauen

undiet f. 悪い人々,ならず者.

uneben adj. 悪い.

unehe f. 内縁〈同棲〉関係. zu der unehe sitzen 妾を囲う. = nhd. Konkubinat

unehr I. adj. 破廉恥な,節操のない. = nhd. ehrlos. II. → unehre

unehre (別形 unehr) f. 不名誉,恥辱.

unehren vt. …の名誉を汚す,…に無礼なことをする. = nhd. verunehren

unehrliche adv. 侮辱的に.

unendigliche adv. 終わりなく,絶え間なく. vgl. nhd. endlos, unendlich

unentsagt p.a./adv. 宣戦布告なしに.

unerbolgen → unverbolgen

unerfochten p.a. 恐れを知らない.【類義語 unerfurcht】

unerfurcht p.a. 恐れを知らない,大胆不敵な.【類義語 unerfochten】

unfall m. 不幸,災い.【類義語 ungefelle】

unfertig adj. ① 不当な,違法な;不当に手に入れた. ② 病気の.

unflat m. 不潔な〈野蛮な〉人間,化け物のような人間.

unfleiß m. 怠惰,怠慢,投げやり.

unfriedsam adj. 好戦的な,けんかっ早い. vgl. nhd.

friedlich, friedfertig
- **unfroh** adj. 悲しい.
- **unfrut** adj. 愚かな.【類義語 unweise, unweislich 反意語 frut】
- **ungebärde** n. 悪い態度, 不親切な態度；苦痛の表情.
- **ungebeicht** （別形 ongebeicht）p.a. ungebeicht sterben 告解をせずに死ぬ.
- **ungefähr** （別形 ungefährd, ongeferd）adv. ① 悪意なく, 無邪気に. vgl. gefähr. ② 偶然に, たまたま. von ungefähr という形をとることもある. vgl. gefähr, geschicke
- **ungefährlich** adv. およそ, 約. = nhd. ungefähr
- **ungefelle** n. 不幸, 災難.【類義語 unfall】
- **ungeferte** n. 歩きにくい〈入り込めない〉場所.
- **ungeflissen** adj. 不熱心な, 怠けている.
- **ungefressen** p.a.（能動的意味）食べていない, 空腹だ.
- **ungefug** f. 傲慢(ごう)、不遜.
- **ungefüge** adj. 無骨な；不器用な.
- **ungehalten** p.a. 自制心のない, 感情的な；荒っぽい, 野蛮な. vgl. nhd. unbeherrscht
- **ungeheurig** （別形 ungeheuerig）adj. 恐ろしい, 不気味な；非常な. vgl. nhd. ungeheuer, ungeheuerlich.【類義語 abscheulich】
- **ungehirm** （別形 ungehürm）I. m. 荒々しさ, 暴力；不幸. II. adj. とほうもない, 大きい.
- **ungeladen** p.a. 招かれていない. vgl. laden
- **ungeld** n. 税；間接税.
- **ungelebt** p.a. 経験の浅い, 未熟な.【反意語 gelebt】
- **ungelenke** adj. 不器用な；無作法な.
- **ungeletzt** adj. 無傷の. = nhd. unverletzt. vgl. letzen
- **ungelogen** p.a. うそでない, 本当の.
- **ungemach** m./n. 苦しみ, 災い, 不自由.

ungemeilt p.a. 汚れていない.【類義語 unvermeilig】
ungemüht p.a. 安心した. vgl. nhd. mühen, Mühe
ungemut adj. ① いやな, よこしまな. ② 不機嫌な, むしゃくしゃした.
ungenehme adj. いやな, 不快な, 歓迎されない. = nhd. unangenehm
ungenende adj. 乱暴な, 反抗的な.
ungenötet (別形 ungenöt) p.a. 強制されない, 自発的な.
ungenucht f. ohne ungenucht 礼儀にかなった, 適度な. vgl. nhd. Ungenügen, ungenügend
ungeräte n. 悪事；過失, 過ち.
ungerechte (別形 ungerichte) adv. 不当に. ungerechte wider jn. gehen ある人を不当に攻撃する.
ungereut (別形 ungerüwet) p.a. 悔い改めることなく.
ungerochen p.a. < rächen. = nhd. ungerächt. jn. nicht ungerochen gehen lassen/et. an jm. nicht ungerochen lassen 復讐〈報復〉せずにおかない.
ungeruht p.a. 絶え間のない.
ungesalzen p.a. ① 塩をかけていない. ② ユーモアのない, 無骨な.
ungesat p.a. 種がまかれていない.
ungeschaffen p.a. 醜い. vgl. nhd. ungestalt
ungeschicht Ⅰ. adv. 偶然に, たまたま. Ⅱ. f. 不運, 災難. von ungeschicht 偶然に.
ungeschick → unschick
ungeschickt adj. 病気の.
ungeschlafen (別形 ongeschlafen) p.a.（副詞的に）眠らずに, 徹夜で.
ungesegnet (別形 ongesegnet) Ⅰ. p.a.（副詞的に）祝福なしに, 十字を切らずに. Ⅱ. n. 傷口の病気, 創傷熱, 創傷壊疽（えそ）.
ungessen (別形 ongessen) p.a.（副詞的に）食べない

で. = nhd. ungegessen
ungestalt adj. 不格好な, 醜い.
ungestraucht p.a. つまずかないで. vgl. strauchen
ungestümig adj. 激しい, 度を越した. = nhd. ungestüm
ungestürm n. 激しさ. vgl. ungestürmt, ungestürmlich
ungestürmlich adv. 激しく. vgl. ungestürm, ungestürmt
ungestürmt p.a. 波風の立たない, 穏やかな. vgl. ungestürm, ungestürmlich
ungetwede adj. 思慮分別のない.
ungewarnt p.a. 予期せぬ, 思いがけない, 不意の [von] ungewarnter sache 奇襲〈不意打ち〉をかけて.
ungeweiht n. 不浄墓地.
ungewohn adj. (人³にとって)慣れていない, 不慣れな.
ungewohnt adj. (2支)…に慣れていない, 経験していない.
ungläubigkeit f. (キリスト教の世界に対して)異教の世界.
ungleich adj. 不適切な, 不当な;(中性名詞化して)不当な行為.
unglimpf m. 侮辱;不当な行為;無慈悲な行為. unglimpfen(動詞の名詞化)も同じ意味.
unglückhaftig (別形 unglückhaft) adj. 不幸な.
ungunst f. ① ねたみ, 悪意, 嫌悪. = nhd. Missgunst. ② 不機嫌, 不愉快な気持ち.
ungünstig adj. 憎んでいる, 敵対的な.
ungut Ⅰ. adj. (薬が)苦い. Ⅱ. n. in ungut 意地悪く, 無慈悲に.
ungüte f. 厳しさ, 不親切, 無愛想.
ungütig adj. 悪い;不信心な. vgl. ungut
unhold Ⅰ. adj. (人³に)敵意を抱いた. Ⅱ.(別形

unhuld, unholdin) f. 魔女. m. (別形 unholde) 悪人, 悪魔.

unkommlich adj. 不便な, 不都合な.

unkönnend p.a. 無能な.

unkund adj. ① 知られていない, 不明の. ②(2支)…を知っていない. = nhd. unkundig

unkust f. 悪, 悪意, たくらみ.

unlaugbar (別形 unlaugenbar) adj. 否定できない, 確かな. = nhd. unleugbar

unleidlich (別形 unlidlich) adj. ①(2支/gegen 等)…にがまんできない. ②(物・事が)耐え難い.

unlidlich → unleidlich

unleumund (別形 unlmd) m. 悪評；汚名.

unliebe f. 嫌悪, 不快. mit unliebe いやいやながら. vgl. nhd. Verdruss, Widerwille

unloben vt. 非難する.

unlumd → unleumund

unlustig adj. ① 不快な, 不愉快な. ② 汚れた.

unmär (別形 unmere) adj. 価値がない, どうでもよい；不快な, いやな.

unmaß adj. → unmäßlich

unmäßlich (別形 unmaß) adj. 過度の, 度を越した. = nhd. unmäßig, übermäßig, maßlos

unmere → unmär

unmuße f. ① 時間〈暇〉がないこと；多忙. ② 苦労, 難儀. ③ 面倒をかける人, 厄介な人, 身持ちの悪い人.

unmutigkeit f. 不機嫌. vgl. nhd. unmutig, Unmut

unnütz adj. sich unnütz machen 独善的に振る舞う, 自分の主張を押し通す；(不必要に)大騒ぎする, 尊大な〈荒っぽい〉振る舞いをする.

unordent p.a. (vgl. nhd. un + geordnet) 無秩序な.

unordentlich (別形 unordenlich) adj. ふしだらな.

unrat m. ① 災い, 危険, 苦境, 不穏な状況. ② 乱暴

狼藉，暴動，反乱．
unredlich adj. ① しゃべらない．② 理性のない．
unreich adj. 弱い，力を失った．
unreinde (別形 unrende) f. 不純．
unruhig (別形 unrüwig) adj. いらいらした，(子供が) ぐずる．
unsäuberlich (別形 unsauber) adv. 荒々しく，乱暴に．
unschamlich adj. ① 名誉ある．② 恥知らずな．
unscheinlich adj. 目立たない，地味な．
unschick (別形 ungeschick) m./n. ① 無秩序，だらしなさ．② 不当〈乱暴〉な行為．③ von unschick 偶然に，思いがけず．
unschmackhaft (別形 unsmachaft) adj. おいしくない，味気ない．
unschuldig adj. (2支)…の罰を受けるに値しない．vgl. schuldig
unselde (別形 unsälde) f. 不幸，災い．
unselden refl. 自分を不幸にする，自分を辱める．
unsen 所有代名詞．= nhd. unseren
unsinnig adj. ① 怒った，荒れ狂った．【類義語 schellig, waldschellig】② 気が狂った；我を忘れた，盲目的な．③ 意識を失った，もうろうとした．
unsinnigkeit (別形 unsinikeit) f. ① 愚かなこと，無分別．② 狂気．③ 意識がもうろうとなること．④ 荒れ狂うこと．
unsitte m. 不適切な振る舞い．【類義語 unsittigkeit】
unsittigkeit f. 不適切な振る舞い．【類義語 unsitte】
unsöhne (別形 unsühne) f. 敵意，かたくなな態度．vgl. nhd. versöhnen
unstet (別形 unstät) adj. 不実な，不誠実な．
unstete (別形 unstäte) f. 不実，不誠実，不忠．
unstrafbar adj. 罰せられない．= nhd. unsträflich
unteilig (別形 unteilich) adj. 分けられない，不可分

の. = nhd. unteilbar.【類義語 unzertrenniglich】

unter präp. unter das その間に,そうこうするうちに. = nhd. unterdessen, unterdes

unterbrechen vt. ① 妨げる.【類義語 unterfahren, unterstehen】② 挿入する. refl. 挿入される,割ってはいる,介入する.

unterdienstbar adj. 言うことを聞く,従順な.【類義語 gehorsam】

unterfahren vt. 妨げる.【類義語 unterbrechen, unterstehen】

unterfangen refl.(2格またはzu不定詞と)…をあえて〈大胆にも〉する,企てる.

untergeben vt.(非分離)(人³物⁴)まかせる,ゆだねる. vgl. nhd. anvertrauen

unterkunft f. 介入,仲介. = nhd. Dazwischenkunft

untern vt. 品位をおとしめる.【類義語 schwachen】

unterreden refl.(sich mit jm. et.²)ある人とある事について相談する.

unterricht m./f. 知らせ,情報.

untersatz m. 支え,拠り所.

unterscheid m. = nhd. Unterschied. ohne unterscheid 絶え間なく.

unterschlauf (別形 unterschleif) m. ① 逃げ場,隠れ場,避難所. ② 援助.

unterschroten (第Ⅶ類動詞・stoßen型) vt.(考えを)説明する.

unterstehen vt. ①(再帰用法と意味的に重複する)試みる,企てる;実行する. ② 妨げる,阻止する.【類義語 unterbrechen, unterfahren】refl.(2格または不定詞と)試みる,企てる;厚かましくも…する.

unterstreu f. 敷きわら,寝わら.

unterstunden adv. ときどき,時折.

unterträger m. 仲介者,取り持ち屋.【類義語 kuppler】

untertrunk m. 夕方の一杯（酒を飲むこと）．【類義語 unterzeche】

untertun refl.（3支）…に屈服する．vgl. nhd. sich unterwerfen

unterwegen adv. ① et. unterwegen lassen …しない．unterwegen bleiben 行なわれない．② 途中で．

unterweisen vt. ①（人⁴物²）教える．②（人⁴と dass 文を伴って）ある人に dass…するようにと教え諭す．

unterwinden（第Ⅲ類動詞・binden 型）refl. ①（2支）引き受ける，受ける；関わる，取り組む．【類義語 unterziehen】②（mit et.）取り組む，得ようと努める，探し求める．

unterzeche f. 夕方の一杯（酒を飲むこと），午後の一杯．【類義語 untertrunk】vgl. nhd. Dämmerschoppen

unterziehen refl.（2支）① 引き受ける．② 関わる，行なう．【類義語 unterwinden】

unteuer（別形 untur）adj. 価値のない．

untotlichkeit f. 不死，不滅．

untreue f. 思いやりのないこと，つっけんどんな態度．

untrost m. ① 落胆，意気消沈．② 恐ろしいもの．

untsetzen → entsetzen

unverbolgen（別形 unerbolgen）p.a. 怒っていない，心穏やかな．

unverdagt（別形 unverdait）p.a. ① 沈黙されることのない，明らかな．② 隠しだてしない．

unverdrückt p.a. 押しつぶされない，こわれない．

unverfänglich（別形 unverfanglich）adj. 役に立たない，取るに足りない．

unverfleckt p.a. 汚れのない．vgl. nhd. unbefleckt.【類義語 ungemeilt, unvermeilig】

unverladen p.a. 悩まされない，煩わされない．

unvermeilig(別形 unvermeiligt) adj. 汚れていない. 【類義語 ungemeilt, unverfleckt】

unverrückt p.a. 動かない；ゆるぎない；(女性が) 貞淑な.

unverschalt p.a. 揺るがない，損なわれない.

unverschart p.a. 無傷の，傷のない.

unversichtlich adv. 突然.

unverstand m. 理解していないこと，無知.

unverstanden adj. 分別のない，無知な，愚かな. = nhd. unverständig

unverwandellich adj. 変わらない，不変の.

unverzagt(別形 unverzeit) adj. 物おじしない，勇敢な. 古くは騎士や兵士にとって重要な徳であった.

unvogel m. 翼のある怪物，怪鳥；ペリカン.

unweise adj. 愚かな. 【類義語 unweislich, unfrut】

unweislich(別形 unwislich) adj. 愚かな；(副詞的に) 愚かにも. 【類義語 unweise, unfrut】

unwert adj. 価値のない，役に立たない，用無しの.

unwiederbringend adj. 取り返しのつかない，回復不能の. = nhd. unwiederbringlich

unwiederbringlich adj. かけがえのない，大切な.

unwirdig → unwürdig

unwirdisch adj. ① 価値のない，軽蔑すべき. ② 怒っている. vgl. nhd. unwirsch

unwislich → unweislich

unwissen adj. ① 無知である；(人¹が物²を) 知らない. ②(物¹が人³に) 知られていない.

unwissens adv. 無意識に，知らずに.

unwisslich adj. ① 計り知れない，わからない. ② 気づかない，自覚していない；(副詞的に) 知られずに，ひそかに.

unwitzen vi. 愚かである.

unwitzig adj. 理性のない，無思慮な.

unwürdig（別形 unwirdig）adj.（2支）…にふさわしくない.

unwürs adj. 怒った, きつい（言い方）. vgl. nhd. unwirsch

unz（別形 unzt）präp. …まで. unz her（= nhd. bisher）これまで.【類義語 hinz, bis】

unzellich adj. 無数の, 数多くの. = nhd. unzählig

unzertrannt p.a.（< zertrennen）壊れない, 揺るぎない.

unzertrenniglich adj. 分けられない, 不可分の. vgl. nhd. unzertrennbar, unzertrennlich.【類義語 unteilig】

unziemlich adj. 適切でない, ふさわしくない.

unzüchtig adj. だらしない, 無作法な, 野卑な.【類義語 schamper】

üppig（別形 üppisch）adj. ① 思い上がった, あつかましい, 高慢な. ② ぜいたくな, むだ遣いする. ③ みだらな.

üppischheit f. あつかましさ, 高慢.【類義語 hochfart】

urbietig adj. …する用意がある. = nhd. erbötig

urdrüssig adj.（2支）…にいや気がさしている, あきあきしている. - nhd. überdrüssig

urehne m. 高祖父. vgl. ehne, nhd. Urahn

urhab（別形 urab）m./n. ① 初め；原因.【類義語 urspring】② パン種, 酵母. ③ 反乱.

urlaub m. ① 許し, 許可. vgl. nhd. Erlaubnis. mit urlaub 失礼ながら, あえて言わせてもらえば. = nhd. mit Verlaub. ② 去らせること；別れ. jm. urlaub geben 去らせる, 縁を切る. von jm. urlaub nehmen ある人のもとを去る, 別れを告げる.

urlei → orleig

urleug → orlog

ursache f. ①（特にけんかや攻撃の）口実．【類義語 sache】 ② 理由．ursache geben 理由を挙げる．ohne ursache わけもなく，軽率に．

urspring m.（別形 ursprung）源，始まり．【類義語 urhab】

urstände f. 復活．

ürte → irte

urteil n./f. urteil besitzen 裁判をする，審理する．ohne urteil 裁判をしないで．

urteilen vt.（人⁴に）有罪の判決を下す．vgl. nhd. verurteilen；批判する．

urteiler m. 裁判官．

üsel f. ［熱い］灰，火の粉．

üt → icht

V

vater m. unsers vaters land 神の国，天国．

vätern （別形 vetern）refl. 父親に似る，父親と同じことをする．

veit 人名．bruder Veit の形で傭兵を指す．

veitstanz m. 舞踏病．

ver 前置詞または接頭辞として，ときに nhd. vor や für に相当する．

verachtnis f. 軽蔑，さげすみ．

veraffen vi. 愚かになる．

veralten vi./refl. 年をとる，古くなる，年をとってかたくなになる；(in …に)とどまる，固執する．

verantwort （別形 verantwurt）f. 返事，返答．

verantworten vt. ①（…に）答える． ② 弁護する，正

当化する．③ 描写する，表現する．refl. 弁解する，自己弁護する．
verargen vt.（人³の物⁴を）悪くとる，恨む．
verarzneien （別形 verarznen, verartzen）vt.（金を）医者や薬代に使う．
veräschern （別形 vereschern）vt. 焼いて灰にする．vgl. nhd. einäschern, veraschen
verberen （第Ⅳ類動詞・nehmen 型）vt. やめる，控える．
verbeut verbieten の直説法3人称単数現在形．= nhd. verbietet. vgl. verleurt, verdreust
verbeuten vt. ①（略奪品・戦利品として）分配する．② 取り違える，混同する．
verbieten vt. ① 伝える，知らせる．②（物を）押収する，（人を）取り押さえる．
verbilden vt. 描写する，描く．refl. ① 描かれる．② 姿を変える，変身する．
verbissen p.a. 素直でない，かたくなな，不機嫌な．
verbitten vt.（人⁴のために）とりなす；（人³のために物⁴を）頼む．= nhd. fürbitten
verblenden vt. 暗くする．
verblinden vi. 盲目になる．= nhd. erblinden
verblümen vt. 隠す，ごまかす，きれいに見せる．
verbollwerken vt. …の防備を整える．vgl. nhd. Bollwerk
verborgenlich （別形 verborgentlich）adv. ひそかに．【類義語 heimlich】
verbringen vt. する，行なう．
verbrinnen （第Ⅲ類動詞・bindcn 型）vt. 燃やす．vgl. nhd. verbrennen.【類義語 verburnen】
verburnen （別形 verbürnen）vt. 燃やす．vgl. nhd. verbrennen.【類義語 verbrinnen】
verdächtnisse f. 疑い，疑惑．vgl. nhd. Verdacht

verdämmen vt. ① 浪費する，飲み食いする.【類義語 verdämpfen, verschwemmen】② 押さえつける，圧殺する.

verdamnen vt.（jn. zu et.）刑を宣告する. = nhd. verdammen

verdämpfen vt. ① 煮る，ゆでる. ② 窒息させる；圧迫する. ③（財産などを）浪費して失う.【類義語 verdämmen, verschwemmen】

verdauen vt.（別形 verdeuen）（不快なことを）受け入れる，がまんする；（病気に）打ち勝つ，克服する.

verdecken vt. 偽装〈変装〉させる.

verdenblut int.（種々の場面で用いられる）：まちがいない，そのとおり；さあどうぞ；とんでもない，こんちくしょうめ.

verdenken n. よく考えること.

verderben（第Ⅲ類動詞・helfen 型）vi. 滅びる，死ぬ.

verderbnis f./n. 滅亡，破滅；堕落.

verderbt p.a.（verderben の弱変化形）腐敗した，醜い，劣悪な.【類義語 hässlich, scheußlich】

verdienen vi. 奉仕する，役立つ. vt. ① 得る.【類義語 erwerben】② et. um jn. verdienen ある事である人に感謝する，報いる.

verdörren vt. 枯らす，不毛にする. vgl. nhd. verdorren（vi.）

verdreust verdrießen の直説法 3 人称単数現在形. = nhd. verdrießt. vgl. verbeut, verleurt

verdrießen vi. 嫌気がさす.（名詞的に）ohne verdrießen 飽くことなく，疲れを知らず.

verdringen vt. 押しのける，排除する. vgl. nhd. verdrängen

verdrücken vt. ① 排除する. ② 押さえつける，圧迫する.

verdrumen vt. ① 終える. ② 滅ぼす.

verdrüßig （別形 verdrossenlich）adj. ①(人¹/物¹が)いやな, 不快な. = nhd. verdrießlich. ②(人¹が物²を)不快に思っている, いやになっている. = nhd. überdrüssig

verdumpfen vi. 鈍くなる.

vere m. 渡し守. vgl. nhd. Fährmann

verehren vt.（jm. et./jn. mit et.）贈る.

vereignen vt. 譲る, 譲渡する.

vereinung f. 結合, 合体；統一性, 統一体. = nhd. Vereinigung

verelenden vt.（人⁴を)故郷のない〈流浪の〉状態にする.

vereschern → veräschern

verfachen vt. 横たえる, 置く.

verfahren vi. 消え去る, 滅びる；損をする；道に迷う, 道を誤る.

verfallen vi. ①(人³の)所有に帰する, 手中に陥る. ②（jm. verfallen sein）(人¹が人³に)与える〈支払う〉義務がある. 与えるものは2格, 4格, 前置詞格, zu不定詞などさまざまな形で表わされる.

verfällen vt.（女性を）犯す, 強姦する.【類義語 jm. kummer antun, notzwingen, schwächen】

verfangen （別形 verfahen）受け入れる.

verfänglich adj. 効き目がある, 役に立つ.

verflissen p.a. 熱心な, 熱心に求めている. 求める対象は2格, 前置詞格（an, auf, nach）, 副文などで表わされる. vgl. mhd. vervlîzen（第Ⅰ類動詞・reiten 型), nhd. befleißen（= befleißigen）

verflüchtig adj. 逃走している, とどまっていない. vgl. nhd. flüchtig, verflüchtigen

verfreundet p.a. 親戚〈縁者〉である.

verfügen vt.（人⁴を）ある職務に就かせる, 送り込む. refl. 行く.

verführen vt. ① 運ぶ,輸送する. ② 誤った方向へ導く,迷わす. ③ 遂行する,行なう.

vergaffen vi./refl. ① 驚いて我を忘れる,驚きのまなざしで見つめる,あっけにとられる.【類義語 zugaffen】 ② ほれ込む.

vergällt （別形 vergellt）p.a. 苦い〈不快な〉ものとなった. vgl. nhd. vergällen

vergalstern vt. 魔法にかける,惑わす.

verganten vt. 競売にかける. vgl. nhd. versteigern

vergeben I. vt. ① 壊す,破壊する. ② 許す. ③ das spiel vergeben 負ける. vi. （人³に）毒を盛る. II. adj. 無駄な. vgl. nhd. vergeblich

vergehen vt. 避ける,逃れる；無視する. refl. ①（事が）進ちょくする. ② 心迷う,道を誤る.

vergellt → vergällt

vergelten vi. (um 人⁴ + 物²) ある人のある事に報いる.

vergessen vi. (2支) 忘れる.

vergewissen vt. ① 確信をもって告げる,断言する,請け合う. ② vergewisst sein 確信した,納得した. vgl. nhd. vergewissern

vergift I. f./m./n. 毒. II. p.a. 毒のある；悪い.【類義語 vergiftig】

vergiftig adj. ① 毒の入った,有毒な. vgl. nhd. giftig.【類義語 vergift (p.a.)】 ② 悪意のある.

vergleichen vt. …に報いる,…のお返しをする. vgl. nhd. ausgleichen. refl. (物³に) 合わせる, (物³と) 折り合いをつける.

verglimpfen vt. ① 和らげる. ② 柔らかく表現する；美化する,正当化する.

vergönnen （別形 vergünnen, vergunnen）(本来話法の助動詞 können と似た語形変化をする) vi. (人³物²) うらやむ,ねたむ. vgl. nhd. missgönnen

vergraben vt. (人⁴を) 埋葬する. = nhd. begraben

vergünnen → vergönnen

verhaftet p.a. (in…に) 巻き込まれた，囚われた．

verhalten vt. 抑制する，止めておく，隠す．【類義語 einhalten】vgl. nhd. zurückhalten, vorenthlaten

verhanden adj. 存在する．= nhd. vorhanden

verhängen vt. なすがままにしておく，認める．vi. (人³) …の言いなりになる，…に同意する．【類義語 hängen】

verharren vi. (同じ場所，状態に) とどまる，抜け出せない；滞在する．

verharschen vi. 硬くなる，(水が) 凍結する．

verharscht p.a. 硬くなった；頑固な，かたくなな．

verhauen vt. ずたずたに切る，傷つける．

verheften vt. ① つなぎとめる．② (jn. mit et. <jm.>) ある人にある物〈人〉を結びつける，くっつける．

verhegeln vt. さえぎる，遮断する．

verhehlen (第Ⅳ類動詞・nehmen 型または弱変化) vt. 隠す．

verheiraten (別形 verheuraten) vt. 結婚させる．refl. (jm./zu jm.) …と結婚する．

verheischen (別形 verheißen) vt. 約束する．

verheit p.a. 恥ずべき，下劣な，いまいましい．

verhindern refl. 遅れる，遅くなる．

verhoffen vt. 期待する，望む．

verhohlen p.p. < verhehlen

verhöhnen vt. (軽はずみなことをして) 失う，取り逃がす，だめにする．vgl. nhd. verscherzen

verhören Ⅰ. (別形 verloren) vt. ① 聞く．② (人⁴の言うことを) よく聞く，傾聴する．③ (願いを) 聞き入れる．Ⅱ. (= nhd. verheeren) vt. 壊滅させる，破壊する．

verhüten vt. (jn. vor et.) ある人をある物から守る．

verhutzeln vi. しなびて縮む，しわになる． = nhd. hutzeln

verirren vt. (人⁴物²) 奪う．

verjehen vt. 話す，主張する；約束する；告白する，自白する．

verjouchen （別形 verjeuchen）vt. 追い払う． = nhd. verjagen

verkalten vi. 冷たくなる．

verkälten （別形 verkelten）vt. 冷たくする． refl. 冷たくなる．

verkasten vt. 入れる，詰める．

verkehren vt. ① 変える，変更する． ② 変質させる，ゆがめる，悪化させる，誤った方向へ向ける．

verkehrer m. 扇動者，誘惑者．

verkelken vt. 埋め込む，閉じ込める． vgl. nhd. kalken (壁にしっくいを塗る)．【類義語 vermauern】

verkelten → verkälten

verkideln vt. 接合する，張り合わせる．

verkiesen vt. 拒否する，はねつける．

verklittern vt. 汚い字で書く；よごす．

verknipfen vt. 結ぶ，結びつける． refl. 混乱する，もつれる． = nhd. verknüpfen

verkrimmen （第Ⅲ類動詞・binden 型）vi. 食い込む．

verkripfen → verkrüpfen

verkrüpfen （別形 verkripfen）(vi. または vt.) verkrüpft からまった，巻き込まれた．

verkundschaften vt. (人⁴を) 探る，探り出す，見張る．

verlag m. 必要な金，資金；資金提供，出資． vgl. verlegen

verlähmen （別形 verlemen）vt. 麻痺させる，萎えさせる． refl. 麻痺する，萎える． vgl. nhd. lähmen

verlassen vt. ① …を去る，離れる． ②(不定詞を伴って) 認める，…させる． vgl. nhd. lassen, zulassen.

③ (遺産・子供などを) あとに残す, 託す. vgl. nhd. hinterlassen.【類義語 befehlen, empfehlen】

verlaufen refl. ① 走り去る, 逃走する. ② 起こる, 生じる. ③ (時間が) 過ぎ去る.

verlechen vi. 干からびる；のどが渇いて死ぬ.【類義語 lechen】

verleckern vt. ぜいたくな味に慣れさす；甘やかす (vgl. nhd. verwöhnen), いい気持ちにさせる；その気にさせる, 誘惑する.

verlegen vt. ① ふさぐ, さえぎる, 遮断する. ② (人^4 のために) 費用を出す, お金を拠出する. vgl. verlag

verleihen (別形 verleichen) vt. (弱変化もあるほか, 過去分詞として verluhen もある) (人^3 物^4) 与える.

verlemen → verlähmen

verleugnen vt./vi./refl. (2支) …を否定する；…の素性を隠す.

verleurt verlieren の直説法3人称単数現在形. = nhd. verliert. vgl. verbeut, verdreust

verlierung f. 失うこと, 損失. = nhd. Verlust

verliesen vt. 失う. = nhd. verlieren

verloben (別形 verlüben) vt. ① 誓う, 約束する. ② …しないことを誓う. vgl. nhd. abschwören, verschwören

verlöcknen vi. (2支) 拒否する. = nhd. verleugnen

verlüben → verloben

verlumpt p.a. ふしだらな.【反意語 fromm】

vermachen vt. 閉める, 閉じる.【類義語 bedecken】

vermählen vt. (jm./mit jm.) …と結婚させる.

vermakeln vt. よごす, けがす.【類義語 vermasgen】

vermären (別形 vermeren) vt. 語る, 知らせる, (うわさを) 広める, 口外する, 漏らす.

vermasgen vt. よごす, けがす.【類義語 vermakeln】

vermasung f. よごれ, けがれ. vgl. vermasgen

vermauern vt. 埋め込む，閉じ込める．【類義語 verkelken】

vermeinen vt. ① …と思う．vgl. bereden, überreden.【類義語 einbilden】 ② …しようとする〈思う〉，意図する．

vermelden vt. ① 知らせる，報告する．② …のことを漏らす，裏切る．= nhd. verraten

vermengen vt.（jn. gegen jn.）2人の人間をあおって不和にさせる（もともと「混ぜる」の意味）．【類義語 verplengen】

vermeren → vermären

vermerken vt. 気づく，注目する．

vermessen refl.（2支/zu 不定詞）あえて…する，思いきって…する．

vermischen vt. 混乱させる，曇らせる．

vermissen vi.（2支）…を欠いている．

vermöglich adj. 能力のある，仕事ができる；影響力のある；（事が）可能な．

vermüden vt. 疲れさせる，疲弊させる．vi. 疲れる．

vermünzen vt.（金属を）貨幣にする，鋳造する，改鋳する．

vernarren vt. ① 浪費する．② vernarrt sein うっとり〈当惑，狼狽〉している．

verneuen vt. 新しくする．vgl. nhd. erneuern

vernichten vt. ① 価値を認めない，非難する．② 滅ぼす．

vernügen （別形 verniegen）I. n. 満足［させること］．II. vt.（jn.）満足させる．refl.（2支）…に満足する．

vernünftiglich （別形 vernunftiglich）adj. 理性的な．

verösen vt. 荒廃させる，滅ぼす．vi. 荒廃する．vgl. nhd. öde

verordnen vt.（方向を表わす語とともに）運ぶように指示する．

verpfeien vt. あざける，嘲笑する．【類義語 verpfuchzen】

verpflichtet p.a. (2支)…の義務を負っている．

verpflockt p.a. 杭に縛られた，拘束された．vgl. nhd. Pflock(杭)

verpfuchzen vt. あざける，嘲笑する．【類義語 verpfeien】

verplengen vt. 2人の人間をあおって不和にさせる（もともと「かき混ぜる」の意味）．【類義語 vermengen】

verpuschen vt. 隠す．【類義語 verbergen】

verrechten vt. ① 裁判によって没収する．② 裁判で失う．

verreden vt. 弁護する．refl. うっかり口をすべらせる．

verrenken vt. 曲げる，ねじ曲げる．

verrens adv. von verrens 遠くから．vgl. nhd. von fern

verreren vt. ① 落とす．② こぼす，流す．

verrichten vt. (争いを)調停する，収める．sich verrichten lassen (終油を塗るなどの儀式によって)死への準備をする．

verruchen vi. 配慮しない，気にしない．auf sich verruchen 我を忘れる．

verrücken (別形 verrucken) refl./vi. (完了の助動詞 sein) 移動する；立ち去る．

verrühmt adj. ① 知られた，有名な．② 評判のよくない，悪名高い．vgl. nhd. berühmt, berüchtigt

verrumpeln vi. (ときに aus verrumpeln の形で) だらしない生活をやめる〈やり尽くす〉．vgl. rumpliren

versäumen (別形 versaumen) refl. (sich et.²) …に間に合わない，遅れる，…を逃す〈逸する〉．vt. 放っておく，粗末に扱う．【類義語 verwahrlosen】

verschaffen vt. ① (dass…となるよう)取り計らう, (dass…)させる. ② 整える, 準備する.

verschalken refl. 悪事を行なう, 悪さをする.

verschamen vt. 恥をかかせる.

verscheiden I.(語形については scheiden を参照) vi. (完了の助動詞 sein)消える, 死ぬ. II. adj. 異なる, 違った. = nhd. verschieden

verscheinen vi. 消える, いなくなる；(時が)過ぎる；色あせる.

verschienen p.a. < verscheinen. (時が)過ぎ去った. vgl. nhd. vergangen

verschlagen (別形 verschlahen) vt. ① 拒否する. ② 隠す. ③(くぎを)打つ. refl. 隠れる

verschlägen (弱変化動詞) vt. ふさぐ, 閉鎖する.

verschlicken vt. 飲み込む. = nhd. verschlucken.【類義語 verschlinden, verschwelgen】

verschliefen (第Ⅱ類動詞・biegen 型) refl. もぐり込む, 隠れる.

verschlinden (第Ⅲ類動詞・binden 型) vt. 飲み込む. 【類義語 verschlicken, verschwelgen】

verschlof verschliefen の過去形.

verschmachen vi. (物¹人³)(人³にとって)価値がないように思われる, (人³が物¹を)軽蔑する, さげすむ. vt. 軽蔑してはねつける. = nhd. verschmähen

verschmächt f. 恥辱, 汚辱, 軽蔑. vgl. nhd. Schmach, Verschmähung

verschmähen vi. (人³)…に侮辱を与える, …にとって侮辱となる, …を怒らせる.

verschmählich adj. 軽蔑的な, 侮辱的な.

verschneiden vt. ① 滅ぼす, 殺す；傷つける. ② 去勢する. refl. 傷つく.

verschollen → versollen

verschonen vi. (2支)いたわる, 傷つけない.【類義

verschreiben vt. 書き留める，記録する．refl. 文書で約束する（約束の内容は zu 不定詞，副文，2 格名詞で表わされる）．

verschroten （第Ⅶ類動詞・stoßen 型）refl. 悩む，傷つく．

verschulden vt. ①（罪を）背負う．②（非難，罰などを）受ける．

verschütten vt. 台無しにする．es bei jm. verschütten（へまをやらかして）…の不興を買う．vgl. mus

verschwätzen vt.（人⁴について）うわさをたてる，密告する，秘密を漏らす．

verschweigen vt./vi.（2 支）ich verschweige…「…は言うまでもない，いわずもがな」

verschwelgen （別形 verschwelhen）vt. 飲み込む．【類義語 verschlicken, verschlinden】

verschwemmen vt. 浪費する．【類義語 verdämmen, verdämpfen】

verschwören vt. ① 忌み嫌う，呪う．② 誓って約束する．

versehen vt. 許す．refl. ① 予期する，期待する，覚悟する（予期する内容は 2 格，副文，zu 不定詞，an, auf などの前置詞で表わされる）．② 用心する，心配する．

versehnen vt. 悲しませる，苦しめる．

versehrig （別形 versehrlich）adj. 傷つける,痛ましい.

verselken vt. 沈める，落とす．

verseß m. 果たしていない義務（特にお金の支払い），支払いの滞り．

versetzen vt. ① 担保として差し出す，質に入れる．②（宝石を）はめ込む．

versinnen （第Ⅲ類動詞・binden 型）refl. ① 意識〈理性〉を取り戻す．② 注意深くなる，意識する．③（目

的語なし，または2格やdass文をとって)洞察する，わかる．

versolden vt. (人⁴)報酬を払う，給料を払って雇う．= nhd. besolden

versollen (別形 verschollen) vt. (dass文を伴って)(良いまたは悪い)結果を得る．

versparen vt. 後ろに置いておく〈隠す〉．refl. 後ろに隠れる．

verspeien vt. (第Ⅰ類動詞・leihen型または弱変化) ①(人⁴に)つばを吐く．【類義語 speien, speizen, spirtzen, verspützen】 ②あざける，嘲笑する．【類義語 speien】

verspielt p.a. ばくち〈賭け事〉が好きな，賭け事に熱中した．

versprechen vt. ①(自分の罪に関して)反論する，弁解をする，言い訳をする．②(人⁴を)弁護する．③非難する，そしる．refl. ①自己弁護する，弁明する，言い訳をする．②(人³に)忠誠を誓う，奉公する．【類義語 beschirmen, entschuldigen】

verspünden vt. ①(容器を)閉める，ふさぐ．②(あるものを)入れて閉じ込める．

verspützen (別形 verspürzen) vt. …につばを吐く；(比)…をばかにする．【類義語 speien, speizen, spirzen, spotten, verspeien】

verstand Ⅰ. verstehen の1・3人称単数接続法1式．Ⅱ. m. ①了解〈合意〉事項．mit jm. einen Verstand haben (敵などとひそかに)通じている．vgl. nhd. Einverständnis. ②理解，解釈．【類義語 auslegung. 反意語 missverstand】 ③意味．

verstanden Ⅰ. p.a. 分別のある，賢い．Ⅱ. 2人称複数に対する命令形．= nhd. versteht

verständnis f. 知力，理解力．= nhd. Verstand

verstarren vi. 硬直する，こわばる．= nhd. erstar-

ren.【類義語 versteinen, verstorren】
verstechen (第Ⅳ類動詞・nehmen 型) vt. (商人が品物を)交換する. verkaufen und verstechen (品物を)売る，売りさばく.【類義語 vertauschen, vertreiben】
verstehen vt. ① 聞く，聞き知る，認識する. ② 企てる，試みる. ③ (土地，組織を)管理する，統括する，支配する. ④ あるポストに就く；ある人の代わりとなる. refl. (物²の)知識〈心得〉がある. vi. ① 止まる，止む. ② (いい意味で)変わらない，ゆるぎない. ③ das pfand verstehen lassen 担保〈質〉を請け出す.
verstehlen (第Ⅳ類動詞・nehmen 型) vt. 隠す，言わないでおく. refl. 隠れる.
versteinen vt. 石を投げて殺す. vi. 固くなる，こわばる.【類義語 verstarren, verstorren】
verstellen vt. (顔を)ゆがめる. vgl. nhd. entstellen
versterben vt. (弱変化) 殺す，滅ぼす.
verstorren vi. 固くなる，こわばる. vgl. nhd. erstarren.【類義語 verstarren, versteinen】
verstoßen vt. 追い払う. refl. 激しくぶつかる，ぶつかってくだける.
verstreichen vt. 覆い隠す，消す，責任を逃れる；言いつくろう.
verstummen vi. 黙る. vt. 黙らせる.
verstümmen vt. 切断する. = nhd. verstümmeln
verstürzt p.a. 驚いた，うろたえた.
versuchen vt. (人⁴を)試す；誘惑する.
versucher m. (聖書において)誘惑する者，悪魔.
versünden refl. 罪を犯す. - nhd. versündigen
vert (別形 verd, fern, fernt) adv. 昨年；以前.【類義語 fernig】
vertan Ⅰ. vertun の過去分詞. Ⅱ. p.a. 浪費癖のある；だらしない，ふしだらな.

vertauschen vt. 売る.【類義語 verstechen, vertreiben】

verteidigen (別形 vertedigen, vertedingen) vt. 仲裁をする，(もめごとを)うまく収める.

verteilen vt. (人⁴に)有罪の判決を下す，断罪する. vgl. nhd. verurteilen

verterken vt. 暗くする，覆う；混乱させる. vgl. 英語 dark

vertiefen refl. ① 悪に染まる. ② 借金を背負う.

vertoben vi. 荒れ狂う，暴れる. vgl. nhd. toben

vertoren vi. 気が狂う；愚か者になる.

vertören vt. うっとり〈夢中に〉させる. vgl. nhd. betören

vertort p.a. 愚かになっている；夢中になっている.

vertrag m. et.² vertrag haben …を免除されている；隠す，口に出さない. vgl. vertragen ②

vertragen vt. ① 間違った方向へ導く，そそのかす. vgl. nhd. verführen, verleiten. ②(jn. et.²) 開放する，免除する. et.² vertragen (p.p.) sein …から免れている. vgl. vertrag. ③ 運び去る，移す. ④ 中傷する. vi. (人³の)なすがままにさせる，甘やかす.【類義語 übersehen】

vertränken vt. 溺死させる，水につけて殺す；滅ぼす. = nhd. ertränken

vertrau n. 信頼，信用. = nhd. Vertrauen. auf gut vertrau 演劇において人物が登場する際，kommen とともによく用いられる常套句.

vertrauen vt. ① 思う. ②(人⁴を人³と)結婚させる；婚約させる. refl. (jm./in jn.) 信用する.

vertrauern vt. …を悲しむのをやめる.

vertreib m. vertreiben の名詞化：追放，駆除. = nhd. Vertreibung. vgl. nhd. Zeitvertreib

vertreiben refl. sich für et. vertreiben 自分を…だ

と偽る，自称する．　vt. 売る．【類義語 verstechen, vertauschen】

vertrinken vt. ①（…のために）酒を飲む．葬儀や洗礼の際に宴を開く習慣があり，das Kind vertrinken（洗礼を受けた子供を祝って酒を飲む）のような言い回しがあった．② 酒を飲むことで消費する〈失う〉．目的語は酒，お金，理性など．③ 過去分詞 vertrunken の形で：大酒飲みの．

vertrogen adj. あくどい，ずるい．

vertrugen vi. 干からびる．= nhd. vertrocknen

vertrunken → vertrinken ③

vertrunkenheit f. 飲み過ぎ，酩酊．

vertumnis f./n. 永遠の断罪．= nhd. Verdammnis

vertun vt. ① よそへ移す，手放す，分け与える．② 消費する，使い果たす．refl. 遠ざかる；道に迷う．

vertunlich adj. 浪費好きな，ぜいたくな．

verüben vt. 訓練する，鍛える．

verunreinen vt. 汚くする，よごす．= nhd. verunreinigen

verunwerten vt. 軽んじる，価値を認めない．

vervalwen vi. 色あせる．【類義語 falben】

vervielen unp.（人^4 物^2）多すぎる［ように思われる］；うんざりする，厭う．

verwähnen（別形 fürwenen）vt. 思う，みなす；(誤って)考える，思い込む．

verwahren vt. ① 観察する；監視する；見守る．② 拘禁する．

verwahrlosen refl. 軽率なこと〈ばかなこと〉をする，自分を大事にしない．自分の身を危険にさらす．vt. 放っておく，世話をしない．【類義語 versäumen】

verwar adv. まことに，まさに．vgl. nhd. fürwahr

verwasen vi.（in…）…に覆われる，根付く．

verwaten vi./refl. にっちもさっちもいかなくなる，

誤った道に入り込む，巻き込まれる．【反意語 erwaten】

verwegen （第Ⅴ類動詞・geben 型）vt. （不正によってかえって）危険にさらす，だめにする．refl. ①（2支）あきらめる，やめる，見放す．②(zu…)決心する，覚悟する．

verwegenlich （別形 verwegentlich）adv. 無思慮に，無分別に，不遜に．

verweis （別形 verweisz, verwiß）m. ① 非難，叱責．【類義語 verweisen】② 恥，不名誉．

verweisen Ⅰ. vt.（弱変化または第Ⅰ類動詞・steigen 型）① そそのかす．② 追放する．③ 非難する．【類義語 aufheben】vi. 孤児になる．= nhd. verwaisen；（土地が）見捨てられる．Ⅱ. n. 非難．【類義語 verweis】

verwelchen refl. 変装する，姿を変える．

verwenden vt. 他へ向ける；変える．refl. 変わる，変質する．

verwerfen vt. ①（束縛を）払いのける，…から解放される．② 捨てる．

verwesen vt. ① 味方する．【類義語 verfechten】②（仕事，任務を）行なう；管理する．vi. 仕事をする，職務を果たす．

verwidern refl. (2支)拒否する．

verwiderung f. 拒否，抵抗．

verwieren vt. (装飾品を)はめ込む，織り込む．

verwigt verwegen の直説法3人称単数現在形．

verwilden refl. 疎遠になる，離反する．

verwilligen vt./refl./vi. (in…) 同意する，承諾する，受け入れる．vgl. nhd. einwilligen

verwindeln vt. 変える．refl. 包まれる．

verwinden vt. ① 打ち勝つ．②(人⁴物²)罪を認めさせる．

verwirken I. vt. ① 加工する. ②(悪いことを)引き起こす, しでかす. Ⅱ. n. 過失, 罪.

verwiß → verweis.

verwissen verweisen(vt.)の過去分詞. = nhd. verwiesen

verwitzen vi. 愚か者になる.

verwohnen (別形 verwöhnen) vt. (人^{4}に)信じ込ませる, 吹き込む.

verworfen p.a. ① 価値のない, 使えなくなった；みすぼらしい. ② 呪われた. ein verworfener tag 不吉な〈不幸な〉日.

verwundern refl. (2支)不思議に思う；驚嘆する.

verwürren vt. 混乱させる, 乱す. = nhd. verwirren

verwürrt p.a. (人が)混乱した, 頭がおかしくなった.

verzagen vi. 絶望する, 気力を失う；(宗教的に)救いを失う, (an jn.)信頼しなくなる, (神への)信仰を失う.【類義語 verzweifeln】vt. 気おくれさせる. p.a. (verzagt) 絶望した, 気力を失った.

verzählen (別形 verzelen) vt. ① 弾劾する, 有罪の判決を下す. ② 語る, 報告する.

verzehnten vt. …の10分の1[税]を納める.

verzehren vt. (時を)過ごす.

verzeihen (別形 verziehen) vt. ①(人^{4}物^2) 拒否する, 与えようとしない. ② 許す. vi. (auf…)/refl.(2支)あきらめる.

verzelen → verzählen

verziben vi. 徐々に死滅〈枯死〉する.

verziehen vi. 遅れる, 待たせる, ぐずぐずする；待つ, とどまる. vt. 先延ばしにする, [当面]無効にする.

verzirken refl. 閉じこもる, 中にある.

verzweifelt p.a. 非道な, 恥ずべき.【類義語 kruftlos, ohnmächtig ③, seellos】

verzwicken vt. つなぎ止める, 固定する, 縛る；強固

にする．vgl. nhd. Zwecke（鋲(ﾋﾞｮｳ)，画鋲）

vettekeit f. 脂肪．【類義語 schmer】

vetter m. おじ；おい；身内，一族．「おい兄弟」「友よ」といった単なる呼びかけにも使われる．

vicari m. 補佐，代理．

viegel → viol

viele （別形 viel）f. 量；多数，多量．

vielnach （別形 vielnahe）adv. ほとんど．vgl. nhd. beinahe

vierdung m.（重さの単位）$\frac{1}{4}$ ポンド（= 6 lot）．vgl. lot, fierling

viere f.（時刻の）4時．

vierthalb 3と2分の1．

vigilg f. 供養のためのミサ，通夜の祈り．vgl. nhd. Vigilie

villen vt. 罰する，苦しめる．

viol （別形 viegel）f./n. すみれ．= nhd. Veilchen

violisch adj. すみれの［ような］．

vipernater f. 毒ヘビ．= nhd. Viper

visament f.（紋章の）下絵，構想．vgl. nhd. Visierung

visieren vt.（紋章を）描く．

visierlich adj. おかしな，こっけいな，おどけた；奇妙な．

visitieren vt. 訪問する，訪れる．

visonomie （別形 visonomei, visignomei）f. 顔，顔つき．vgl. nhd. Physiognomie

vlage （別形 phlage）f. 苦しみ；災難，災害；攻撃．vgl. nhd. Plage

vliche f. 羽根，つばさ．

vogelruhe （別形 vogelrug）f. お昼時（= 鳥が休むとき）．

vogelwat f. 鳥の羽根．vgl. wat

vöglein n. vöglein sorgen lassen 忘けている，のん

vögler m. 捕鳥者，鳥のハンター．
vogtei f. 代官の職．
voland m. 悪魔．
volkelech （別形 volkelecht）n.（Volk の縮小形）民衆，下層階級．vgl. nhd. Völklein
voll adj. 酔っている，うっとりしている．
vollachten vt. すべて挙げる；（否定文で）数えきれない，言い尽くせない，筆舌に尽くし難い．
vollaufen vi./refl. ①（時間が）過ぎる．②（容器などが）いっぱいになる，あふれる．vi. 歩き続ける，最後まで歩く．
völle f. 酔い，酩酊．【類義語 trunkenheit】
volleist f. ① 完成，完全．② 援助[者]．③ 力．
volleister m. 創始者；実行者；援助[者]．
vollen adv. 完全に，十分に．
vollenclichen （別形 vollecliche）adv. 完全に，たっぷりと．
vollenfahren vi. 自分の正しさを証明する．
völliglich adj. ① 完全な．② たっぷりとした，ありあまるほどの．
vollkommen vi. 完全になる，最後まで行き着く，成就する，遂行される
vollmon m. 満月．= nhd. Vollmond
volloben vt. ほめちぎる，絶賛する．【類義語 vollpreisen】
vollpreisen vt. ほめちぎる，絶賛する．【類義語 volloben】
vollsagen vt. 言い尽くす．【類義語 vollsprcchcn】
vollschöpfen vt. ①（非分離）汲み尽くす．②（分離）（容器を）満たす，一杯にする．
vollsingen vt. 歌で完全に表現する．
vollsprechen 言い尽くす．【類義語 vollsagen】

vollwachsen p.a. 十分に成長した.

vollwanst m. 太った腹, 腹の太った人(金持ちのたとえ).

vor I. adv. ① 以前, 先ほど. vor noch je 一度も…ない. ② 事前に. II. präp. = nhd. für. vor sich allein それ自体は.

vorab adv. 特に, とりわけ.

voranhin adv. 事前に, あらかじめ. = nhd. vorher

vorbank (別形 fürbank) f. (持ち運びできる)いす.

vorbesehen vt. あらかじめ考える〈吟味する, 準備する〉, 計画する; 予測する. vgl. vorbesicht

vorbesicht f. (神の)計画, 配慮. vgl. vorbesehen.【類義語 vorbesichtigkeit】

vorbesichtigkeit (別形 vorbesichtekeit) f. (神の)計画, 配慮.【類義語 vorbesicht】

vorbilden (別形 fürbilden) vt. 描く, 示す. refl. (sich³ et.) 思い描く; 妄想する.

vorbringen (別形 fürbringen) vt. ① 取り出す. ② 促進する, (事を)進める.

vorburg (別形 vorbürge) n. vorburg der hölle という形で 地獄の辺土(Limbus)を表わす. vgl. nhd. Vorhölle

vorder I. adj. ①(空間)前方の. ②(時間)以前の, 前の. die vorderen 祖先; 両親. II. adv. さらに; さらに前へ.

vorfahren (別形 fürfahren) vi. 続ける, 続行する.

vorgang (別形 fürgang) m. 優先. = nhd. Votritt

vorgängerin f. 産婦の世話をする人.

vorgeben vt. 知らせる, 教える; (課題, 模範を)示す.

vorgehen (別形 fürgehen) vi. ① すれちがう. ② 通りかかる, 通り過ぎる. ③(人³よりも)先に行く; まさる; 優先される.【類義語 obliegen, vortun】

vorgemelt p.a. 前述の.【類義語 jetztberührt, jetzterzählt, obengenannt, oberzählt, obgemelt, vorgenannt】

vorgenannt p.a. 前述の.【類義語 jetztberührt, jetzterzählt, obgemelt, obgenannt, oberzählt, vorgemelt】

vorhalten (別形 fürhalten) vt. ① 信じこませる，本当に見せかける. ② (jm. et.)(目の前で)見せる, 示す, 教える.

vorhanden adj. ① 居合わせている，存在する. ②(時間的に)目前に迫っている.

vorheben vt. jm. eine frage vorheben 質問をする. vgl. nhd. vorlegen

vorhin adv. ① 事前に，前もって. = nhd. vorher, zuvor. ② 以前は. ③ これから先.

vorkauf (別形 fürkauf) m. 先物買い. vgl. nhd. Aufkauf

vorkommen (別形 fürkommen) vt./vi. (3支)(先んじて)防止する.

vorlängst (別形 vorlangest) adv. すでに, とうの昔に.

vorlaufen (別形 fürlaufen) vi.(完了の助動詞 haben) (人³を)追い越す. vgl. nhd. überholen

vorlegen vt. 説明する，述べる.

vormalens (別形 vormalen) adv. 以前. = nhd. vormals

vormittel n. 助け.

vormittels präp. (2支)…を用いて，…によって. = nhd. vermittels

vornan adv. 前方に〈で〉，先頭に〈で〉；先に.

vornehm adj. 主要な，重要な.

vornehmen (別形 fürnehmen) I. vt. ① (et./sich³ et.) 企てる，計画する. ② とがめる，注意を与える. ③ jn. mit recht vornehmen 裁判に訴える，尋問する. II. n. ① 計画, もくろみ.【類義語 vorschlag】② 行動,

振る舞い.

vorreiten (別形 fürreiten) vi. (馬で)通りかかる.

vorsatz (別形 fürsatz) m. 意図. mit <aus> vorsatz 故意に，わざと.【類義語 vorteil】

vorschlag m. もくろみ，意図.【類義語 vornehmen】

vorsein vi. (3支) ① 妨げる，防ぐ. ② einem Amt vorsein ある仕事に従事する.

vorsetzen vt. ①(人³物⁴)前貸しする. ②(sich³ et.) 企てる，もくろむ，考える.

vorsichtig (別形 fürsichtig) adj. 賢い.

vorsparen vt. (jm. et.)与えないでおく. vgl. nhd. vorenthalten

vorspiegeln (別形 fürspiegeln) vt. (鏡に映すように)示す，見せる.

vorsprach (別形 fürsprech) m.(弱変化)弁護士.【類義語 anwalt, prokurator, redner】

vorteil m./n. ① 特権，優先権. ② 意図；策略. mit vorteil わざと，悪意で.【類義語 vorsatz】

vorteilig (別形 vorteilhaftig) adj. ずるがしこい，狡猾な.

vorteilisch adj. 欲張りな.【類義語 geitig, karg】

vortuch (別形 fürtuch, fürduch) n. 前掛け，エプロン. vgl. nhd. Schürze

vortun vt. ① 先に行なう. ② es jm. an et.³ vortun …である人にまさる.【類義語 vorgehen, obliegen】

vorwenden → fürwenden

vorwind m. 追い風.

vorwitz (別形 fürwitz) I. adj. こざかしい，小利口な.【類義語 klug】 II. m. 好奇心.【類義語 wundergern】

vorzeiten → zeit

vorziehen vi. (別形 fürziehen) (人³よりも)先に進む，抜きんでる.

vreischen (別形 vereischen) vt. (規則動詞だが

vrisch という過去形もある）聞き知る，（尋ねて）知る．

W

wa → wo
wach int. 驚きや不快を表わす．
wachsen vi.（完了の助動詞 haben）育つ．
wacker （別形 wacher）adj. 目覚めた；生き生きした，元気な．【類義語 munter】
waffel f. 口．【類義語 maul, mund】
waffen int. 助けて！【類義語 wafnot】
wafnot int. ああ，助けてくれ！【類義語 waffen】
wag m. 河川；湖沼．vgl. nhd. Woge
wage f. ① ゆりかご．= nhd. Wiege. ② 拷問の道具の一種．③ どちらにころぶかわからない状態．wage des Glücks とも表現される．auf der wage stehen <liegen, sein> 剣が峰に立っている．
wagen Ⅰ. m. ① 馬車．複数形として wegen もある．② 大熊座．Ⅱ. vi. 揺れる．
wähe → wehe
wähen → wehen
wahle （別形 wal, walch）m. フランス人，イタリア人．vgl. welsch
wahn （別形 wan, won）m. ① 不確かな〈誤った〉考え．ohne <sonder> wahn 確かに．② 考え．③ 期待．④ 意図．
wähnen （別形 wehnen）vt./vi.（zu 不定詞や副文を伴って）…と思う，思い込む．wohl wähnen 良いことを期待する．vgl. wonte（過去形）
wahnwitzig adj. 気が狂った；思慮が足りない，愚か

な：もうろくした. vgl. aberwitz, nhd. Wahnwitz, wahnsinnig.【類義語 aberwitzig】

wahr （別形 war）I. f. 注意, 顧慮. vgl. wahrnehmen. II. adj. wahr haben 真実を言っている, 正しい. = nhd. recht haben. wahr sagen 本当のことを言う.

währen （別形 wehren, weren, wern）vi. 続く, 持続する. vt. ① 与える. vgl. nhd. gewähren. ②(dass 文／人⁴ 物²) 認める, 保証する.

wahrhaft adj. (心が)偽りのない, 純粋な, 正直な.【類義語 wahrhaftig】

wahrhaftig adj. 誠実な, 正直な.【類義語 wahrhaft】

währhaftig → wehrhaftig

wahrliche （別形 werlich）adv. 本当に.

wahrnehmen vi.（2支）① 注意する, 気をつける；見張る. ② 目にする, 気づく. vgl. wahr I.

wal → wahle

walch → wahle

waldbruder m. 隠者, 世捨て人. vgl. nhd. Einsiedler, Eremit

waldschellig adj. (野獣のように)荒っぽい, 粗暴な.【類義語 schellig, unsinnig】

waldenberger m. 暴君.

waldesel m. 野生のロバ.

walen vi./refl. 転がる. vgl. nhd. wälzen.【類義語 umwalen】

walholz n. (練った粉をのばす)のし棒. vgl. walen, nhd. Walze

walken vt. ①(第Ⅶ類動詞・halten 型) 殴る. ②(弱変化)(別形 walgen) 動かす.

wallbruder （別形 walbruder）m. 巡礼者. = nhd. Wallfahrer, Pilger

wallen vi. ①(弱変化) 巡礼する, 詣でる. ②(第Ⅶ類動詞・halten 型) わき上がる.

wällen (別形 wellen) vt. et. zu haufe wellen つなぎ合わせる，凝固させる．vgl. nhd. wällen（沸騰させる，煮立たせる）

walstatt f.（別形 waldstatt）f. ① 戦場．② 処刑場．③ 場所．

waltig （別形 weldig, weldich, starkwaltig）adj. 力のある，強大な．= nhd. gewaltig

wamisch （別形 wamesch, wamas, wammes etc.）n. 胴着，ジャケット．= nhd. Wams

wandel m./n. ① 欠点．wandels frei 非の打ち所がない．vgl. wandelfrei．② 生活態度，行状；（世の）移り変わり，営み．③ 変化．④ 贖罪；罰金．

wandelfrei adj. 欠点のない，非の打ちどころのない．vgl. wandel

Wangen 村の名前．村民の愚行で有名．

wänig （別形 wenig）adj. wänig sein, dass… …と思う．vgl. wähnen

wank I. winken の過去形．→ winken. II. m. ohne <sonder> wank 間断なく，常に；忠実に，しっかりと．vgl. nhd. schwanken.【類義語 wanken】

wanken n. ohne <sonder> wanken 確かな，しっかりした；物おじしない；身持ちのよい；常に，たゆまず．【類義語 wank】

wann （別形 wan）I. cj. ① = nhd. wenn. ②（除外を表わして）…を除いて，…以外の；（比較の対象を表わして）…よりも．【類義語 dann, denn, wenn】 ③（事実の認容を表わして）wann dass… …ではあるが．= nhd. obwohl．④（理由を表わして）というのも．II. adv. どこから．von wann <wannc, wanncn> も同じ．

wanne （別形 wann, wannen）→ wann II.

wannen vt. ① ふるいにかける；より分ける．eier wannen. ei の項を参照．② 振る，揺する．

war I. f. ① 財産．② 品物．= nhd. Ware. essende

war 食べ物，食料. ③ → wahr. Ⅱ. adv. どちらへ，どこへ. vgl. nhd. wohin

ward werden の直説法1・3人称単数過去形. = nhd. wurde

warden werden の直説法1・3人称複数過去形. = nhd. wurden

warnen refl. (gegen…)(よくないものに対して)用心する，準備する.

warte (別形 wart) f. 奉仕.

warten vi. (基本的に弱変化だが，まれに強変化の過去分詞 gewarten が見られる)(人²/auf 人⁴) ① 待つ；期待する. ② 仕える，面倒を見る.【類義語 hüten】③(仕事を)する，(職務を)果たす. vt. ① …を期待する. = nhd. erwarten. ② 見る，注意を払う. warten, dass… …するように気をつける，…するようにする.【類義語 lugen】

wärterhaus n. 見張り番の家.

wartkind n. 羊飼いの少年. vgl. nhd. Hütejunge

wartung f. ① 世話；食事の世話，給仕. ② 見張り.

was Ⅰ. sein 動詞の直説法1・3人称単数過去形. = nhd. war. Ⅱ. = nhd. etwas

wascha m. トルコなどで高官に与えられた称号. = nhd. Pascha

waschen (別形 weschen) vi. おしゃべりをする.

waser pron. どのような. vgl. nhd. was für ein.【類義語 waserlei】

waserlei pron. どのような.【類義語 waser】

wasser n. ① 水. kein wasser trüben やましいところがない. ② 尿.

wasserduft f. もや，水蒸気.

wasserflage f. 洪水.【類義語 wasserflut】

wasserflut f. 川[の流れ]；洪水.【類義語 wasserflage】

wasserstelze f.（鳥）セキレイ． = nhd. Bachstelze
wasserwind m. 海風．
wat f. 衣服，衣；布．vgl. vogelwat
waten （別形 watten）vi.（障害などをかき分けて）進む；前進する，前へ突き進む．
wätschger （別形 wetscher, wetschke）m. 旅行かばん；財布．
webe n./f. ① 織物．② クモの巣．
weben I. vi. ① 動く，活動する．②（風が）吹く．【類義語 wegen】vt. wohltat weben 正しく行動する．II. n. 生活，行ない．【類義語 leben】
weber m.（比喩的に）うそつき．vgl. nhd. Lügengewebe
wecheln vi. はためく，翻る，なびく．
wechsel m. 両替商，両替屋．
wechselwort n. ① 言葉のやりとり，対話；やりとりする言葉．② 矛盾する発言．
wechsin adj. 蠟(ろう)でできた．= nhd. wächsern
weder cj. ① A weder B「AもBも…ない」．現代語と異なり，この意味に対する形式は多様であり，weder A weder B, A noch Bといった形もある．② weder A oder B「AまたはB」．= nhd. entweder ③（除外を表わして）…を除いて，…以外に（weder eben の形をとることもある）．④（比較の対象を表わして）…よりも．= nhd. als
weflich （別形 weppenlich）adj. ① 紋章にふさわしい．vgl. nhd. Wappen．② 武装の，戦いの．vgl. nhd. Waffe
wcgc adj. 良い，有益な．
wegeman m. 旅人，放浪者．
wegen （別形 wägen）I.（過去形 wag, wug 過去分詞 gewegen, gewogen）vi. 動く．vgl. nhd. bewegen. vt. ① 重さを量る．② 評価する．II. vi.（風が）吹く．

= nhd. wehen.【類義語 weben】Ⅲ. wagen（馬車）の複数形.

weger wege の比較級.

wegern refl.（2支）…を拒否する. = nhd. weigern

wegfertig adj. ① 旅行中である. ② 出発の準備ができた；…する用意がある.

weggeld n. 旅費, 路銀.

wegschied m. 分かれ道. vieriger wegschied 十字路, 四つ辻. = nhd. Wegscheid

wegung f. 動き. = nhd. Bewegung

wehe （別形 wähe, wech）（物にも人にも用いられる）adj. 美しい, 上品な, 巧みな, みごとな.

wehen （別形 wähen, weien）vt. みごとに形作る. vi. ①（mit et.）…をなびかせる, ひらひらさせる. ②（風が）吹く.

wehr （別形 wöhr）f. 武器.

wehren Ⅰ. → währen. Ⅱ.（別形 weren, wern, wören）vi./vt. ①（人³/vor jm. に）抵抗する, 拒む. ②（人³の物⁴を/物³を）阻止する, 妨げる；禁止する. ③（物⁴を）守る. ④（物⁴を）阻止する. refl.（2支）…に対して身を守る, 抵抗する, 逆らう.【類義語 erwehren, steuern】

wehrhaftig （別形 währhaftig）adj.（建物などが）防備を固めた, 堅固な；（人が）恐れを知らない, 勇敢な. = nhd. wehrhaft.【類義語 wehrlich, unerschrocken】

wehrlich （別形 werlich, wörlich）adj.（城や都市が）防備を固めた, 堅固な, 難攻不落の. = nhd. wehrhaft.【類義語 wehrhaftig】

wehtag （別形 wehtage）m. 痛み, 苦しみ；陣痛；病気.【類義語 schmerz】

weib n.（複数形として weib, weibe 等もある）① 妻. ② 女性.

weibel m. ①（軍隊の）伝令官. ② 廷吏, 廷丁.

weiben vi./vt. 妻を娶る，結婚する．vgl. mannen

weiberteiding （別形 weiberteding）n./f. くだらぬおしゃべり，たわごと．vgl. teiding

weibsname m. 女性．

weich adj. (人が) 軟弱な．

weichen vt. 神聖にする，聖別する，祝福する．= nhd. weihen. vi. (第Ⅰ類動詞・reiten 型) 去る，立ち去る．

weiden vi. ①(羊飼いが) 放浪する．②(動物が) 草を食べて歩く．

weidenkopp （別形 weidenkopf）m. ヤナギのてっぺん．

weidlich Ⅰ. adv. ① 元気に，陽気に．② 上品に，優美に．③ 大いに．Ⅱ. adj. すぐれた，りっぱな；体格のいい；(女性が) 美しい．

weidling m. ① 小舟．【類義語 nachen, kahn】②(別形 weitling) 皿，どんぶり．

weidmann m. 猟師．

weidner m. 猟刀．= nhd. Weidmesser

weidvogel m. 野鳥．

weidwerk n. 狩猟．

weien → wehen

weier → weiher

weigand （別形 wygant）m. 英雄，戦士．

weiger → weiher

weihbrunn （別形 weichbrunn）m. 聖水．= nhd. Weihwasser

weiher （別形 weier, weyer, weiger）m. 池，沼．jm. weiher brennen <verbrennen, anzünden> 沼を燃やすぞと脅すことから，中身のないことのたとえ．

weil Ⅰ. cj. ①(時間的) …している間．【類義語 alleweil】②(時間的) …して以来．③(理由) …なので．Ⅱ.(別形 wil, weiler, weihel) m./f. (修道女がかぶる)

ベール.

weile f. 時間. keine <deheine> weile しばらくの間. unter weilen ときおり. vgl. nhd. zuweilen

wein I. m. jm. den wein ausrufen. ausrufen の項を参照. kühler wein. kühl の項を参照. II. 不定詞. = weinen

weinen vt. …を悲しんで泣く. = nhd. beweinen

weineule (別形 weinül) f. 飲んだくれ, 大酒飲み.

weinkauf m. (商談をまとめるための)手打ちの酒. = nhd. Leitkauf, Leikauf

weinleute → weinmann

weinmann (複数形は weinleute) m. ① ワイン農家, ワイン醸造者；(転じて)酒飲み. ② 居酒屋の主人.【類義語 weinschenk】

weinschenk m. 居酒屋〈酒屋〉の主人.【類義語 weinmann】

weise adj. 人³[物⁴] weise machen だます, だましてある事を信じ込ませる.

weislich (別形 wislich) adv. 賢く.【類義語 kluglich】

weiß I. ① weisen の1・3人称単数接続法1式. = nhd. weise. ② wissen の1・3人称単数直説法現在形. II. f. やり方. = nhd. Weise. III. adj. 賢い. = nhd. weise

weißmuß n. 小麦粉と牛乳のムース〈おかゆ〉.

weißt wissen の3人称単数直説法現在形. = nhd. weiß

weiters adv. さらに. = nhd. weiter

weitling m. ①(別形 witling) 男やもめ；独り者. ②(別形 weidling) 皿.

weiz (別形 weytz) m. 小麦. = nhd. Weizen

welcher 関係代名詞(男性単数3格として welchen の形もある) ①(定関係代名詞) = nhd. der. ②(不定関係代名詞)…する人. = nhd. wer. ③(特定の先行詞

をとらず付加語的に使われる．機能的には不定関係代名詞的．英文法の関係形容詞に近い）どんな…でも．例：welcher Bawm nicht gute Frucht bringet, wird abgehawen, vnd ins fewr geworffen 良い実を結ばない木は切り倒され，火の中へ投げられる（1546年版ルター聖書，マタイ 3, 10）．

weld （別形 welde）wald（森）の複数形．

welf m. 若い獣（イヌ，ライオン等）．= nhd. Welpe

welle f.（まき，わらなどの）束．

wellen → wällen

welsch I. n. フランス語，イタリア語．II. adj. フランスの，イタリアの．vgl. wahle

welt f. eine große welt 大勢の人々，人々の集まり，群衆．

weltläufig adj. ① 世故にたけた．vgl. nhd. weltgewandt, weltklug. ② 世界に広まっている，世にはびこる．vgl. nhd. landläufig

wen → wenn

wend （別形 went, wendt）wollen の 1・2・3 人称複数直説法現在形．wellend が縮約したもの．

wende f. 方角，方向．

wenden vt. ①（悪いものを）取り除く．② 離反させる，背かせる．③（費用，労力を）使う，費やす vgl. nhd. verwenden, anwenden

wenig → wänig

wenken vi. ① 退く，引き下がる．② 合図する．vgl. nhd. winken. refl. 退く，引き下がる．

wenn I. 疑問詞 いつ．= nhd. wann. II.（別形 wen）（比較・除外の対象を表わす）…よりも，…を除いて．【類義語 wann, dann, denn】

weppe （別形 wippe）n. 織物．vgl. nhd. Gewebe

wer I. ① sein 動詞の 1・3 人称単数接続法 2 式．= nhd. wäre. ② werden の 1・3 人称単数接続法 1 式．

= nhd. werde. II. = wenn einer または wenn man

werben vt. 行なう, 遂行する. vi. (nach …を)求める, 得ようと努める.

werchtag m. 平日. = nhd. Werktag

werd ① = nhd. werdet. ② = nhd. werde

werden I. vi. (人³の)ものになる, 与えられる. II. 助動詞 ①(未来・推量)…であろう. ②(werden の過去形＋不定詞)一般に起動相(…し始める)を表わすと説明されるが, テキストによってはこの形式が頻繁に現れることから, 逐一「…し始める」と訳す必要はない.

werdet (別形 werdit, wirdet) werden の直説法3人称単数現在形. = nhd. wird

were I. f. 防御, 抵抗. sonder ＜ohne＞ were 無抵抗で；邪魔されずに. = nhd. Wehr. II. sein 動詞の接続法2式. = wäre

weren ① → währen. ② → wehren. ③ sein 動詞の接続法2式. = nhd. wären

werfen (現代語と異なり, 命令形や直説法3人称単数現在形で母音 ü を伴うことがある：würf, würft) vt. ①(jn. mit et.)ある人にある物を投げる. ②(旗などを)掲げる.

werk n. ① 城攻めの武器, 攻城砲. ② 要塞, 防衛施設.

werkeltag m. 平日, 仕事日. = nhd. Werktag

werken vt. 行なう.【類義語 wirken】 vi. 仕事をする, 作業する.

werker m. ① 職人, 鍛冶屋, 金属細工師. vgl. nhd. Handwerker. ② 創造者.

werkleute pl. 建築職人, 大工.

werlich → währliche

wern → währen, wehren

werren (第Ⅲ類動詞・helfen 型) vt. 混乱させる, 煩わせる.

wert adj. (2支)…を受ける価値がある, …にふさわしい.

werthalten vt. 尊重する，尊敬する，高く評価する．

wes Ⅰ. 疑問詞 なぜ．vgl. nhd. weshalb．Ⅱ. pron. was の2格．= nhd. wessen

weschen → waschen

wesen Ⅰ. sein 動詞の不定詞．Ⅱ. n. 状態；存在．et. in wesen behalten 良い状態に保つ．vgl. nhd. et. instand halten．sein wesen in…haben …に滞在する，いる．

wesentlich （別形 wesenlich, weslich）adj. 実際にある，存在する．

west wissen の1・3人称単数接続法2式．= nhd. wüsste

wetschger （別形 wetscher）m. 旅行かばん，ショルダーバッグ．

wetter n. ① 嵐；雷，稲妻．② 天気．

wettung f. 賭け．= nhd. Wette

wetzen refl.（an…）…と対立する．

wicke f. ソラマメ．nicht eine wicke 少しも…ない．

wide （別形 wid）f. ヤナギの枝；ロープとして使う細枝，絞首索．= nhd. Weide, Wiede

widem （別形 widum）m./f./n. 寡婦産．= nhd. Wittum．widemsweise 寡婦産として．

wider Ⅰ. präp. …に対して．Ⅱ. adv. 再び；戻って．= nhd. wieder．wider und für（別形 wider und fort）あちらこちら，至る所；前と後ろへ，行ったり来たり．

widerbellen （本来第Ⅲ類動詞・helfen 型）vi. 吠えかかる，反抗して吠える．

widerbot n. ① 禁［止］令．② 宣戦布告．vgl. widersagen

widerdienst m. お返し．vgl. nhd. Gegendienst

widerdraben n. 帰ること，帰還．

widerdruss （別形 widerdries）m. 不愉快なこと〈気分〉，怒り．= nhd. Verdruss

widerfechten vi./vt. 戦う,抵抗する;異議を唱える.

widergelt n./m./f. 報い,お返し.

widergelten vt. (人³物⁴) ① 支払う. ② 償う,弁償する. ③ 報復する,復讐する.

widerglanz m. 反射する光,反照,照り返し. vgl. nhd. Abglanz

widerhake m. ohne widerhaken 妨げられずに,抵抗されずに. vgl. widerschlag

widerhart m. 抵抗. vgl. nhd. Widerhalt

widerkallen vi. 反論する,文句を言う.【類義語 murmeln】

widermut m. 敵意,嫌悪感,不愉快;悲しみ,憂うつ.

widern refl. (2支)…に反対する,…をはねつける.【類義語 sperren, spreißen, sträuben】

widernis n. ① いやな思い,苦しみ.【類義語 betrübnis】 ② 敵対,妨害.

widerpart m./f. 敵,敵対者,相手方.【類義語 widerteil】

widerrede f. 異論,反論. ohne widerrede 文句なしに,間違いなく,確かに.

widersache m. (弱変化) 敵. = nhd. Widersacher. f. 反対〈逆〉のもの;敵対.【類義語 widersatz】

widersagen vi. ①(人³に) 敵意を表明する,宣戦布告する. vgl. widerbot. ② 反論する.

widersatz m. ① 妨害,抵抗. ② 敵対［者］. ③ 反対,対極.【類義語 widersache】

widerschach m. ohne widerschach 悪意なく,敵対心なく.

widerschlag m. 抵抗,反撃. ohne widerschlag 抵抗されずに,簡単に,造作なく. vgl. widerhake.【類義語 widerstoß, widerstrauß, widerstreit】

widersinnig adj. わがままな,頑固な,つむじ曲がりの. = nhd. eingensinnig.【類義語 irrig】

widersinns adj./adv. 逆の,反対の;反対意見の.

widerspenig adj. (gegen…)(…に対して)反抗的な. = nhd. widerspenstig

widerspiel n. ① 逆のこと;悪い手本. ② 防ぐこと,抵抗;争い.

widersprechen vt. (…に)反論する,異を唱える.

widerspruch m. 取り消し,撤回. = nhd. Widerruf. einen widerspruch tun 前言を取り消す.

widerstoß m. 反撃,抵抗. ohne <sonder> widerstoß (比喩的に)際限なく,大いに;確かに.【類義語 widerschlag, widerstrauß, widerstreit】

widerstrauß (別形 widerstruß) m. 反撃.【類義語 widerschlag, widerstoß, widerstreit】

widerstrebe f. 抵抗,反抗. ohne alle widerstrebe 問題なく,容易に.

widerstrebend p.a. 敵意のある.【類義語 gehass, gehässig, widerwärtig】

widerstreit (別形 widerstreiten) m. 抵抗. ohne widerstreit 文句なく,明らかに.【類義語 widerschlag, widerstoß, widerstrauß】

widerstück n. 反対のもの;対をなすもの;悪行. vgl. nhd. Gegenstück, Bubenstück

widerteil n. ① 反対のもの. ② 争っている相手,敵方.【類義語 widerpart】

widertreiben vt. ①(人⁴[物²])反論する,反駁する. ② 妨げる,退ける.

widertrotz (別形 widertratz) m. 敵対,反抗. ohne widertrotz 無条件に,喜んで.

widerwärtig adj. 敵対的な,対立する,反対の.【類義語 gehass, gehässig, widerstrebend】

widerwärtigkeit f. ① 敵意;反抗心. ② 不和,対立,敵対. ③ 不一致,矛盾.

widerwehr f. 抵抗,反論. ohne widerwehr 間違い

なく，明らかに．vgl. nhd. Gegenwehr

widerwind m. 向かい風．

widerwinden n. ohne widerwinden 絶え間なく，止むことなく．

wie cj.（認容文を導く）…にもかかわらず，…ではあるが．

wiederbringen vt.（損害を）埋め合わせる，補償する，（失ったものを）取り戻す．

wiederfuhr f. ① eine wiederfuhr nehmen 再度の〈二度目の〉旅行をする．② 帰還．【類義語 wiederkunft】

wiederkehr f. ① 補償，埋め合わせ，償い．wiederkehr tun 弁償する，返す．= nhd. Ersatz leisten. ②（宗教上の）回心．

wiederkehren Ⅰ. vt. ① 返す，返却する；（損害を）弁償する．【類義語 wiederbringen, wiedergeben】vgl. nhd. zurückgeben. ② 回心させる，改宗させる．vi. 回心する，信仰へ立ち帰る．Ⅱ. n. 回心．【類義語 wiederkehr, wiederkehrung】

wiederkehrung f. ① 返却．② 回心．wiederkehrung tun 回心する，(mit…を) 返す．

wiederkommen vi.（auf et.）ある話題に立ち返る，話を…に戻す．

wiederkunft f. 再び戻ってくること，帰ってくること，帰還．【類義語 wiederfuhr】

wiederminne f. 愛にこたえること．

wiederminnen vt.（…の）愛にこたえる．

wiedern （別形 wittern, witern）vt. ①（言葉を）返す．② 繰り返す．【類義語 ittern】

wiederreichen （非分離動詞）vt. 返す，返却する．

wiederrufen vt./vi. 呼び戻す．

wiedersehen vi. 見回す，振り返る，振り向く．

wiest → wüst

wiewohl cj.（wie wohl とも書かれる）（認容文を導いて）…ではあるが．

wil → weil

wilbret （別形 wilbrecht）n. 獣の肉. = nhd. Wildbret

wild adj. 奇妙な，まれな；根拠のない，大げさな．

wilden vi. 迷う，うろたえる．

wildern refl.（gegen jm.［3格］）疎遠になる，よそよそしくなる．

wille m. mit willen ① 自発的に，進んで，素直に．【類義語 mit liebe】 ② 意図的に，わざと．【類義語 mit hohen sinnen】wille[n]s sein（zu 不定詞とともに）…する意志がある．

willfahren （別形 willenfahren）vi.（人³の）言うことを聞く，従う，従順である；願いを聞き入れる；（名詞的に）従順．

willfärtig （別形 willfährig）adj. jm. willfärtig sein 和解する，仲良くする．

willig adj. ① やさしい，好意的な．②（2支/zu…）…する気〈用意〉がある．

williglich （別形 williglichen）adv. 喜んで，自発的に．

willkommen adj. jn. willkommen sein heißen ある人を歓迎する．

wilt wollen の直説法2人称単数現在形. = nhd. willst. なお wiltu = wilt du

wind I. m. ① グレーハウンド（猟犬）. = nhd. Windhund. ② jm. den wind aufhalten ある人に干渉しない．③ von den vier winden 四方から．vgl. nhd. in alle Winde 四方八方へ．II. int. wind und wch ＜wind und ach＞ の形で苦痛の叫びを表わす．

windbraue f. まつげ．vgl. nhd. Wimper

windisch adj. ① ヴェンド〈ソルビア〉人の；スラヴ人の. = nhd. wendisch. ② windische städte ヴェン

ド諸都市(ハンザ都市の中でもリューベックを中心とした都市を指す).

winkelstein m. 隅石. nhd. Eckstein と同じく, 聖書的な意味でよく用いられる.

winken vi. 指す, 示す. 強変化動詞第Ⅲ類(binden 型)へ移行しようという傾向も見られる(wank, gewunken).

winzeln vi. めそめそ泣く；嘆き悲しむ, 泣きを見る. = nhd. winseln

wippe → weppe

wirbel m. 目が回るような動き, すばやい回転.

wirdet → werdet

wirdig adj. ふさわしい；(2支)…に値する. = nhd. würdig

wirf (別形 würf) werfen の直説法1人称単数現在形. = nhd. (ich) werfe

wirig adj. 持続的な, 変わらない. vgl. nhd. währen (動詞), während (前置詞)

wirken (別形 wurken) vt. ① 手を加える, 加工する, 作り変える. ② 行なう. 【類義語 werken】

wirklich adj. 作用する, 効果的な.

wirre f. 混乱.

wirs (別形 wirsch, würs) adj./adv. (übel の比較級) より悪く. さらに語尾がついて wirser, würser となることもある. vgl. 英語 worse

wirt m. Der wirt ist um und um <in allen orten> daheim. 住めば都(諺的表現).

wirtschaft f. もてなし, 接待；宴会, ごちそう.

wirtscheften n. (動詞の名詞化) 客を招いて宴会を開くこと.

wischen (別形 wüschen, 過去形 wüste, wuste) vi. さっと動く. auf, hinaus, hervor などとともに「立ち上がる」「逃げていく」「現れる」など種々の意味を表わ

す．vgl. erwischen

wispel f.（植物）ヤドリギ．= nhd. Mistel

wispeln vi. ①（風や水などが）さらさらと音をたてる．② 口笛を吹く．③ ささやく．④ auf <über> …をあざける．vgl. nhd. wispern, lispeln

wissen vt. 命令形で陳述を強調する．Wiss, dass…「…であることを知っておきなさい」「…ですよ」「聞いてください，…」．Wiss + zu 不定詞 …するようにしなさい．

wissend p.a. ① 賢い．② jm. wissend sein 知られている．= nhd. bekannt

wissenheit f. 知識，学識．【類義語 erfahrenheit】

wissenlich （別形 wissentlich）adj. 明白な，周知の，公然の．

wisslich adj. 知られた．wisslich lernen 教えてもらって知る．

wisst wissen の過去形．= nhd. wusste

witfrau f. 未亡人，やもめ，寡婦．【類義語 witwe, witwin, wittib, witweib】

witling （別形 weitling）m. 男やもめ．【類義語 witwer, wittweling】

wittern → wiedern

wittib f. 未亡人，やもめ，寡婦．【類義語 wittwe, witwin, witfrau, witweib】

wittweling m. 男やもめ．【類義語 witwer, wittling】

witweib n. 未亡人，やもめ，寡婦．【類義語 witwe, witwin, wittib, witfrau】

witwin f. 未亡人，やもめ．【類義語 witwe, wittib, witfrau, witweib】

witz （別形 witze f.）m. 賢さ，分別，知恵．vgl. witzig．【類義語 sinn ①, vernunft】

witzhaft adj. 賢い．vgl. witz．【類義語 gescheit, witzig】

witzig adj. 賢い,分別のある. vgl. witz.【類義語 gescheit, witzhaft】【反意語 witzlos】

witzigung (別形 witzgung) f. 教え,教訓,警告.

witzlos adj. 愚かな,単純な.【反意語 witzig】

wo (別形 wa) cj. nhd. wenn と同様,時や条件を表わす.

wöchliche adv. 毎週. = nhd. wöchentlich, allwöchentlich

wölle (別形 wöll) wollen の1・3人称単数接続法1式. = nhd. wolle

wohar = nhd. woher

wohl (別形 wol) adj./adv. Wohl hin!/ Wohl auf!/ Wohl her! よし,さあ. vgl. nhd. wohlan. an jm. wohl sein ある人に気に入られている. jm. ist wohl mit… ある人は…を気に入っている. jn. wohl halten 好意的に〈厚く〉もてなす. vgl. wohlgehalten. wohl haben 金持ちである.

wohlaus int. (拒絶や怒りを表わす)とんでもない,こんちくしょうめ.

wohlbefreundet p.a. 友達が多い.

wohlbesunnen p.a. よく考えられた. vgl. nhd. besonnen

wohlgebildet p.a. 美しい形の,格好がよい.

wohlgeboren p.a. 高貴な生まれの,名門の.

wohlgefallen p.a. 都合のよい(時間).

wohlgehalten p.a. 好意的に見られている,気に入られている.

wohlgemut adj. 心が広い,快活な.

wohlgereint p.a. (金属などが)まったく混じりけのない,純粋な.

wohlgechickt adj. 好ましい,適切な.

wohlgetan p.a. ① 美しい. ②(述語的に)適切だ,良いことだ.

wohltätig adj. 心やさしい，善良な．

wolf m. 野良着の一種；僧衣．

wolfsmahl n. がつがつ食べること．ein wolfsmahl zucken <verschlucken> のような形で比喩的に「性欲を満たす」の意味．

wolkenbrust f. 突然の大雨，豪雨．vgl. nhd. Wolkenbruch

wollen Wollte Gott 接続法の副文を伴って願望を表わす「…であってほしい」．

wollust m./f. 喜び，満足，快楽；欲求，欲望．

wollüstigkeit f. 喜び，満足，快適さ；快楽への欲求．

wolst wollen の直説法2人称単数過去形．= nhd. wolltest

won → wahn

wonnebar （別形 wunnebar）adj. 喜びにあふれた，うれしさでいっぱいの．

wonnesam （別形 wunsam）adj. すばらしい．【類義語 wonniglich】

wonniglich adj. すばらしい．【類義語 wonnesam】

wonte wähnen の過去形．

worden werden の直説法複数過去形．= nhd. wurden

worfen werfen の直説法複数過去形．= nhd. warfen

wort n. jm. wort geben 答える．jm. das wort <sein wort> tun ある人を弁護する．

wortel （別形 wortlin, wörtlin）n. Wort の縮小形．vgl. nhd. Wörtlein

wortzeichen n. 目印，記号；合図；符丁，合言葉．vgl. nhd. Kennzeichen, Losungswort

wucher m. 利息．

wufzen vi. 嘆く，嘆き悲しむ．

wühlen vt. (掘り返して)放出する，放り出す．

wunden vt. 負傷させる，けがをさせる．= nhd. verwunden

wunder n. 驚き. wunder haben 不思議に思う. wunder nimmt (人⁴物²)「ある人がある物に驚く」非人称的な構文で, 文頭に es を置いたり, 2格の代わりに前置詞が用いられることもある. vgl. nhd. wundernehmen

wunderbar adj. ① 奇妙な, 変な.【類義語 seltsam】 ② すばらしい.

wunderbarlich adj. すばらしい, すぐれた；奇跡的な.

wundergern I. adj. 好奇心が強い. II. m./f. 好奇心.【類義語 vorwitz】

wunderklage f. 大きな苦情.

wunderlich adj. ① 不機嫌な, 怒りっぽい. ② jn. wunderlich nehmen 驚かせる. vgl. nhd. wundernehmen. ③ das liegt wunderlich これはまれな〈珍しい〉ことだ.

wunderlichen adv. 非常に.

wundern vt. (人⁴を)不思議にさせる(目的語を欠く場合がある). unp. (人⁴物²)…を不思議に思う.

wunnebar → wonnebar

wunsam → wonnesam

wünschelrute f. ① 占い棒(何らかの力を有する人や物を比喩的に指すことがある). ② ペニス.

wurd ① werden の1・3人称単数接続法2式. = nhd. würde. ② werden の直説法1・3人称単数過去形. = nhd. wurde

würf → wirf

würfel m. würfel legen <einlegen> さいころを投げる, ばくちをする.

wurken → wirken

wurm m. ① 虫. ② ヘビ；ヘビのような怪物, 竜.

würser → wirs

wurz f. ① 植物, 草, 薬草. vgl. nhd. Gewürz. ② 根.

vgl. nhd. Wurzel

wüschtüchlein （別形 wischtüchlein）n. ハンカチ，タオル. vgl. nhd. Wischtuch

wust m. 汚物，糞，ごみ，塵，屑.

wüst （別形 wiest）adj. きたない；醜い.

wüste （別形 wuste）wischen <wüschen> の過去形.

wüstung （別形 wustung）f. 荒野，荒れ果てた土地. = nhd. Wüste, Wüstenei. 【類義語 heide】

wüten vi.（nach …）激しく求める，欲しくてたまらない.

Y

y- → ei-, i-

Z

zabeln （別形 zablen）vi. じたばたする，もがく. = nhd. zappeln

zadel m. 欠陥，不足. vgl. zedelich

zag （別形 zage）adj. 臆病な. = nhd. zaghaft（zag は古語）. vgl. zage

zage I. m. 臆病者，弱虫. II. → zag

zagel m. ① 尻尾，尾. vgl. 英語 tail. ② ペニス，男根.

zähern （別形 zehern, zären）vi. 涙を流す，泣く. mit zähernden augen 涙を流して. vgl. nhd. Zähre（雅語）涙.

zahlen vt. 数える. = nhd. zählen

zählen vt. 規定する，指示する．

zahn m. auf dem zahn ausgehen 終わる．zahn ausbrechen 歯を抜く．über einen zahn lachen（ばかにして，軽蔑して，ひそかに）笑う，ほくそ笑む．über den linken zahn lachen（親しげに，こびるように）笑いかける．

zahnbrecher m.（悪徳の）歯医者．

zahnen → anzahnen（この形で使われる）

zahnkleffen vi.（寒さなどのために）歯をがちがち鳴らす．

zai（別形 zahi）int. おお！

zam I. ziemen の過去形．vgl. ziemen. II. → zammen

zammen（別形 zam, zemmen）adv. いっしょに．vgl. nhd. zusammen

zammenneien vt. 縫い合わせる．= nhd. zusammennähen. vgl. neien, neigen, negen

zander m. 灼熱した炭．vgl. nhd. Zinder

zanger adj. 鋭い，強い；すぐれた．

zanke m. 先端．

zanken vi.（mit jm.）…にがみがみ言う，ののしる，言い争いをする．【類義語 behadern, kriegen】

zankicht（別形 zankecht, zänkicht）adj. けんか好きの．= nhd. zänkisch

zapfen vt. とがったものを付ける．

zarten vi.（jm.）/vt. かわいがる，やさしくする，好意をよせている；こびへつらう．【類義語 liebhalten】

zärtlich adj. 上品な，優美な．

zauber m. お守り，護符．

zaulich adj. 早い，（副詞的に）急いで．

zaun m. et. vom [alten] zaun brechen …をすぐ手に入れる．特に sache や ursache（ともにけんかや攻撃の口実）を目的語として「勝手に攻撃をする」「けんか

をふっかける」の意味.

zaunschlüpflein (別形 zunschlüpflein, zunschlipflin, zaunschlipferlein) n. (鳥) ミソサザイ. = nhd. Zaunkönig.【類義語 königlein】

zech I. → zeihen. II. → zeche. III. adj. ①(肉が)かたい. ② けちな, 欲ばりな. = nhd. zäh

zeche (別形 zech) f. ① 飲み仲間. ② 宴会, 酒盛り. vgl. nhd. (Zech-)gelage, Schmaus

zecklich adj. 挑発的な.

zedel f./m. 一枚, 一葉. = nhd. Zettel

zedelich adj. みすぼらしい, みじめな. vgl. zadel

zehn (別形 zehnt) m. 十分の一税.

zehren vt./vi. (過去形として zahrte もあり) ① 食べる, 飲む, 飲み食いする, 宴会をする. ② 浪費する.

zehrung f. ① 旅費, 路銀. ② 飲み食い, 食事.

zeichen n. (宗教的な)奇跡, しるし. ein zeichen tun 奇跡を行なう. vgl. zeichnen, nhd. Wunder

zeichnen vi. (宗教的に)奇跡を行なう. vgl. zeichen. vt. …に対して十字を切る, 十字の印を付ける.

zeidelbast m. (植物) ジンチョウゲ；セイヨウオニシバリ(毒になる植物). vgl. nhd. Seidelbast

zeiger (別形 zöger) m. 人差し指.

zeihen (第Ⅰ類動詞)過去形として zech, zig, zige, 過去分詞として geziegen, ziegen, 接続法2式として zige などもある. vt. ①(人⁴ 物², 物²の代わりに was や etwas が用いられることもある)罪をとがめる. ② 示す, 告げる.

zeimal adv. < zu einem Mal. 一度, いつか.

zeise f (鳥) マヒワ. = nhd. Zeisig

zeiselin (別形 zeislein, zeisel) n. zeise の縮小形.

zeit f./n. ① 時間. bei zeit 早い時期に, 早めに. vgl. nhd. beizeiten. vor zeiten 昔, 以前. zu zeiten 適切な時期に. zu zeit ときには. die zeit <der zeit>…

…している間に，…したときに(der zeit, als… のように als を伴うことがあるほか，die zeit und… のように und を伴うことがある). der zeit その頃. ②(1日に7回行なわれる)定時課の祈り.

zeitig adj. 熟した；成長した，年頃になった. vgl. zeitigen

zeitigen vi. 熟する. vgl. zeitig

zeitlich adj. ① 時宜を得た，タイミングのよい，(副詞的に)ちょうどいい時期に，早めに. ② 限りある，この世の.【類義語 zergänglich】

zeitung f. 知らせ.

zelt n./f. テント，天幕.

zelten (別形 zelte) m. お菓子；焼き菓子.

zem ziemen(古くは zemen 第Ⅳ類動詞・nehmen 型)の接続法2式.

zendel (別形 zindal, zindel) m. 絹地，タフタ，琥珀織りの布.

zenter n. 中央，真ん中. vgl. nhd. Zentrum, 英語 center

zerbicken vt. 刺して傷つける.

zerdreschen (第Ⅲ類動詞・helfen 型) vt. さんざん殴る.

zerdrillen (第Ⅲ類動詞・helfen 型) vt. やつれさせる，消耗させる.

zerdrollen p.a. やつれた. vgl. zerdrillen

zergänglich (別形 zugänglich) adj. この世の，はかない. vgl. nhd. vergänglich.【類義語 zeitlich】

zergehen vi. 終わる，…という結果になる.

zerhauen p.a. (衣服が)すり切れた.

zerklieben (第Ⅱ類動詞・biegen 型) vi./refl. 裂ける，割れる，砕ける. vt. 裂く，割る.

zerlachen vt. seinen bauch zerlachen 腹の皮がよじれるほど笑う.

zerlassen vt. ① 伸ばす,広げる. ② 溶かす. refl. 伸びる,広がる.

zernichtig (別形 zernicht) adj. 役立たずの,ろくでなしの,卑しい.

zerraten (別形 zurraten) refl. 議論をしてへとへとになる.

zerren vt. ① 無理やり引っ張り出す. ②(人を)苦しめる.

zerrinnen unp. (人³ 物²/人³ + an…) 不足する,減っていく.

zerscheitern (別形 zuscheitern) vt. ばらばらに砕く,打ち砕く；ひどい目に遭わせる. vi. ばらばらに砕ける.

zerschwellen (第Ⅲ類動詞・helfen 型) vi. ふくらむ,腫れ上がる.

zerspreiten vt. 伸ばす,広げる. refl. 手足を伸ばす：ふんぞりかえる.【類義語 rageln】

zertreiben (別形 zutreiben) vt. ① すりつぶす. ② 溶かす. ③ 引き離す. ④ 壊す.

zerzerren vt. 引き裂く；引っ掻き傷をつける.

zese (語形変化の際,zeswen のように -w- が現れることがある) adj. 右の.【反意語 lerz（左の）】

zetteln vi /vt. ①(機織りで)縦糸を張る. ②(粉などを)振りまく.

zeuch ① ziehen の直説法 1 人称単数現在形. = nhd. ziehe. ②(別形 züch, zühe) ziehen の命令形. = nhd. zieh

zeuchst (別形 züchst) ziehen の直説法 2 人称単数現在形. = nhd. zichst

zeucht (別形 zücht) ziehen の直説法 3 人称単数現在形. = nhd. zieht

zeug (別形 züg) n. 道具(筆記用具,武具など). m. 証人. = nhd. Zeuge

zeugen vt. 示す. = nhd. zeigen

zeugnis n./f. 証明；証言；証拠.【類義語 gezeugnis, kundschaft】

zibel → zwüfel

zicht f. 訴え, 非難. = nhd. Bezichtigung

ziech zeihen の直説法1・3人称単数過去形. = nhd. zieh

ziecht ziehen の2人称複数命令形. = zieht

ziegen zeihen の過去分詞. → zeihen

ziehen vt. 育てる, 養う；世話をする, 面倒をみる. vgl. nhd. erziehen. 以下, よく現れる変化形を挙げる：直説法現在：1人称単数 zeuch, 2人称単数 zeuchst, züchst, 3人称単数 zeucht, zücht. 直説法過去：1・3人称単数 zoch, zoh, zohe, 1・3人称複数 zugen. 接続法2式：1・3人称単数 züge. 命令形：zeuch, züch, zühe

ziel n. ①(場所)境界；区域. ②(時間)期限；支払い期日. ohne ziel/ohne endes ziel 際限なく, ずっと持続的に. ③標的. des herrn ziel schießen お世辞〈うそ〉を言って機嫌をとる. das ziel treffen 正しいことをする.

zielen (別形 zilden) vt. ①(会う)時間を決める, (支払いの)期日を決める；定める, 割り当てる. ②(実を)収穫する, (子を)産む. refl. (gegen et.)到達する. (名詞的に)sonder zielen 絶え間なく. vgl. ohne ziel

ziemen (本来 zemen を不定詞とする第Ⅳ類動詞・nehmen 型であるが, ziemen を不定詞とする弱変化へ移行していった) refl. 当を得ている, ふさわしい. vi. (人³に)ふさわしい, 似つかわしい.【類義語 geziemen, gebühren】

ziemlich adj. ふさわしい, しかるべき, 妥当な.

zier Ⅰ. adj. きらびやかな, 美しい. Ⅱ. f. 飾り. = nhd. Zierde

zieren vt. ほめる，ほめたたえる．refl. 自慢する．

zierung f. ① 飾ること．② 飾り，美しさ，華やかさ．

zig Ⅰ. zeihen の直説法1・3人称単数過去形．= nhd. zieh. Ⅱ. m. 告発．

zige zeihen の接続法2式または直説法過去．→ zeihen

zimme （別形 zimyne, zinemin）シナモン．= nhd. Zimt

zindal → zendel

zink m. たくましい男にたとえられる．猛者．

zinnen （別形 zinnin）adj. 錫(⚥)製の．= nhd. zinnern

zins m. 地代，年貢，小作料；聖職禄；税金．

zinsen vt. …を税として支払う．

zipperlein n. (医) 痛風．

zirken vt. 作る．refl. 作られる，形成される．

zirnen → zürnen

zirren vi. ① 轟音をとどろかす．②(虫や鳥が) 鳴く．vgl. nhd. zirpen

zitieren （別形 citieren）vt. (法廷などへ) 出頭を命ずる，召喚する．

zoch （別形 zoh, zohe）ziehen の直説法1・3人称単数過去形．= nhd. zog

zögen = nhd. zeigen

zöger → zeiger

zögt = nhd. zeigt (現在形) または zeigte (過去形)

zoilierer m. 宝石商．vgl. nhd. Juwelier, フランス語 joaillier

zoll m. 税．jm. et. zoll geben で「ある人にある物を税として差し出す」ここでは zoll は分離前つづりのようになっている．

zoller m. 税官吏，徴税人．= nhd. Zolleinnehmer, Zöllner

zörnen → zürnen

zornlich adj. 怒った.

zotter n. お付きの者, お供, 従者.【類義語 gezötter】

zu präp. ① …において（方向を表わさない）. ② …へ（方向を表わす）. zu haus gehen <kehren> 家へ帰る. ③ zu latein ラテン語で. zu deutsch[em] ドイツ語で.

zu- zer- の別形である場合があるので, zer- を参照のこと.

zübel → zwüfel

zubühren vi. (3支) …に備わっている, …に属している. vgl. nhd. zukommen, gebühren

zubüßen vt. (お金などを)拠出する, 提供する；使って失う.

züch （別形 zeuch, zühe) ziehen の命令形. = nhd. zieh. vgl. ziehen

züchst （別形 zeuchst) ziehen の直説法2人称単数現在形. = nhd. ziehst

zücht （別形 zeucht) ziehen の直説法3人称単数現在形. = nhd. zieht

züchtig （別形 zuchtig, züchtiglich［副詞的な用法が多い］) adj. ① 控えめな, 節度ある. ② しとやかな, 上品な, 貞淑な.

zuchtiger （別形 züchtiger) m. ① 死刑執行人. vgl. nhd. Henker. ② 教育者. ③ しかる〈いじめる〉人.

zuchtmeister m. ① 教育係, 傅役(ふやく)；教師. ② 鬼教官.

zucken （別形 zücken) vt. 奪い取る；引き寄せる.【類義語 entzucken】

zudringen vi. 押し寄せる. vt. (jm. et.) 押しつける.

zufallen vi. (人³の身に)起こる, 生じる.

zuforderst （別形 zu forderst) adv. 第一に, まずもって.

zufrieden adj. (2支) …に満足している.

zug（別形 züg）m.（軍の）部隊.

züg → zug, zeug, züge

zugaffen vi. ぽかんと〈漫然と〉見ている. vgl. nhd. gaffen.【類義語 vergaffen】

züge（別形 züg）I. ziehen の1・3人称単数接続法2式. = nhd. zöge. II. m. 証人. = nhd. Zeuge

zugebühren vi.（3支）…にふさわしい. vgl. nhd. gebühren

zugeheilen vi.（傷が）治る.

zugehen vi. ①（様態を表わす語とともに）…という状態である. ② 秘蹟を受けに行く, 聖体拝領に行く.【類義語 das Sacrament empfangen <nehmen>】

zugehör（別形 zugehörde）f./n. 付属品, 設備. = nhd. Zubehör.【類義語 gehör, gehörde】

zugemodeln vt.（人³物⁴）…に…を認める.

zugen ziehen の直説法1・3人称複数過去形. = nhd. zogen

zugesprechen vt.（人³物⁴）…に言葉をかける.

zugestehen vi.（3支）味方する, 助ける.

zugleichen vt.（規則動詞）（4格を3格に）たとえる, 比べる.【類義語 gleichen】

zuhand adv. すぐ, ただちに.

zuhanden jm. zuhanden gehen ある人の身に起こる, ふりかかる.

zuhaus adv.（方向を表わす）家へ. = nhd. nach Haus

zühe ziehen の命令形. vgl. ziehen

zuher（別形 zu her）adv. こちらへ近づいて. vgl. nhd. heran

zuhorchen vi. 注意して聞く, 耳を傾ける. vgl. nhd. horchen, zuhören

zukunft f. やって来ること, 到着. = nhd. Ankunft

zukünftig adj.（将来的に）起こる, 現れる.

zulegen vt.（jm. et.）①（害を）与える. ②（罪, 責任を）

負わせる，なすりつける． vi.（jm.）健康や幸せをもたらす． vgl. nhd. gedeihen, gelingen

zulosen vi.（人³の）言うことに耳を傾ける，言うことを聞く． vgl. nhd. zuhören, horchen

zulugen vi.（3支）見る，眺める．

zumal （別形 zum mal）adv. ① 突然． ② 同時に． ③ いっしょに，いっせいに，みな． ④ まったく，非常に．

zumute adv. Ich bin wohl zumute のように，人³ではなく人¹をとる用法がある．

zunft f. ① 適切さ． ② 群れ，集団．

zungenkrämer m.（法律家の蔑称）三百代言．

zunschlüpflein → zaunschlüpflein

zupflege f. ① 生きざま，やり方． ② 冗語的な用法で，意味がない場合がある．

zureden vt.（人³ 物⁴）（言葉などを）かける，言う． vi.（人³）叱責する，ののしる．

zureißen （第Ⅰ類動詞・reiten 型）vt. 引き裂く． vi. 裂ける． = nhd. zerreißen

zurgehen vi. 消える，なくなる． vgl. nhd. zergehen

zurichten vt. ①（人⁴を）そそのかす． ② 引き起こす． ③ 作る，仕上げる；示す，提示する．

zürnen （別形 zörnen, zirnen）vi.（mit jm.）…に対して怒る，恨む．

zurück （別形 zuruck）adv. 背後で，背後から；隠れて，こっそり．【類義語 heimlich, verborgen】

zusagen vt. 通知する；宣戦布告する．

zusam （別形 zsam）adv. = nhd. zusammen

zusammenschlagen refl. いっしょになる，合流する，集まる．

zusammenwetten （第Ⅴ類動詞・geben 型）vt. 結びつける．

zuschicken vt. 送る，派遣する．

zuschlagen Ⅰ. vi.（不幸などが）襲う． Ⅱ. = nhd. zer-

schlagen
zuschmeicheln （別形 zuschmeichen）vi./refl. こびへつらう.
zuschretter （別形 zuschrater）m. 肉屋.
zuschünden vt. あおる，駆り立てる.
zusprengen vi. 跳びかかる. zugesprengt kommen 跳びかからんばかりにやってくる.
zustehen vi./unp. 生じる，起こる；…の状態である.
zustunde （別形 zustund）adv. すぐに. vgl. stunde
zusuchen vt./vi.（jm. et./jm.［または jn.］um et.）…の責任を…に負わせる，…に対して…の責任を問う.
zutätig adj. 熱心な.
zutreiben （別形 zutriben）vt.（悪，罪へ）駆り立てる，そそのかす.
zutreten vt. 踏みつぶす. = nhd. zertreten
zutütler （別形 zutitler, zudüttler, zudeutler）m. 告げ口〈陰口〉を言う人,中傷者,密告者；追従者,おべっか使い.
zuversicht f. 期待.
zwagen （第Ⅵ類動詞・graben 型）vt. 洗う. vi.（人³の体を）洗う. vgl. mhd. twahen
zwang m. ① 力. ② お腹の不調.
zwänglich （別形 zwanglich, zwenglich）adj. 圧迫する，苦しめる，恐ろしい.
zwangsal n./f. 圧迫，圧力；苦境.
zwar adv. まことに，本当に，確かに.
zwecht zwagen の直説法3人称単数現在形.
zweck f. 鋲（びょう）. = nhd. Zwecke.【類義語 nagel】
zween → zwen
zwehel f. タオル，手ぬぐい. vgl. nhd.（方言）Zwehle, 英語 towel
zwei （別形 zweie）m./n. 枝. = nhd. Zweig
zweien vi.（芽，枝などが）出る，生じる.

zweifalter m. チョウ(蝶).

zweifältig adj. 二倍の, 二重の. vgl. nhd. zweifach

zweifelnis f./n. 疑い. ohne zweifelnis 明らかに, はっきりと. 【類義語 zweiflung】

zweiflung f. ① 疑い；曖昧. ohne zweiflung 明らかに, はっきりと. 【類義語 zweifelnis】 ② 絶望.

zweispännig adj. 仲たがいした, もめている.

zweitracht f. 不一致, 不和, 争い. = nhd. Zwietracht

zwelfbote → zwölfbote

zwelfen → zwölfen

zwen (別形 zween) = nhd. zwei. 本来男性名詞に対する語形だが, 時代とともに中性形の zwei に同化していった.

zwer (別形 zwerch, zwerg) adv. 横向きに, 斜めに.

zwerchhand (別形 zwerchenhand) f. (長さの単位) 手のひらの幅.

zwerg → zwer

zwicken vt. 束縛する；苦しめる. vi. auf der laute zwicken リュートをつま弾く.

zwiefalt f. 二重性；矛盾.

zwier (別形 zwir, zwierend, zwüret) adv. 2度.

zwieren vi. うかがう, 覗く, 見る.

zwilchen (別形 zwilchin) adj. 麻織りの.

zwingen (別形 twingen) refl. 苦しむ, 手を焼く.

zwinger (別形 twinger) m. 圧迫する者, 苦しめる者.

zwirbel m. 回転；渦.

zwölfbote (別形 zwelfbote) (キリストの) 使徒, 十二使徒. vgl. nhd. Apostel

zwölfen pl. 十二使徒.

zwüfel (別形 zibel, zübel, zwufel) f./m. タマネギ. = nhd. Zwiebel

zwug zwagen の直説法1・3人称単数過去形.

＃ 謝　　辞
（Danksagung）

　『初期新高ドイツ語小辞典』は構想から 20 年以上経っている．その間の自分の研究歴を辿ることで，節目節目で関わったかたがたへの謝辞としたい．

　本書の資料の一部となったのはハイデルベルクコルプスである．1996 年〜 1997 年，ハイデルベルク大学での資料収集を可能にしたのはアレクサンダー・フォン・フンボルト財団（Alexander von Humboldt-Stiftung）の奨学金である．そこでの活動を支えてくださった Oskar Reichmann 先生，Klaus J. Mattheier 先生には大変お世話になった．もちろん 2 年もの在外研究を認めてくれた当時の本務校三重大学にも感謝しなければならない．

　2009 年に関西大学の在外研究制度を利用して，1 年間ハレ・ヴィッテンベルク大学で研究することができた．このときは本書執筆に時間を割くことができた．ハレ滞在中お世話になったのは Hans-Joachim Solms 先生である．

　最後に本書執筆という課題を与えてくださった藤代幸一先生，筆者の途方もない遅筆に辛抱強く対応してくださった大学書林の佐藤政人氏，佐藤歩武氏にお詫びに近いお礼を申し上げたい．

著者紹介

工藤　康弘 ［くどう・やすひろ］

関西大学教授（ドイツ語学）

目録進呈　落丁本・乱丁本はお取替えいたします。

平成 30 年(2018 年) 5 月 10 日　　Ⓒ 第 1 版発行

初期新高ドイツ語小辞典	著　者　　工　藤　康　弘
	発行者　　佐　藤　政　人
	発行所
	株式会社　**大 学 書 林**
	東京都文京区小石川 4 丁目 7 番 4 号
	振替口座　00120-8　13740
	電話 (03) 3812-6281～3 番
	郵便番号 112-0002

ISBN978-4-475-00105-2　　　　　ロガータ/横山印刷/牧製本

大学書林 ―― 語学参考書

著者	書名	判型	頁数
工藤康弘 著 藤代幸一	初期新高ドイツ語	A5判	214頁
藤代幸一 岡田公夫 著 工藤康弘	ハンス・ザックス作品集	A5判	256頁
小島公一郎 著	ドイツ語史	A5判	312頁
古賀允洋 著	中高ドイツ語	A5判	320頁
浜崎長寿 著	中高ドイツ語の分類語彙と変化表	B6判	174頁
髙橋輝和 著	古期ドイツ語文法	A5判	280頁
塩谷 饒 著	ルター聖書	A5判	224頁
戸沢 明 訳 佐藤牧夫・他 著	哀れなハインリヒ	A5判	232頁
岸谷敞子 訳著 柳井尚子	ワルトブルクの歌合戦	A5判	224頁
岸谷敞子・他 著	ミンネザング	A5判	312頁
山田泰完 訳著	愛の歌	A5判	224頁
古賀允洋 著	クードルーン	A5判	292頁
須藤 通 著	パルツィヴァール	A5判	236頁
佐藤牧夫・他 著	リヴァリーンとブランシェフルール	A5判	176頁
尾崎盛景 著 高木 実	グレゴリウス	A5判	176頁
赤井慧爾・他 訳著	イーヴァイン	A5判	200頁
藤代幸一 監修 石田基広 著	パリスとヴィエンナ	A5判	212頁

―目録進呈―